Für die Schule

Die Reihe »Für die Schule« stellt wichtige Autorinnen und Autoren mit ihren meistbehandelten Texten vor. Thematisch und didaktisch akzentuierte Werkinterpretationen werden jeweils ergänzt durch methodische Anregungen für Unterrichtsprojekte sowie kommentierte Materialien. Sie folgen zwei jeweils kombinierten Zieleinstellungen: *Erstens* die Behandlung der Texte an lebensweltlich relevante Fragen anzuschließen und *zweitens* die Rezeptionskompetenzen jugendlicher Leserinnen und Leser zu fördern, indem sie in der Auseinandersetzung mit den Texten Einblicke in kulturgeschichtliche und literarsoziologische Zusammenhänge wie auch in Textstrukturen gewinnen. Anliegen ist, verschiedenartige Zugänge zu erschließen sowie Gesprächsanlässe zu bieten und dafür auch aktuelle Vorschläge der Fachwissenschaft zu nutzen. Bei der Darstellung methodischer Möglichkeiten geht es vor allem darum, ein breites Spektrum an Lese- und Verstehensweisen zu eröffnen.

Über den Autor
Michael Kämper-van den Boogaart, geb. 1955 in Essen; 1976/82 Studium der Germanistik und Geschichte in Köln und Hamburg, 1982/84 1. Staatsexamen, Referendariat und 2. Staatsexamen; 1984/86 DAAD-Lektor in Manchester, GB, 1987/92 Lektor bei der NDR-Hörspielredaktion und Lehrtätigkeit an verschiedenen Bildungseinrichtungen; 1990 Promotion an der Universität Hamburg (*Ästhetik des Scheiterns. Studien zu Erzähltexten von Botho Strauß, Jürgen Theobaldy, Uwe Timm u. a.* Stuttgart: Metzler 1992), 1992/1997 wiss. Assistent für deutsche Sprache und Literatur und ihre Didaktik an der Universität Lüneburg, 1997 Habilitation ebd. (*Schönes schweres Lesen. Legitimität literarischer Lektüre aus kultursoziologischer Sicht.* Wiesbaden: DUV 1997), seit 1997 Gastprofessor für Neuere deutsche Literatur und Literaturdidaktik an der Humboldt-Universität zu Berlin und Mitherausgeber von »didaktikdiskurse«.
Veröffentlichungen v. a. zur jüngeren Literaturgeschichte und -theorie, zur Literaturdidaktik und allgemeinen Didaktik.

Michael Kämper-van den Boogaart

Thomas Mann für die Schule

Volk und Wissen Verlag

Das Werk folgt der reformierten Rechtschreibung und Zeichensetzung. Ausnahmen bilden Texte, bei denen künstlerische, philologische und lizenzrechtliche Gründe einer Änderung entgegenstehen. Währungsangaben erfolgen in Euro, mit Ausnahme von Angaben in literarischen Texten.

Die Deutsche Bibliothek – CIP-Einheitsaufnahme
Kämper-van den Boogaart, Michael:
Thomas Mann für die Schule / Michael Kämper-van den Boogaart. –
1. Auflage. – Berlin : Volk-und-Wissen-Verl., 2001
(Für die Schule)
ISBN 3-06-102831-5

ISBN 3-06-102831-5

1. Auflage
5 4 3 2 1 / 05 04 03 02 01
Die letzten Ziffern bezeichnen Zahl bzw. Jahr des Drucks.

© Volk und Wissen Verlag GmbH & Co., Berlin 2001
Printed in Germany
Redaktion   Hannelore Prosche
Umschlaggestaltung   Gerhard Medoch
Typografische Gestaltung   Ⓢ sans serif
Gesetzt aus der Minion der Firma Adobe
Satz   Volk und Wissen Verlag GmbH & Co., Berlin
Repro   Licht & Tiefe, Berlin
Druck und Binden   Offizin Andersen Nexö GmbH, Leipzig

Inhalt

I Thomas Mann im Unterricht

II Leben – Werk – Zeit 14

III »Buddenbrooks. Verfall einer Familie« (1901)

I Thomas Mann im Unterricht

Konjunkturen eines Autors in Schule und Zeitgeist

Schon früh kokettierte Thomas Mann mit dem Gedanken, als Schriftsteller noch zu Lebzeiten durch »ausgewählte Seiten« in Schul-Lesebüchern kanonisiert zu werden – dies in der Maske der Hauptfigur seiner Novelle *Der Tod in Venedig* von 1912. Die Unterrichtsbehörde und der monarchistische Staat, die er dabei im Blick hatte, existierten schon wenig später nicht mehr. In *Betrachtungen eines Unpolitischen* – seinem wehmütigen Nekrolog auf das untergegangene Kaiserreich – zeichnete Mann 1918 alles andere als ein kritisches Bild des auf den Schlachtfeldern des Ersten Weltkriegs und in den Kämpfen der Revolution zerbrochenen Obrigkeitsstaates. Nur an ganz wenigen Stellen verlässt die Beschreibung seiner Rolle als Autor und Untertan apologetische Bahnen. Geschieht dies, betrifft es nicht zufällig jene Kritik am preußischen Gymnasium, die er in der einfühlsamen Schilderung von Hanno Buddenbrooks Leiden an der Schule artikuliert hatte (Betra, 231) und auch später immer wieder bekräftigt.

Die von Nietzsches Spott über die Bildungsphilister bestärkte Sicht auf die Übergriffe des Staates in die Sphären des Geistes und der Erziehung war das kritische Kapital, das Mann in die Weimarer Republik einbringen konnte.

Während sich Mann in seinen öffentlichen Auftritten (v. a. mit der zu Ehren Gerhart Hauptmanns und in der Folge mehrfach gehaltenen Rede *Von deutscher Republik*, 1922) nicht ohne Selbstüberwindung zu einem der geistigen Repräsentanten der Weimarer Republik entwickelte, standen große Teile der akademischen Eliten einem demokratischen Staat mehr als skeptisch gegenüber. Der Höhepunkt einer Modernisierung der Volksschulen, Gymnasien und vor allem der universitären Lehrerbildung war bereits 1921 überschritten. Die das Politische ästhetisierenden Deutschlandfantasien der Vertreter der »konservativen Revolution« – den Begriff prägte Hugo von Hofmannsthal (1874–1929) in seiner Rede *Das Schrifttum als geistiger Raum der Nation* (1927) – wurden früh völkisch und der Deutschunterricht mutierte weit vor 1933 zur Deutschkunde. Für eine aufs Positive und auf deutsche Größe ausgerichtete Didaktik musste Thomas Mann trotz des Nobelpreises suspekt erscheinen. Gestoßen wurde sich vor allem an seiner Affinität zur Decádence.

Bereits 1919 mischen sich in einem Zeitschriftbeitrag Hymne und Ablehnung. Manns Sprachkunstwerke werden nicht zuletzt als eine literaturpädagogisch wertvolle und formvollendete Alternative zu den »Stilbolsche-wiki« des zeitgenössischen Expressionismus gesehen. Doch dominiert Zu-rückschrecken, wenn es um *Der Tod in Venedig* geht:

>»Derselbe Dichter, dessen Stilgrundsätze jeder Schulmann loben muß, geht an einer Leiden-schaft zugrunde, so unerhört, so verwegen und namenlos, daß der Schulmann sich bekreuzigt und zehnmal bedenkt, ob in solche Hände irgendeine Seelenführung gelegt werden könne.«
> (Ewald Geissler: T. M. als Lehrer des Stils. In: Zeitschrift für den dt. Unterricht, 33 [1919], H. 6, 214)

Noch triumphiert allerdings der Literaturfreund über den Schulmann mit dem epigonalen Kommentar:

>»Die ganze Lehrplattheit, die aus der Kunst eine ›Erziehung‹ machen will, brav, unahnend ihres abgrundhaften Abenteurertums, ihres im Tiefsten Unbürgerlichen, Bürgerfeindlichen, wird bloßgestellt.« (Ebd.)

In den zwanziger und frühen dreißiger Jahren ist vor allem von des Autors Kälte und Begeisterungslosigkeit die Rede. 1933 heißt es dann in der ungezü-gelten Schärfe des NS-Staates, Mann habe »jede Verbindung mit seinem Volke verloren« und sei »echter deutscher Art immer fremd geblieben« (Wal-ther Linden, in: Zeitschrift für Deutschkunde [Leipzig], 47 [1933], H. 47). In einer Besprechung der noch in Deutschland vertriebenen ersten beiden Bände des *Joseph*-Zyklus spricht derselbe Autor 1935 von Manns »artfremder Aufklärung« und einem »typisch jüdischen Sprachstil«; höhnisch wird der Schlussstrich gezogen:

>»Wir nehmen es zur Kenntnis, da der Name Thomas Mann zu einer Vergangenheit gehört, die wir noch miterlebten, aber wir haben innerlich nichts mehr damit zu tun.« (Ebd. 49 [1935], H. 3, 215)

Die Sache mit der Vergangenheit und der Gegenwart fand 1945 bekanntlich einen anderen Ausgang, als die Apologeten eines tausendjährigen Reiches glauben gemacht hatten. Nun erreichten Mann im US-amerikanischen Exil offene Briefe aus Deutschland, die wiederum die Frage seines Deutschtums auf die Tagesordnung setzen wollten. Die ›inneren Emigranten‹ Walter von Molo und Frank Thiess appellierten an den Autor, möglichst bald heimzu-kommen; so konstatiert Thiess in seinem als Flugschrift verbreiteten Brief, es erschiene ihm »unnatürlich«, wenn ein Thomas Mann nicht die »Loge des Auslands« verließe, um zurückzukehren zur »kranken Mutter Deutschland« (vgl. Die dt. Literatur 1945–1960. Hg. H. L. Arnold. Bd. 1. München: dtv 1995, 57–62).

Mann kehrte nicht nach Deutschland zurück, sondern nahm seinen Wohnsitz in der Schweiz. Dass sich der ›Repräsentant‹ der deutschen Exil-literatur nicht auf den westlichen deutschen Staat festlegte und sich gegen den Antikommunismus der grassierenden Totalitarismustheorien wandte, trübte die Huldigungen, die der Autor in seinen letzten zehn Lebensjahren in der Bundesrepublik erfuhr. Dies betraf auch die publizistische Rezeption der nach 1945 veröffentlichten Arbeiten. In der DDR wurde Mann, der 1949 und noch 1955 Weimar besuchte, als ›kritischer Realist‹ dem ›Erbe‹ zugeschlagen. In beiden Staaten setzte 1955, nach dem Tod des Autors, die erste große Phase der Thomas-Mann-Forschung ein. Deren Ausstrahlung auf das Bild, das die Schule von dem Autor vermittelte, lässt sich mit Pauschalbegriffen wie ›Humanität‹, ›Bürgerlichkeit‹, ›Realismus‹ und ›Ironie‹ beschreiben. Die vordem als so problematisch empfundene Verfallsthematik verlor angesichts des Eindrucks an Bedeutung, den vor allem seine publizistischen Arbeiten (die Aufsätze *Achtung, Europa!* und die Rede *Vom kommenden Sieg der Demokratie*, beide 1938) sowie die 1940/45 gesendeten Radioappelle (*Deutsche Hörer! 55 Radiosendungen nach Deutschland*, 1945) hinterlassen hatten. Systemübergreifend wurden die Formeln Menschenliebe, Bürgerkünstlertum und humanistische Läuterung betont.

Diese Sichtweise veränderte sich seit Ende der siebziger Jahre – nicht zuletzt mit der Publikation der *Tagebücher* ab 1977, der *Notizbücher* und weiterer Briefwechsel. Nach der Fragment gebliebenen detaillistischen Biografie Peter de Mendelssohns von 1975, die bis ins Jahr 1918 geführt ist, erschienen neue biografische Großwerke, in denen zum Teil kritischere Maßstäbe vor allem an den Menschen Mann gelegt wurden – so von Klaus Harpprecht und Donald A. Prater in ihren verbreiteten Darstellungen (beide 1995) sowie zuletzt von Hermann Kurzke (1999).

Schon vor der Veröffentlichung der *Tagebücher* wandelte sich auch die politische Bewertung, die Mann von nachwachsenden Intellektuellen erfuhr. In der nach 1968 veränderten Kultur der Bundesrepublik wurde dem Autor nun – im Unterschied zu Heinrich und Klaus Mann, vor allem aber zu Bertolt Brecht – die Rolle des Konservativen in politischer wie poetischer Hinsicht zugewiesen. Was für die eine Studienratsgeneration noch ein Ausweis von Wert war, diskreditierten Vertreter der nachfolgenden dann als langweilige Bildungsprotzerei.

In der im Einzelnen unendlich differenzierteren und kaum mehr zu überblickenden internationalen Forschungsliteratur wurden vor allem psychologische und psychoanalytische Lesarten dominant. Sehr nachhaltig wirkte sich die Verfolgung narzissmustheoretischer Fragestellungen aus, wie sie vor allem Hans Wysling aufgriff. Dazu kam die Beschäftigung mit der stigmatisierten Homoerotik des Autors. In beiden Fällen geht es nicht um einen voyeuristischen Zugriff auf den Autor als Person, sondern um Beobachtungsmodelle, die Einblicke in die Textproduktion Manns bieten sollen. Einen kompakten, aber nicht eben unparteiischen Forschungsüberblick liefert Helmut Koopmann im einschlägigen *Thomas-Mann-Handbuch* (1990,

²1995). Hier sind allerdings die Monografien von Heinrich Detering (1994) und Michael Maar (1995) noch nicht erfasst, die zeigen, dass sich auch jenseits neuer Großtheorien an Texten Manns überraschende Entdeckungen machen lassen (↗Kap. IV: »Tonio Kröger«, S. 80, 92).

Jeder intensiveren Beschäftigung mit Mann abträglich ist gegenwärtig das Fehlen kritischer und halbwegs vollständiger Werkausgaben. Der S. Fischer Verlag hat immerhin das Projekt einer großen Ausgabe mit renommierten Editoren angekündigt. An Leseausgaben hingegen besteht kein Mangel. So hat S. Fischer eine Vielzahl von preisgünstigen Sonderausgaben auf den Markt gebracht – doch dort zum Teil nur kurz gehalten. Unübersichtlich ist auch die Lage auf dem für die Schule relevanteren Taschenbuch-Sektor. Dies betrifft vor allem die schulklassischen Novellen, die als Einzelausgaben, aber auch in wechselnden Zusammenstellungen erhältlich sind. Für den Unterricht ist deshalb genau zu überlegen, zu welcher Ausgabe bzw. zu welchem Paket man greifen will. Für den vorliegenden Band wurden die auflagenstärksten Taschenbuchausgaben als Referenz ausgewählt (↗Anhang: Zitierte Ausgaben); bei *Buddenbrooks* ist zusätzlich zur Seitenzahl noch Teil und Kapitel angegeben.

Akzente dieses Bandes

In der vorliegenden Darstellung für die Schule werden vor allem Interpretationen und Kommentare geliefert zu *Buddenbrooks, Tonio Kröger, Der Tod in Venedig* und *Mario und der Zauberer*.

Diese Auswahl ist nicht werkrepräsentativ. So fehlen vor allem die großen Romane *Der Zauberberg* (1924) und *Dr. Faustus* (1947). Eine Ursache dafür liegt darin, dass es immer schwieriger wird, die genannten Werke in einer Lerngruppe als Ganzschrift zu lesen. Neben diesem pragmatischen Gesichtspunkt spielt aber noch ein anderer für die Auswahlentscheidung eine Rolle: Manns Arbeiten sind fast immer auch Antworten auf vorherige Texte oder zumindest deren Spielvarianten. Unter dem Aspekt, mit dem Deutschunterricht Hilfen für eine literarische Sozialisation zu geben, deren Erfolg sich notwendig erst nach der Schule erweisen muss, scheint eine Konzentration auf das Frühwerk als Basis späterer Lektüren also eher sinnvoll.

Dass mit *Mario und der Zauberer* auch ein späterer Text in die Auswahl aufgenommen wurde, ist durch den kompakten Umfang der Novelle begründet und durch den politisch visionären Status, der diesem Text rezeptionsgeschichtlich zugesprochen wurde.

Insgesamt sind auch die *Textkommentare* stärker literaturdidaktisch denn literaturwissenschaftlich akzentuiert. Aus der aktuellen wissenschaftlichen Diskussion werden Fragen an den Text abgeleitet, die sich in möglichst offener Perspektive auch im Deutschunterricht bearbeiten lassen. Dabei geht es um Aspekte der textuellen Formgebung oder der literarischen Strategie und um fachübergreifende Zusammenhänge zu Politik, Geschichte oder Ethik. Die Kommentare und Interpretationen sind einem didaktischen Ansatz verpflichtet, der literarische Texte nicht zum Vehikel anderer Fragen machen will. Vielmehr sollen sie auch Lust zu Entdeckungen am Text bereiten und die Erfahrung von Intertextualität als Strukturmerkmal nicht nur moderner oder postmoderner Literatur möglich machen.

Den in der Regel der Chronologie des Textes folgenden, dem Lesevorgang also korrespondierenden Analysen schließen sich Vorschläge für die Behandlung im Unterricht an. In tabellarischer Form werden Aspekte der schulischen Texterschließung aufgeführt und modular vertieft, was den Anregungscharakter der Hinweise unterstreicht. Besondere Gesichtspunkte für die Arbeit in der Sekundarstufe I werden separat angesprochen.

Unterrichtsstunden lassen sich unter didaktischen Aspekten nie wirklich kopieren, denn jede Lehrpraxis ist immer ein Zusammenfügen von Eigenem und Fremdem. Material dazu liefern auch die Vorschläge zu produktiven Verfahren und zu Anschlusslektüren.

Was an produktiven Aufgaben in knappen Stichworten vorgeschlagen wird, hat weder Selbstzweckcharakter noch folgt es didaktischer Mode. Vielmehr sollen dadurch besondere, oft souveränere Perspektiven auf den Text eröffnet und dabei manchmal auch bewusst dessen Strategien konterkariert werden. Indem so von den Konventionen des Interpretationsgesprächs abgewichen wird, erweitern diese Verfahren die Zugänge zu jenen Imaginationsräumen, in denen die Fiktion und ihre Figuren zur Simulation von eigener und fremder Lebenspraxis werden können und in denen das Lesen zum Probehandeln wird.

Mediale Adaptionen der ausgewählten Werke sind jeweils zu Beginn des Teils ›Vorschläge für die Behandlung im Unterricht‹ aufgeführt.

II   Leben – Werk – Zeit

	Leben und Werk	polit./histor. und kulturelle Ereignisse
1875	6. Juni: Paul Thomas M. in Lübeck geboren als zweites von fünf Kindern des Speditionskaufmanns, niederländischen Konsuls und späteren Senators Thomas Johann Heinrich M. (1840–1891) und seiner Frau Julia, geb. da Silva-Bruhns (1851–1923)	Geburt von Rainer Maria Rilke (1875–1926), Albert Schweitzer (1875–1965) und Carl Gustav Jung (1875–1961)
1881	Umzug der Familie in das neu errichtete Haus Beckergrube 52	Tod Fjodor M. Dostojewskis (1821–1881)
1883/91		Geburt Franz Kafkas (1883–1924); Friedrich Nietzsche: *Zur Genealogie der Moral* (Zweite Abhandlung, 1887); Thronbesteigung Wilhelms II. (1888); F. Nietzsche: *Der Antichrist*; *Der Fall Wagner* (1888); Frank Wedekind: *Frühlings Erwachen* (1891); Oscar Wilde: *Das Bildnis des Dorian Gray* (1891)
1892	Nach dem Tod des Vaters Übersiedlung der Mutter mit den drei jüngsten Kindern nach München	Letzte Cholera-Epidemie in Deutschland (Hamburg)
1894	Abgang vom Gymnasium (Realzweig) in der Obersekunda, danach in München; kurzzeitig Volontariat bei einer Versicherungsgesellschaft; Erscheinen der ersten Novelle (*Gefallen*)	Frankreich: Dreyfusaffäre; erste öffentliche Aufführung von Hauptmanns *Die Weber*, Deutsches Theater Berlin (U. Febr. 1893 Freie Bühne, ebd.)
1895/97	Entschluss, freier Schriftsteller zu werden; 1895/96 journalist. Arbeiten; mit dem Bruder Heinrich M. (1871–1950) wiederholt Reisen nach Italien (bis 1898); in Rom 1897 Beginn der Niederschrift von *Buddenbrooks*	Frankreich: Geburtsstunde des Kinos (L. u. A. Lumière); Gründung der satirischen Wochenschrift »Simplicissimus« (bis 1944); Theodor Fontane: *Effi Briest*
1898	*Der kleine Herr Friedemann* (Novellen, Berlin: S. Fischer); Lektor und Korrektor bei »Simplicissimus« (bis 1900)	Geburt Bertolt Brechts (1898–1956); Émile Zola: *J'accuse* (Protest gegen die Verurteilung des jüd. Hauptmanns Alfred Dreyfus)
1899	Urlaubsreise nach Dänemark; Konzeption von *Tonio Kröger*	Karl Krauss (Hg.): *Die Fackel* (bis 1932); Theodor Fontane: *Der Stechlin*
1900	Abschluss von *Buddenbrooks*; Militärdienst als Einjährig-Freiwilliger, vorzei-	Weltwirtschaftskrise (bis 1903); Tod Friedrich Nietzsches (1844–1900);

tig beendet aufgrund einer Dienstun-
tauglichkeitserklärung

Heinrich Mann: *Im Schlaraffenland*;
Arthur Schnitzler: *Der Reigen*; Sigmund
Freud: *Traumdeutung*

1901	*Buddenbrooks* (2 Bde.)	
1903	*Tristan* (Nn., darin: *Tonio Kröger*)	
1905	*Fiorenza* (Dr.); Heirat mit Katia (eigtl. Katharina) Pringsheim; *Schwere Stunde*; *Wälsungenblut* (Buchausg. 1921); Geburt der Tochter Erika Julia Hedwig (1905–1969)	Relativitätstheorie (A. Einstein); Malervereinigung »Die Brücke«; Heinrich Mann: *Professor Unrat*
1906	Geburt des Sohnes Klaus Heinrich (1906–1949)	Robert Musil: *Die Verwirrungen des Zöglings Törleß*
1909	*Königliche Hoheit*; *Das Eisenbahnunglück*; erste Arbeiten für *Felix Krull*; Geburt des Sohnes Angelus Gottfried Thomas (Golo, 1909–1994)	
1910	Bekanntschaft mit Gustav Mahler; *Wie Jappe und Do Escobar sich prügelten*; Geburt der Tochter Monika (1910–1992)	erste Fernsehvorführungen; R. M. Rilke: *Malte Laurids Brigge*
1911	Aufenthalt auf dem Lido bei Venedig	Tod Gustav Mahlers (1860–1911)
1912	*Der Tod in Venedig*	SPD stärkste Fraktion im Reichstag; Literaturnobelpreis an Gerhart Hauptmann
1914		Erster Weltkrieg; Heinrich Mann: *Der Untertan* (Buchausg. 1916)
1915	›Bruderstreit‹ zwischen Thomas und Heinrich M. (Anlass u. a.: divergierende Haltung zur dt. Kriegspolitik); *Friedrich und die große Koalition*	Heinrich Mann: *Zola* (Essay)
1917		Oktoberrevolution in Russland
1918	*Betrachtungen eines Unpolitischen*; Geburt der Tochter Elisabeth Veronika	Ende des Ersten Weltkriegs, Novemberrevolution, Ausrufung der Republik
1919	*Gesang vom Kindchen*; *Herr und Hund*; Wiederaufnahme der Arbeit an *Der Zauberberg*; Ehrendoktorwürde der Univ. Bonn; Geburt des Sohnes Michael Thomas (1919–1977)	Spartakistenaufstand, Ermordung von Rosa Luxemburg und Karl Liebknecht; Friedrich Ebert Reichspräsident; Versailler Vertrag
1922	Erstes Bekenntnis zu Demokratie und Republik: *Von Deutscher Republik*; Aussöhnung mit Heinrich M.	Benito Mussolini ital. Ministerpräsident (Marsch auf Rom)
1924	*Okkulte Erlebnisse*; Abschluss von *Der Zauberberg*	Tod Franz Kafkas (1883–1924)

1925	Besuch Hermann Hesses bei T. M.; offizielle Feier zum 50. Geburtstag	Tod Friedrich Eberts; Gründung der NSDAP
1926	Vortragsreise nach Paris; *Unordnung und frühes Leid*; *Lübeck als geistige Lebensform* (Rede); Ferienaufenthalt in Forte dei Marmi (Italien)	Mussolini »Duce del Facismo«; Gründung der Sektion Dichtkunst der Preuß. Akademie d. Künste; Fritz Lang: *Metropolis* (Film)
1929	*Die Stellung Freuds in der modernen Geistesgeschichte*; Literaturnobelpreis	Tod Hugo von Hofmannsthals (1874–1929)
1930	Reise nach Ägypten und Palästina; *Die Forderung des Tages* (Essays); *Deutsche Ansprache. Ein Appell an die Vernunft*; *Mario und der Zauberer. Ein tragisches Reiseerlebnis*; *Lebensabriß*	Notverordnungsregierung unter Heinrich Brüning; Robert Musil: *Der Mann ohne Eigenschaften* (Bd. 1); Josef von Sternberg: *Der blaue Engel* (Ton-F., nach H. Mann: *Professor Unrat*)
1933	*Leiden und Größe Richard Wagners* (Vortrag, München); Vortragsreise nach Amsterdam, Brüssel, Paris; Wohnsitz in Sanary-sur-Mer (Frk.), danach Küsnacht (Zürichsee); *Die Geschichten Jaakobs* (Berlin: S. Fischer)	Adolf Hitler dt. Reichskanzler, Reichstagsbrand, Ermächtigungsgesetz; Tod Stefan Georges (1868–1933); Klaus Mann (Hg. zus. mit A. Huxley, H. Mann, A. Gide u. a.): *Die Sammlung* (Amsterdam, bis 1935; erste literar. Emigrantenzeitschrift)
1934	*Der junge Joseph* (Berlin: S. Fischer); Mai/Juni: erste Reise in die USA	Tod Samuel Fischers (1859–1934), Fortführung des Verlags durch Gottfried Bermann-Fischer
1935	Ehrendoktorwürde der Havard University (zus. m. Albert Einstein); Eintreten für Carl von Ossietzky	Nürnberger Gesetze
1936	*Joseph in Ägypten* (Wien: Bermann-Fischer); Aberkennung der dt. Staatsangehörigkeit und der Ehrendoktorwürde der Univ. Bonn; ČSR-Staatsbürgerschaft	Klaus Mann: *Mephisto. Roman einer Karriere* (Amsterdam)
1938	*Vom künftigen Sieg der Demokratie*; *Richard Wagner und der Ring des Nibelungen*; vierte Reise in die USA, Rede bei der Eröffnung der Thomas Mann Library an der Yale University; Emigration in die USA, Professor in Princeton; *Achtung, Europa!*; *Schopenhauer*	12./13. 3.: ›Anschluss‹ Österreichs an das Deutsche Reich, 29./30. 3.: Münchener Konferenz, 9. 11.: ›Reichskristallnacht‹
1939	*Bruder Hitler*; Ehrendoktorwürde der Princeton University; *Lotte in Weimar*	Zweiter Weltkrieg: dt. Angriff auf Polen; Tod Sigmund Freuds (1856–1939)
1940	Oktober: Beginn der Ausstrahlung monatlicher Radiosendungen *Deutsche Hörer!* über den brit. Sender BBC nach Deutschland (bis 1945); *Die vertauschten Köpfe*	Waffenstillstand mit Frankreich; dt. Luftangriffe auf Coventry

1941	Wohnsitz in Pacific Palisades/Calif.	Überfall der dt. Wehrmacht auf die Sowjetunion; Überfall der japan. Luftwaffe auf die amerikan. Flotte in Pearl Harbour, dt. und ital. Kriegserklärung an die USA
1942		Wannsee-Konferenz, Beginn der systematischen Vergasung europ. Juden
1943	Abschluss von *Joseph und seine Brüder*; Beginn der Arbeit an *Doktor Faustus*; *Joseph, der Ernährer* (Stockholm: Bermann-Fischer)	Eroberung Siziliens durch die Alliierten, Verhaftung Mussolinis; Kapitulation der dt. 6. Armee in Stalingrad
1944	Juni: US-amerikanische Staatsbürgerschaft; *Das Gesetz*	Invasion alliierter Truppen in der Normandie
1945	*Deutschland und die Deutschen*; Offener Brief Walter von Molos an T. M. (Aufforderung zur Rückkehr); *Warum ich nicht nach Deutschland zurückgehe*	Tod Franklin D. Roosevelts (1882–1945); Selbstmord Adolf Hitlers, 7./8. Mai: Kapitulation Deutschlands; Atombomben auf Hiroshima und Nagasaki, Kapitulation Japans, Ende des Zweiten Weltkriegs
1947	*Doktor Faustus. Das Leben des deutschen Tonsetzers Adrian Leverkühn, erzählt von einem Freunde* (Stockholm: Bermann-Fischer); Europa-Reise	
1949	21. Mai: Freitod Klaus M.s; Festansprachen zu den Goethe-Feiern in Frankfurt a. M. und Weimar	Gründung der beiden deutschen Staaten
1950	12. März: Tod Heinrich M.s	
1951	Wiederaufnahme der Arbeit an *Felix Krull*; *Der Erwählte*	
1952	Rückkehr nach Europa, Wohnsitz in der Schweiz (zunächst Erlenbach, ab 1954 Kilchberg b. Zürich)	
1953	*Die Betrogene*	
1954	*Bekenntnisse des Hochstaplers Felix Krull*	
1955	Gedenkreden zu den Schiller-Feiern in Stuttgart und Weimar; Ehrenbürger der Stadt Lübeck, Ehrendoktorwürde der Univ. Jena; Erkrankung an einer Thrombose, 12. August: Tod T. M.s in Zürich	

III »Buddenbrooks. Verfall einer Familie« (1901)

Eine Familienchronik als Verfallsgeschichte – Sensibilisierung für die »doppelte Optik« des Erfolgsromans

Die anhaltende nationale wie internationale Beliebtheit (die Auflage beträgt mittlerweile mehr als vier Millionen) von Manns erstem Roman kann im Literaturunterricht schwerlich ignoriert werden. Die Frage nach den Gründen bietet die Möglichkeit grundsätzliche Fragen der Literaturgeschichte des 20. Jahrhunderts anzuschneiden.

Der Autor erklärt den Erfolg damit, dass viele Menschen in dem Familienroman aus dem deutschen Norden eigene Erfahrungen und Empfindungen ausgedrückt gefunden hätten. Hierbei ist ein verbreitetes Realismusverständnis im Spiel, das Anlass zu allgemeinen und zu textorientierten Nachfragen bietet: Lässt sich *Buddenbrooks* als Zeitroman lesen? Welche Zeit wird am Exempel der Lübecker Patrizierfamilie ausgedrückt – die erzählte Zeit oder die Mentalität um 1900?

Die Suche nach der exemplarischen ›Realität‹ des Romans führt zur Geschäftsgeschichte des Kaufmannshauses, zur Rolle von Religion, Philosophie und Musik in der Generationenfolge und schließlich zu Motiven jener Gesellschaftskrankheit der Décadence, wie sie Friedrich Nietzsche entwickelte. Der freizügige Umgang, den der junge Autor mit Texten Nietzsches (↗S. 29–45; M 8) und Arthur Schopenhauers (↗S. 52–54; M 3) pflegt, führt zu einem weiteren, für den Erfolg des Romans aufschlussreichen Aspekt. Indem Mann Nietzsches Kritik am populären Komponisten Richard Wagner (↗S. 48–51) gegen den Strich liest, gelangt er zu einer Schreibstrategie der Doppelcodierung, wie sie auch in postmodernen Poetologien etwa unter dem Stichwort ›pastiche‹ gehandelt wird.

Richtet sich der Plot vom traurigen Ende der Väter und Söhne auf ein zu Mitleid und Rührung gestimmtes großes Publikum, so weisen bestimmte Leitmotive und eingespielte Diskurse auf eine zweite Codierungsebene, die über die Familiengeschichte hinausgeht und das Publikum der ›Kenner‹ und deren ›Kunstgeschmack‹ anspricht. Für die Schüler können solche Entdeckungen propädeutische Funktionen besitzen, die die Lektüre nicht nur der späteren Romane des Autors, sondern auch anderer Texte der Moderne bzw. Postmoderne erleichtern.

Entstehung des Romans und Rezeptionssteuerung

Mit Erscheinen der ersten Auflage von *Buddenbrooks* im Oktober 1901 fand eine Arbeit sichtbaren Abschluss, die Mann 1897, im Alter von 22 Jahren, begonnen hatte. Der junge Autor reagierte damit unmittelbar auf ein Angebot: 1897 war es ihm gelungen, einige novellistische Arbeiten im Verlag Samuel Fischer unterzubringen, die 1898 unter dem Titel der in ihr enthaltenen Erzählung *Der kleine Herr Friedemann* als Band 6 der »Collection Fischer« herauskamen. Der Verleger hatte die Ankündigung der Publikation des Bandes mit dem Hinweis verbunden, dass es ihm eine Freude sein werde, ein größeres Prosawerk – »vielleicht ein Roman, wenn er nicht zu lang ist« – des Nachwuchsautors zu veröffentlichen.

▶ Wer hat Zeit zur Lektüre eines derart voluminösen Romans?

Was auf diese Anregung hin nach knapp drei Jahren intensiver Recherche und überwiegend emsiger Produktion zustande kam, war »zu lang«. Der Verleger quittierte das im August 1900 in Berlin eingehende Manuskript mit zweimonatigem Schweigen und sodann mit der Frage, ob es möglich sei, das Werk »um etwa die Hälfte zu kürzen«. Seine Bedenken begründete Fischer, der das Manuskript nur zur Hälfte gelesen hatte, mit dem aktuell anmutenden Hinweis, es gäbe gegenwärtig wohl kaum genug Menschen, »die Zeit und Concentrationslust haben, um ein Romanwerk von diesem Umfang in sich aufzunehmen« (↗**Abb. 5**, dritte Umschlagseite; Mendelssohn 1, 610 f.). Dem Brief lag ein ungünstiges Gutachten des Lektors Moritz Heimann bei.

Mann weigerte sich und hob in einem (nicht erhaltenen) Antwortbrief die Qualitäten des unumgänglich seitenstarken Textes hervor. Nach drei Monaten erneuten Schweigens sondierte er alternative Publikationsmöglichkeiten und mahnte Fischer, nun endlich zu einer Entscheidung zu kommen. Anfang Februar 1901 signalisierte ihm dieser, dass er seinen Autor – auch mit dem voluminösen Roman – nicht fallen lassen wolle, und am 23. März erhielt Mann einen Vertragsentwurf, der nicht nur die Veröffentlichung von *Buddenbrooks* regelte, sondern ihn auch längerfristig an den Verlag band. Der Roman ging dann – nach kleineren Verbesserungen oder Kürzungen, die des fehlenden Originalmanuskripts wegen unbekannt sind – Mitte April als zweibändige Ausgabe in den Druck.

Zur gleichen Zeit wie Manns Roman kam im Verlag G. Grote, der mit Autoren wie Ludwig Ganghofer (1855–1920) ein regionalistisches Erbe des *Poetischen Realismus* verwaltete, der ebenfalls umfangreiche Bauernroman *Jörn Uhl* des Holsteiner Heimatkünstlers Gustav Frenssen (1863–1945) heraus. Dieses Buch widerlegte Fischers Bedenken weit überzeugender als der

Verkauf der *Buddenbrooks*. Es wurde zu einem Verkaufsschlager, bereits 1903 betrug die Auflage mehr als 150 000. Das Echo auf den in nur 1 000 Exemplaren herausgebrachten *Buddenbrooks*-Roman fiel zurückhaltender aus. Im Laufe des Jahres 1901 schafften lediglich sechs Rezensenten eine kritische Lektüre, 1902 erschienen dann weitere dreizehn Rezensionen (BuHb, 325). Bruder Heinrich hingegen konnte mit *Im Schlaraffenland* (1900) bereits in den ersten Wochen dreißig Rezensionen registrieren (Mendelssohn 1, 705).

▶ Wie soll das Publikum den Neuling aufnehmen?
Gänzlich in der Lage des Außenseiters war Mann jedoch nicht. Mit S. Fischer verfügte er über einen Verlag, der nicht zuletzt symbolisches Kapital auf Text und Autor übertrug. Zudem konnte er auf Beziehungen aus der »Simplicissimus«-Zeit setzen. Zu seinen Bekannten gehörten etwa der erfolgreiche Romancier Jakob Wassermann (1873–1934), der arrivierte Literaturkritiker und Erzähler Kurt Martens (1870–1945) sowie Richard von Schaukal (1874–1942), ein schillernder Lyriker mit Kontakten zur Wiener Presse. Und dann gab es noch den Jugend- und Brieffreund Otto Grautoff (1876–1935), der zum Redaktionsmitglied der »Münchner Neuesten Nachrichten« aufgestiegen war. Dessen Rezensionspolitik vermochte Mann unmittelbar zu beeinflussen.

Der Instruktionsbrief an Grautoff ist im Original erhalten (↗M 1). Er lässt deutlich erkennen, wie Mann mit seinem Werk wahrgenommen werden wollte. Besonders eindringlich sollte der Akzent auf das ›Deutsche‹ des Romans gesetzt werden. Er sei in seiner Gestaltung »echt deutsch«, wird suggeriert, wobei als »zwei echt deutsche Ingredienzen [...] *Musik und Philosophie*« und insbesondere das »*Wagnerische*« hervorgehoben werden (↗M 1, Zln. 10 ff., 23). Grautoff hat die Instruktion übrigens penibel ausgeführt.

▶ »Buddenbrooks«: »echt deutsch«?
Mit der Zuschreibung »echt deutsch« werden die unabweisbaren Einflüsse eines Kunst- und Lebensstils der Décadence unterdrückt, die namentlich von französischen Autoren ausgegangen waren – eine Verwandtschaft, die der Untertitel »Verfall einer Familie« dennoch anzeigt. Dasselbe gilt für den ursprünglich geplanten Titel »Abwärts« (BrGr, 101). Dieser Titel erinnert wohl nicht zufällig an den Roman *Là-bas* (1891; dt. *Tief unten*, 1903) von Joris-Karl Huysmans (1848–1907), der als eine Leitfigur der dandyhaften Décadence-Literatur galt.

Verschwiegen werden auch die nachweisbaren Anregungen, die der Autor dem Roman *Renée Mauperin* (1864, dt. 1884) der Brüder Edmund (1822–1896) und Jules Huet de Goncourt (1830–1870) verdankt. Doch nicht nur die französischen (wozu noch Gustave Flaubert zu zählen ist), auch die skandinavischen Einflüsse – etwa Familienromane der Norweger Alexander Kielland (1849–1906) und Jonas Lie (1833–1908) – bleiben unerwähnt. Erst als arrivierter Autor, so 1926 in der Rede *Lübeck als geistige Lebensform*, kommt Mann darauf zu sprechen: »Nicht Zola also [...], sondern die sehr viel artistischeren Goncourts waren es, die mich in Bewegung setzten, und als weitere Vorbilder boten skandinavische Familienromane sich an«. (Ess 3, 20)

Bereits 1904 räumte der Autor in Beantwortung einer von Otto Julius Bierbaum (1865–1910) organisierten und publizierten »Rundfrage« *Der französische Einfluß* ein, dass es auch französische Anregungen für den eigenen erzählerischen Stil gegeben habe. Doch ausdrücklich unterscheidet er hier zwischen ›Anregung‹ und ›Einfluss‹ und zum engeren Kreis der Einflussgeber (Hans-Christian Andersen, Jens-Peter Jacobsen, Charles Dickens, die Russen, Theodor Fontane) zählt er die Goncourts und Flaubert offiziell immer noch nicht. Als eigentlicher »Meister« wird erneut Wagner genannt und mehr als deutlich ein deutscher Kunstgeschmack betont:

>»Ich liebe und bejahe in der Kunst, mit dem frühen Nietzsche zu reden, ›die ethische Luft, den faustischen Duft, Kreuz, Tod und Gruft‹. Ich glaube in der Kunst an den Schmerz, das Erlebnis, die Erkenntnis, die Liebe, die Tiefe und stehe aller schönen Oberflächlichkeit je nach Befinden ironisch oder ungeduldig gegenüber. Ich bin nordisch gestimmt, bin es mit der ganzen Bewußtheit, die heute überall in Sachen der Nationalität und der Rasse herrscht. Protestantische, moralische, puritanische Neigungen sitzen mir, wer weiß, woher, im Blute, und wie ich gegen die südliche Landschaft eine gelinde Verachtung hege, so erregt mir jene gewisse Gemeinheit, die unzweifelhaft dem romanischen Kunstgeschmack anhaftet, einen instinktiven und nervösen Unwillen.« (Üms, 381)

1922 wird Mann in seinem ambivalenten Bekenntnis zur Weimarer Republik und gegen die völkischen Sympathien der akademischen Jugend (*Von deutscher Republik*) die Bedeutung der internationalen Anregungen auch für die deutschesten der Literatur-Ikonen herausstreichen. 1926 spricht er gar davon, dass sein Roman »in seinem literarischen Habitus stark international bestimmt« gewesen sei (Ess 3, 19).

▶ Kann man als Künstler mit Publikumserfolgen leben?

Indem Mann den eigenen Ernst, den Drang zur Tiefe markiert und das spezifisch Deutsche des Romans betont, setzt er sein Werk von dem eher als frivol und locker geltenden Nihilismus der bohemehaften Dekadenzkunst wie von der überaus populären Heimatliteratur ab.

Auf den Zusammenhang ›Heimatkunst‹ kommt er 1940 auch explizit zu sprechen. Hier interpretiert er eine Aufnahme der *Buddenbrooks* als »Produkt der sogenannten Heimatskunst« in der »Linie der von Reuters plattdeutschem Humor geprägten Tradition« als ›Missverständnis‹, das jedem Publikumserfolg innewohne (Üms, 64; ↗M 2, Zln. 4–7). Dass die Düsterheit der in seiner Prosa aufgeworfenen Lebensperspektive nicht wahrgenommen und er zu einer »Frohnatur« abgestempelt werde, beklagt Mann schon 1918 (Betra, 102).

Was er 1901 in dem Brief an Grautoff antizipierend gegen solche Zuschreibungen setzt, ist – neben dem Hinweis auf seine »ungewöhnliche künstlerische Energie« – der starke Bezug auf das »Wagnerische« und besonders auf die musikalische Technik der Leitmotivik (↗M 1, Zln. 22 f.).

Diese Parallelsetzung von literarischer und musikalischer Textkomposition ist bis heute außerordentlich folgenreich und wurde gewissermaßen zum Markenzeichen seiner spezifischen Erzähl*kunst*. Mann hat jedoch in seinem Instruktionsbrief die Leitmotivik als »epische Wirkung« weniger musikalisch als vielmehr narrationstechnisch charakterisiert. Später wird er darauf hinweisen, dass ihm ein genuin musikalischer Einsatz der Leitmotivik erst in nachfolgenden Werken gelungen sei (Üms, 67).

Fast ebenso kennzeichnend wie die Musikanalogie ist die Grautoff raffiniert zugespielte These von einer Balance aus Nihilismus und Humor, die Humor zum Ausweis von Stärke und Lebensbejahung werden lässt (↗M 1, Zln. 18 f.). Auch hier formuliert Mann in der für ihn charakteristischen Rhetorik eine ästhetische Politik der Mitte, einer Versöhnung der Gegensätze. In seinem Verständnis ist genau dies *deutsch*. Dass deutsche Stärke darin bestehe, Konflikte in sich zu tragen und den Widerstreit als das Wesenhafte des wirklichen Lebens auszuhalten, führt der Autor in *Betrachtungen eines Unpolitischen* gegen die als »Zivilisationsliteraten« bezeichneten Autoren »demokratischen Geistes« aus (Betra, 45–60, Zitat 48). Aber auch die späteren prorepublikanischen Reden kulminieren in der Idee einer spezifisch deutschen »Sache«. Mann gibt ihr den Namen »Humanität« und kennzeichnet sie als »deutsche Mitte«, als ein gespanntes Leben zwischen einer »wasserklarethischen Vernunftphilisterei« und »todverbundener Verneinung des Ethischen, des Bürgerlichen, des Wertes« (Ess 2, 165).

▶ »Buddenbrooks«: eine bürgerliche Beispielgeschichte?

Für die nicht eben kurze Geschichte der Selbstdeutungen Manns vielleicht noch interessanter ist, dass zunächst an keiner Stelle das Stichwort ›Bürgertum‹ fällt. Auch Grautoff verzichtet in seiner Rezension auf das Wort ›Bürger‹, er bedient sich stattdessen des milieuspezifischeren Begriffs ›Patrizierfamilie‹.

Das Bürgerliche rückt Mann erst im Zuge der Erfolgsgeschichte von *Buddenbrooks* in den Vordergrund. So stellt er den Roman 1918 als Ausfluss einer in »geistiger Bürgerlichkeit« verbrachten Jugend dar und erklärt, dass ihm die erlebte Zeit erst beim Schreiben als Etappe in der Entwicklungs- und Modernisierungsgeschichte fassbar geworden sei. Als ›Entwicklung‹ begreift er dabei zum einen das für ihn weniger interessante Hervortreten eines neu-deutschen Bourgeois-Typus, zum anderen die ihn verfallsästhetisch fes-selnde Verfeinerung alter und echter Bürgerlichkeit in der Entwicklung zum Künstlertypus (Betra, 131 f.). Die Transformation des Bürgers zum Bourgeois habe er zwar persönlich »verschlafen«, doch in Thomas Buddenbrook ein Symbol geschaffen, das mit Blick auf den Zusammenhang von protestanti-scher Ethik und »Geist des Kapitalismus« jene Befunde vorwegnimmt, die einige Jahre später mit Max Weber, Ernst Troeltsch und Werner Sombart zu Topoi der aufkommenden Sozialwissenschaften werden (Betra, 136 ff.).

Verfall: Zur bürgerlichen Realität des Romans

Lässt sich *Buddenbrooks* tatsächlich als eine nach sozialgeschichtlichen Maß-stäben zeitcharakteristische Geschichte vom Wandlungsprozess des deut-schen Bürgertums lesen? Kann in didaktischer Perspektive von der Lektüre des Romans historische Aufklärung und gar Einsicht in jene spezifisch deut-sche Geschichte von Bürgerlichkeit erwartet werden, die angesichts der von Deutschland ausgegangenen Katastrophen wohl nicht anders als die Ge-schichte eines Mangels – an Zivilcourage, an Republikanismus – zu schreiben ist?

Realismus als Erwartungshaltung

Derartige Fragen sind stets auch Fragen nach dem Realismus des Romans und als solche wurden sie auch oft gestellt. Hier sind jedoch vorhandene Be-deutungsdivergenzen des Realismusbegriffes immer wieder auf die Art der Rezeption durchgeschlagen. Ursache ist nicht zuletzt die Tatsache, dass die Vorstellung von Realismus seit dem 19. Jahrhundert in einen literaturkriti-schen Diskurs eingebunden und wertungsästhetisch auf unterschiedliche Weise geladen ist. Eine der romantheoretisch folgenreichen Ladungen er-folgte durch Georg Lukács (1885–1971) und dessen Bezug auf Hegel. Mit Blick auf das Epos, aber auch in Sicht auf den Roman doziert Georg Wilhelm Friedrich Hegel (1770–1831) in Teil III seiner *Vorlesungen über die Ästhetik* (1835/38):

»[…] die epische Einheit ist in der Tat erst dann vollendet, wenn die besondere Handlung einer-seits für sich beschlossen, andererseits aber in ihrem Verlaufe auch die in sich totale Welt, in deren Gesamtkreis sie sich bewegt, in voller Totalität zur Anschauung gebracht ist und beide Hauptsphären dennoch in lebendiger Vermittlung und ungestörter Einheit bleiben.«
(G. W. F. H.: Werke. Bd. 15. Hg. E. Moldenhauer/K. M. Michel. Frankfurt a. M.: Suhrkamp 1986, 390)

Diese schwerfällig anmutende Formulierung besagt nichts anderes, als dass ein Romanautor die unübersichtliche Welt in ihrem Wesen zu durchblicken und diesen Durchblick in eine gut fassliche Story zu übertragen habe.

▶ Zwei Fragen zum Thema ›Realismus‹

Dass die Konkretisierung solcher Erwartungshaltung in der literaturkritischen Praxis Terrains polemischer Auseinandersetzungen abstecken kann, liegt auf der Hand. Schließlich ergeben sich offene Fragen, etwa:

– Welcher Diskurs entscheidet, was zu einem gegebenen Zeitpunkt die ›volle Totalität‹ der Welt und ihrer Teilbereiche ist?

– Wie kann das Erzählte ›lebendig‹ wirken, wenn es auf die abstrakte Idee eines unanschaulich Ganzen (›Totalität‹) zurückgeht?

Die berühmten Realismus-Kontroversen um Lukács und Brecht illustrieren, dass es selbst dann zu Gegensätzen in der Beantwortung der zweiten Frage kommen kann, wenn man sich in der geschichtsphilosophischen Beurteilung der ersten Frage nah ist.

Ist ›Realismus‹ eine werkimmanente Kategorie, wie Lukács' Definitionen nahe legen, oder eine rezeptionsästhetische wie die eher operative Bestimmung bei Brecht? – Es wäre auch kein Zugewinn an Eindeutigkeit zu erzielen, wenn man den alltagssprachlich verwurzelten Begriff ›Realismus‹ gegen den älteren ›Mimesis‹ austauschte; auch für diesen Fall könnten die Fragen offen bleiben. Ähnliches gilt, wenn der Terminus in eher epochentypologischer Bedeutung benutzt wird. Zutreffend konstatiert Bruno Hillebrand:

»Immer noch diskutiert die Forschung darüber, ob Thomas Manns Romane mit dem Prädikat realistisch oder naturalistisch besser ausgewiesen seien. Die Frage wird solange offenbleiben, bis ein klarer, strukturbezogener Realismus-Begriff sich eingebürgert hat.«
(B. H.: Theorie des Romans. Erzählstrategien der Neuzeit. Stuttgart/Weimar: Metzler ³1993, 293 [Anm. 50])

▶ Realismusfrage in didaktischer Perspektive

Wenn im Folgenden nach dem Realismus des *Buddenbrooks*-Romans gefragt wird, ist damit keine literarhistorische oder romantheoretische Verortung beabsichtigt, sondern es wird schlichter nach dem Erzählwerk abzugewinnende soziologische Konstruktionen gesucht. Unterschieden werden sollte dabei zwischen einer mikro- und einer makrosoziologischen Betrachtungsweise.

Bei *mikrosoziologischen* Untersuchungen ginge es um den Nachweis der historischen Stimmigkeit fiktiver Details, etwa der Kleidung, der Verkehrsmittel oder der Gepflogenheiten im Getreidehandel. Für den Literaturunterricht könnten solche Aspekte interessant sein, wenn einem historischen Projekt zugearbeitet werden soll, zum Beispiel Sichtung möglicher Exponate für eine Ausstellung oder Vorbereitung einer Exkursion nach Lübeck. Mikrosoziologische Untersuchungen geben auch Einblicke in das Produktionsverfahren Manns, etwa in die Intensität seiner Recherche, und erlauben Rückschlüsse auf seine spezifische Poetik der Stimmigkeit (Mendelssohn 1, 402 ff.). *Makrosoziologische* Aspekte dagegen führen in die Sphären jener Totalitäten, von denen das Zitat aus Hegels *Ästhetik* (↗S. 23) handelt. Kaum zu vermeiden ist in solcher Interpretationsrichtung ein Effekt, der mit Blick auf die nicht nur dem Realismuskonzept Lukács' zuzuschreibende Widerspiegelungstheorie oft als literarisch inadäquat kritisiert wurde. Der Interpret verfügt in aller Regel über eine recht stabile Idee dessen, was die *richtige* Bestimmung der jeweiligen Totalität sein sollte. Und diese Idee ist dann Maßstab für das, was der Fiktion als ›Wirklichkeitsaussage‹ abgelesen wird (vgl. Jürgen H. Petersen: Erzählsysteme. Stuttgart/Weimar: Metzler 1993, 5 ff.). Unter diesen Bedingungen verflüchtigt sich der Femdheitscharakter des Textes und das, was die Hermeneutik und die ihr folgende Didaktik als ›Dialogizität des literarischen Verstehensprozesses‹ rühmt, tritt in den Hintergrund.

Décadence und Bürgerlichkeit

Wenn Manns Selbstkommentar zutreffen sollte, dass *Buddenbrooks* auch als eine *repräsentative* Erzählung über die Krisis des Bürgertums bzw. des bürgerlichen Bewusstseins zu lesen sei, dann müsste nach dem allgemeinen Realismus-Schema in der Familiengeschichte die Totalität des Bürgerlichen in ihrer Abwärtsbewegung exemplarisch zur Anschauung kommen. Will man abschätzen, ob und wie solche Erwartung vom Text eingelöst wird, muss man nach einem ersten Ansatzpunkt der prüfenden Lektüre suchen. Der genetische Aspekt, der der narrativen Entfaltung gewöhnlich innewohnt – es wird erzählt, wie etwas zu dem wird, was es am Schluss ist –, legt nahe, den Blick auf den im Untertitel vorweggenommenen Ausgang »Verfall« zu richten.

Religion als Décadence-Symptom

Der dialogreiche Roman beginnt und endet mit Glaubensfragen. Das erste Wort hat die unbefangene Tony, die aus dem Katechismus von 1835 examiniert wird, und das letzte Wort hat 1877 Sesemi Weichbrodt, Tonys einstige Lehrerin und nicht gerade eine Zentralfigur. Doch ist das Finale, das sie gibt, aufschlussreich:

»*Es ist so!*‹ sagte sie mit ihrer ganzen Kraft und blickte alle herausfordernd an. Sie stand da, eine Siegerin in dem guten Streite, den sie während der Zeit ihres Lebens gegen die Anfechtungen von seiten ihrer Lehrerinnenvernunft geführt hatte, bucklig, winzig und bebend vor Überzeugung, eine kleine, strafende, begeisterte Prophetin.« (759 : 11/4)

▶ Sesemi Weichbrodt: das »Hoffnungslicht« im »Gemälde des Verfalls«?
Worum geht es in Sesemis Heftigkeit und worum im nachfolgenden szenischen Kommentar des Erzählers? Es sind die Stunden der Abschiednahme.
Der Leser hat erfahren, dass Hanno gestorben ist und Gerda die Stadt verlassen wird, auch von Christians endgültiger Internierung ist zu hören. In dieser
entmännlichten Runde formuliert Tony in der Gewärtigung der Verstorbenen die Empfindung ihrer Einsamkeit als transzendentale Skepsis. In Erwiderung auf Tonys Zweifel an der religiösen Vision eines Wiedersehens im
Jenseits erfolgt der spontane und orthodoxe Protest der Greisin.

Auf den ersten Blick hat dieses Romanende etwas Rührendes und Versöhnliches. Doch der ironische Ton geht darin nicht auf: Wenn der Erzähler in
Sesemi »eine kleine, strafende, begeisterte Prophetin« sieht, markiert dies,
vage genug, die Möglichkeit künftigen Unheils. – Man vergleiche die von
Hanno erinnerte Weihnachtsszene, in der Sesemis Transparent mit der Aufschrift »Ehre sei Gott in der Höhe« den Flammen zum Opfer fällt (549 : 8/8).

Am Schluss zeigen sich mit der überzeugten Greisin Züge eines Fanatismus, der den Sieg über die Kraft der Vernunft errungen hat und zur Strafe,
also zur Tat, bereit ist. Eine Perspektive, die bei aller Ironie in manchem
düsterer ist als die durch die traurigen Tode ausgelösten Empfindungen.
Sieht Ernst Keller darin eines »der Hoffnungslichter in diesem Gemälde des
Verfalls«, so vereindeutigt und vereinseitigt er, was im Text eher ambivalent
bleibt (BuHb, 200); Renate Tebbel hingegen kommentiert die Rolle Sesemis
eher meiner Lesart gemäß (ebd., 279 – 292).

Wie wichtig ist die mit Sesemis Auftritt aufgeworfene Frage nach der
Gesundheit religiöser Glaubensstärke für das Verfallsthema des Romans
überhaupt? Der konzeptionelle Rang des Auftritts zeigt sich darin, dass der
Roman bereits mit Glaubensfragen einsetzt. Die Anfangsszene liefert nicht
nur einen satirischen Blick auf den pädagogischen Sinn des Auswendiglernens, der in gewisser Weise die Pein des Festtagsrezitators Hanno in der
unbefangenen Perspektive seiner Tante vorwegnimmt. Sie bietet auch die
Basis zur Exposition der Figur des Johann (Jean) Buddenbrook und seiner
aufklärungsethischen Rationalität.

▶ Wie fromm ist der Kaufmann Jean Buddenbrook?
Der Einklang von Handlungsfähigkeit und Sinnerfüllung verliert sich im
Generationenwechsel von Firmenleitung und Haustheologie der Buddenbrooks. Für den zum Calvinismus neigenden Jean Buddenbrook muss die
Religion als Regulativ des Lebens gelten. Man wird bei den Buddenbrooks
nun nicht nur empfindsamer und betont innerlich, sondern auch deutlich
frömmelnder. Statt der Erhellung des Lebens in all seinen Nuancen, statt

einer dem eigenen Wohl nutzenden Toleranz waltet jetzt offiziell ein eher doktrinärer Geist. Dass dieser sich allerdings als biegsam und rhetorisch erweist, gibt die Bodenlosigkeit der Religion zu erkennen. Anschaulich wird das in der Art, wie Jean seine Vaterrolle ausübt.

Mit theologischem Beistand und aller Macht des Schuldbewusstseins wird Tony zur Ehe mit Grünlich gepresst. Als sich bald herausstellt, dass der Eheschluss ein vermeidbarer Fehler war, müsste Jean eigentlich auf eigene Schuld mit Reue reagieren. Er empfindet auch eine gewisse Schuld (vgl. 213, 216 f. : 4/7); aufschlussreich für die lebensweltliche Qualität seines Moralkodexes ist indes, dass er sich von dieser Schuld freimachen kann, ohne den Boden theologischer Selbstreflexion zu verlassen. Das persönliche Versagen als Vater und Kaufmann verwandelt er nahezu spontan in eine Gottesprüfung für die Tochter. Dass er sich in der Konsequenz dieser Operation als Vollstrecker göttlichen Willens spiegelt, teilt einiges von den Kehrseiten des calvinistischen Bescheidenheitsethos mit. Den diabolischen, sachlich jedoch keineswegs abwegigen Vorhaltungen des Grünlich-Gläubigers Kesselmeyer begegnet Jean Buddenbrook mit der Anrufung Gottes:

»Ich habe sichere Erkundigungen über meinen Schwiegersohn eingezogen ... das übrige war Gottes Wille!« (228 : 4/9)

Obgleich er nun zu hören bekommt, dass die leichthin eingeholten Informationen falsch waren, bleibt seine Rhetorik auf Gottes Spuren. Grünlich wird mit frommen Empfehlungen abgefertigt: »Fassen Sie sich. *Beten* Sie.« (230 : 4/9), und Tony mit dem sanften Hinweis getröstet, sie sei »nach menschlichen Begriffen« »an dem Geschick, das Gott als Prüfung über sie verhängt« habe, »unschuldig« (231 : 4/10), müsse aber dennoch mit der Zurückhaltung einer geschiedenen Frau leben.

Dass die Verheißungen der christlichen Ethik nicht (mehr) ganz sauber sind, vermittelt der Roman in dieser Phase auch in Nebenhandlungen, besonders durch die Wahrnehmungen Tonys. Man denke nur an den Profitsinn des Rigaer Pastors Tiburtius, der sich Clara als »Schatz« erbeutet. Unter dem bilanzierenden Strich des Kaufmanns wirkt sich das religiös motivierte Handeln schließlich negativ aus: Tonys und Claras Ehen sind schwere Verlustgeschäfte, der Fatalismus Christians legitimiert ein Leben als Dilettant und zehrt am Familienkapital ...

▶ Was wird aus Jeans Religiosität bei Sohn und Enkel?
Mit Thomas Buddenbrook und Pastor Pringsheim scheint zunächst die Ära Johanns fortgeführt: Der Pastor verkehrt im Weltlichen mit der Souveränität seines Vorgängers Wunderlich und Thomas zeigt zunächst das Zukunftsvertrauen des Innovateurs. Doch beider Entwicklung verläuft anders. Der Er-

zähler schildert Pringsheim als Karikatur, was nicht zuletzt der Tag der Beisetzung Thomas' zeigt:

»... umgeben von den Leidtragenden [...] stand in aufrechter Majestät Pastor Pringsheim zu Häupten des Sarges, indem er seinen ausdrucksvollen Kopf auf der breiten Halskrause ruhen ließ, wie auf einem Teller«. (691:10/9)

Die lockere Beziehung zur Theologie bei Thomas verliert sich in der Suche nach den Sinntiefen einer Existenz, die mehr und anders sein soll als das ihm zugewiesene Rollenspiel eines Kaufmanns und Familienvaters. Die einsame Sinnsuche führt ihn – analog zu Lebensläufen mancher Décadence-Literaten (etwa Joris Karl Huysmans [↗S. 20] oder Hermann Bahr) – in die Nähe des Katholizismus (653 : 10/5). Enthusiastisch wird der Sinnsucher dann durch die zufällige Lektüre Schopenhauers. Die erotische Emphase dieser Begegnung blockiert jedoch den philosophischen Weg zum Existenzsinn. Das einmal angeschlagene Pathos zu halten erscheint dem Lübecker Patrizier zudem als peinlich. (↗S. 52–54) Zu peinlich, zu lächerlich ist für ihn aber auch die Vorstellung, in Seelenfragen Trost und Rat bei Pastor Pringsheim zu suchen (661:10/5). Abgestürzt aus dem philosophischen Höhenrausch, keimt in ihm eine Sehnsucht nach naiver Religiosität. Doch solche Sehnsucht ist selbst schon durchgeistigt, zu ästhetisch geladen, um kraftvoll werden zu können.

Für Hanno schließlich wird die Religion sprachlos. Die erotische Faszination, die für den philosophischen Dilettantismus des Vaters punktuell bleibt, prägt die musikalische Passion des Sohnes – seine Seligkeit, sein »Himmelreich« – in kräftigerer Weise. Die Offizialreligion hingegen bildet die feindliche Umwelt des Jungen: so in Gestalt von Pastor Pringsheim, der davon spricht, dass man Hanno aufgeben müsse, da er, siehe Christian, aus einer verrotteten Familie stamme (743:11/2); im Martyrium der Schule, wo die religiöse Stärkung in der Turnhalle verabreicht wird (707:11/2); im Religionslehrer Ballerstedt, der mit Christian die anrüchigen Etablissements der Stadt besucht und tagsüber bei seinen Schülern auf die genaue Erfassung von Hiobs Viehbestand pocht (715 f.). In Opposition zu dieser Banalität der verwalteten und verkauften Religion empfindet Hanno seine Musik als »etwas asketisch Religiöses, etwas wie Glaube und Selbstaufgabe in dem fanatischen Kultus dieses Nichts« (750 : 11/2) – ein Empfinden, so dicht am Objekt der väterlichen Berauschung und gleichermaßen aussichtslos, kurz: Todesmelodie.

Zum Stellenwert des Décadence-Motivs

Für die fiktiven bürgerlichen Charaktere mutiert das Religiöse also ins Ästhetische, das seinerseits die Überzeugungskräfte alter Ordnungen zersetzt und zu Leistungsschwäche führt. Ist hinter einer derart konstruierten Verfallslogik der Versuch einer allgemeinen Diagnose über den historischen Untergang eines bürgerlichen Typus zu sehen? Wie stark ist der wechselseitige Zusammenhang von Persönlichkeitskrise und Verfallsgeschichte einer sozialen Formation namens Bürgertum im Roman gestaltet?

Das erste Bedenken angesichts dieser Fragen berührt die Verankerung des geschilderten ökonomischen Prozesses in der *erzählten Zeit* (1835–1877). Mit guten Gründen ist gegen die These von der Repräsentativität des Erzählten eingewandt worden, dass die Geschichte des Bürgertums zwischen 1835 und 1877 eher jene gegenläufigen Tendenzen aufweist, für die ab den siebziger Jahren der Begriff ›Gründerzeit‹ steht. Manns Vision vom Vitalitätsverlust des geschäftigen Bürgerinstinkts wäre demnach eine retrospektive Projektion.

Gegen diesen Vorbehalt ließen sich Einwände vortragen. So könnte mit Blick auf das ungleichmäßige Wirtschaftswachstum und das besondere Gewerbe der Buddenbrooks auf die Einbrüche in der Landwirtschaft nach 1870 verwiesen werden. Ebenso treffend geriete der Einwand, dass Historiker überhaupt in Zweifel zögen, ob man für die Zeit der Reichsgründung vom Bürgertum als einer sozialen Formation sprechen könne (Hans-Peter Ullmann: Das deutsche Kaiserreich 1871–1918. Frankfurt a. M.: Suhrkamp 1995, 47). Man könnte auch argumentieren, dass gerade eine dynamische Wirtschaftsentwicklung für Unternehmen Risiken zeitigt, denen insbesondere unflexible Unternehmensleitungen nicht gewachsen sind. – All diese Rettungsversuche verfehlen ihr Ziel, da sie zu erklären versuchen, weshalb der fiktive Fall der Buddenbrooks ›realistisch‹ in dem Sinne dargestellt ist, dass das Geschehene innerhalb der erzählten Zeit *möglich* gewesen sei. Damit unterlaufen sie aber die These von der Repräsentativität der fiktiven Ereignisse.

▶ Was ist an der Geschichte der Buddenbrooks repräsentativ?
Fassen wir im Sinne der thematisierten Aspekte der Verfallsfiktion die Krisenphänomene weniger als ökonomische denn als intellektuell-habituelle auf, stellt sich die Lage anders dar. Wir hätten es dann eher mit bewusstseinsgeschichtlichen Verwerfungen zu tun, deren historische Referenz weitläufiger als etwa ökonomische Konjunkturzyklen anzusetzen ist. Als historischer Bezugspunkt könnte unter dem Aspekt der Repräsentativität etwa der lang währende Prozess der Säkularisierung und Individualisierung begriffen werden.

Der Einfluss Nietzsches

Wenn es einen Terminus gibt, der das intellektuelle Verarbeitungsmuster dieses Prozesses für den Autor der *Buddenbrooks* kennzeichnet, dann ist dies zweifellos der Wert-ambivalente Begriff ›Décadence‹, der vor allem durch die

Aufnahme von Friedrich Nietzsches Schriften (und Leben, 1844–1900) begünstigt und zu einer psychologischen Signatur des Jahrhunderts oder der Moderne wurde. (Über die vor allem französischen Quellen – besonders Paul Bourget [1852–1935], Hauptvertreter des psychologischen Romans in Frankreich –, aus denen sich das Décadence-Motiv beim jungen Mann in produktiver Aneignung und in Ergänzung zu Nietzsche speist, vgl. Bauer, 279–297.)

▶ Nietzsches Begriff der Décadence
Das Wort ›Dekadenz‹ weckt heute sicher Vorstellungen, die sich auf die Sphäre der Kunst richten, zugleich konnotiert es Vorstellungen von allgemeinem Sittenverfall, kollektivem Sichgehenlassen, Verlust an Haltung und Disziplin. Weniger präsent dürfte die Vorstellung von Dekadenz als Prozess sein, in dem biologische, sozialhistorische, geistesgeschichtliche und sozialpsychologische Momente sich zu einer großen Erkrankung verschränken. Um eine solche sozial- oder zivilisationspathologische Diagnose handelt es sich aber bei der lebensphilosophischen Rezeption Nietzsches, die zum Ausgang des 19. Jahrhunderts die Bildungsgeschichte der bürgerlichen Intelligenz prägt. Dass sich aus Nietzsches Werken eine konsistente Theorie der Décadence herauspräparieren ließe, wird man angesichts seines kurvenreichen und auch widersprüchlichen Denkweges kaum behaupten können. Dennoch liefert Nietzsche an verschiedenen Stellen Bilder der Décadence, die den jungen Mann beeinflussten. Zu Nietzsches Vorstellungen von *Décadence* und vom *Décadent* deshalb an dieser Stelle einige Schlaglichter:

> Das Phänomen der Décadence, beschrieben mit »Abfall, Verfall, Ausschuß«, »ist nichts, was an sich zu verurteilen wäre: es ist eine notwendige Konsequenz des Lebens, des Wachstums an Leben. Die Erscheinung der Décadence ist so notwendig, wie irgendein Aufgang und Vorwärts des Lebens: man hat es nicht in der Hand sie abzuschaffen«. (NieW 3, 779)

Die moralphilosophische Konsequenz ist auch eine Absage an das philantropische oder sozialprogrammatische Bemühen, »das Leben« durch einen grundlegenden, systematischen Eingriff zu verbessern. – Mann wird diese ›Moral‹ in *Betrachtungen eines Unpolitischen* gegen die vermeintlichen Illusionen der »Zivilisationsliteraten« ausspielen, wenn er behauptet, dass sich in deren Option für demokratische Veränderungen der Gesellschaft der Irrglaube manifestiere, der »Geist« könne das »Leben« domestizieren (Betra, 83 ff. u. 531 ff.). – Bei Nietzsche heißt es dazu kategorisch und forsch:

> »Alter schafft man nicht durch Institutionen ab. Die Krankheit auch nicht. Das Laster auch nicht«. (NieW 3, 779; vgl. auch 820)

In diesem Zusammenhang gehört auch die Vision, im Zustand der Décadence eingeschlossen zu sein. Selbst der Kampf des Menschen gegen die Décadence ist Teil der Krankheit: Die Bekämpfung der Instinkte durch Reflexion und »Vernünftigkeit um jeden Preis« führte nicht zum Glück zurück, sondern veränderte nur die Ausdrucksformen der Krankheit (NieW 2, 955 f.).

▶ Woran erkennt man Nietzsches Décadent?
Eine Typologie der Décadence findet sich in *Nachlass der Achtzigerjahre*. (Die unter diesem Titel in der zitierten Ausgabe aufgeführten Texte wurden lange dem vermeintlichen Hauptwerk *Der Wille zur Macht* zugeschrieben. Einen entsprechenden Band präsentierte erstmals Nietzsches Schwester ein Jahr nach der Entstehung von *Buddenbrooks*.) Nietzsche notiert hier vier charakteristische Erscheinungen:

1. die Neigung des Décadents, Heilserwartungen wie denen des Christentums oder des »Fortschritts« zu folgen, die in Wirklichkeit den Erschöpfungsprozess nur beschleunigten;
2. eine »Desintegration des Willens«, die den Widerstand gegen die Reize zerbricht;
3. die Verkennung der physiologischen Ursachen des eigenen Zustandes;
4. die Sehnsucht nach Momenten, in denen das Leben wegtritt, nach Bewusstlosigkeit und Schlaf (NieW 3, 899 f.).

In der Abhandlung *Was bedeuten asketische Ideale?*, dem dritten Teil der Streitschrift *Zur Genealogie der Moral* (NieW 2, 761–900), liefert Nietzsche eine wahre Tirade über die epidemischen Effekte, die von den Erscheinungen des Kranken und Schwachen ausgingen. Als die beiden schlimmsten Seuchen kennzeichnet er »den großen Ekel am Menschen« und ›das große Mitleid mit dem Menschen‹ (NieW 2, 866). Das Christentum und seine Verkörperung im »asketischen Priester« sieht er in der Rolle eines Narkotikums, das mitnichten heile, sondern mit dem die Beherrschung der »Herde« erstrebt werde. Zu den bösartigsten Techniken rechnet er jene Verinnerlichung des physiologischen Elends, die das depressive Leiden als Konsequenz von Schuld und Sünde erscheinen lasse und ihm in der Buße *Sinn* verleihe. Aus der Buße erwachse dann neue Vitalität, die Lust am Schmerz und an der Seelenfolter (ebd., 881 f.). Die genealogische Fahndung nach der Schuld setze aber auch einen Reflexionsschub in Gang, bei dem schließlich nur noch der »Wille zur Wahrheit« als Kern des Ideals übrig bleibe. Diese Überlegung bringt Nietzsche schließlich dazu, den Atheismus als avancierteste Fortschreibung des christlichen Moraldiskurses aufzufassen. Man könnte seine Perspektive so beschreiben: Die Züchtigung zur Wahrhaftigkeit führt zu einer zunehmenden Verfeinerung der Wahrheitssysteme bzw. der Geltungsansprüche von Wahrheitsaussagen. Diese Verfeinerung, etwa in der Wissenschaft, ist immer auch eine Ernüchterung, eine Auflösung des Glaubens und eine Befreiung von allen Narkotika und schließlich auch von der Moral. Der übrig bleibende »Wille zur Wahrheit« wird in dieser Isolation zu seinem eigenen Problem: Was ist Wahrheit, wenn sie ›nur‹ das Resultat eines Wollens, also vom Menschen selbst gemacht ist?

▶ Warum ist der Kranke so interessant?

Obgleich die Ausfälle gegen die »Instinkt-Philosophien« der Décadence, vor allem die Mitleidsphilosophie Schopenhauers, im Spätwerk immer heftiger werden und Nietzsches Rede über den Décadent an Penetranz zunimmt, wird doch auch hier kenntlich, dass der eigentlich interessante Mensch nicht der Gesunde, sondern der Kranke und Schwache ist.

Für die Faszination am Kranken und am Décadent liefert Nietzsche eine Erklärung, die sich als wirkungsästhetische Formel charakterisieren lässt: Da alle einmal krank waren – der Mensch, »*das* kranke Tier« (NieW 2, 862) – und physiologische Schwäche zu den Alltagserfahrungen des Lebenszyklus zählt, wirkten die Décadents *menschlicher*. Hier liege auch die Ursache für den Erfolg der zeitgenössischen »Genies« in der Kunst:

> »Herolde der Gefühle« seien sie, »mit denen man Massen begeistert«. »Diese spezifische Kulturpflanze, der moderne Artist, Maler, Musiker, vor allem Romancier, der für seine Art, zu sein, das sehr uneigentliche Wort ›Naturalismus‹ handhabt«, sei dabei selbst ein morbides Element; nämlich eine »Zwischen-Spezies« und ein halber Krimineller, »von der Kriminalität der Tat durch Willensschwäche und soziale Furchtsamkeit abgetrennt«.
> (NieW 3, 708; ↗Kap. IV: »Tonio Kröger«, S. 76)

Zum Prototypen des artistischen Décadents erklärt Nietzsche Richard Wagner (1813–1883). Aus der einstigen Faszination ist in *Der Fall Wagner* (1888) die Faszination an der Entlarvung des allseits Bewunderten geworden. Wagner ist für ihn nunmehr ein genialer Verführer, der gekonnt mit den schwächlichen Gefühlen einer dekadenten – nämlich verweiblichten und nervösen – Nation spiele (NieW 2, 912 f.). Der gefeierte Komponist der großen Gefühle sei »ein ganz großer Schauspieler«, ein Könner der »Gebärde«, aber eben kein Musiker des Instinkts (ebd., 919). Diese Attacken führen Nietzsche zwangsläufig dazu, in Wagner einen Repräsentanten der wenig gelittenen Moderne zu sehen. Kann man den mythischen Gehalt »ins Moderne – seien wir noch grausamer! ins Bürgerliche« übersetzen? Nietzsche befindet, man könne. Aus den Heroinen würden dann Frauen ähnlich Madame Bovary. Das ist natürlich kein Kompliment, denn Nietzsche glaubt zu erkennen, dass bei Wagner hinter der angeblichen Verve für die Größe nur das Interesse für dieselben kleinen Probleme stecke,

> »welche heute die kleinen Pariser *décadents* interessieren. Immer fünf Schritte weit vom Hospital! Lauter ganz moderne, lauter ganz *großstädtische* Probleme!«   (Ebd., 922 f.)

▶ Nietzsches Spuren in »Buddenbrooks«

Die ›Übersetzung‹ Wagners ins Bürgerliche sowie die Transformation des Décadent-Themas aus dem Milieu des Künstlers und Dilettanten in das Milieu einer hanseatischen Kaufmannsfamilie kennzeichnen in der Tat den Roman *Buddenbrooks* und sind Teil seiner »doppelten Optik« (↗S. 46–55). Was Nietzsche zu polemischem Spott antrieb, ist für den großzügigen Nietzsche-Rezipienten Mann eher eine reizvolle Perspektive. Er setzt konzeptionell bei dem an, was als Material von ihm und anderen in Grundzügen bereits vorliegt. Die Geschichte des Knaben Hanno, die die Initialidee des Romans lieferte, teilt strukturell manches mit der Problematik des Dilettanten Johannes Friedemann aus dem ersten Prosaband (*Der kleine Herr Friedemann*).

Hanno repräsentiert den für die Figur des Dilettanten charakteristischen Typus des *Erben*: Auf ihn wartet altes Kapital und er zeigt keine Anzeichen, die Wege seiner Erwirtschaftung weiterzugehen. Den Institutionen des normalen Lebens, den Stationen der Reproduktion kaufmännischer Tüchtigkeit gewinnt er nicht nur nichts ab, er hasst sie und leidet unter seinem Hass. Untüchtig für den ehrbaren Beruf und nur unter Anstrengung in der Lage, dessen Ehrbegriff überhaupt als Handlungssinn zu verinnerlichen (10/2), sieht er sich auch in der Gegenwelt der Kunst fehl am Platze. »Ich bin gar nichts und kann gar nichts«, entfährt es dem 15-jährigen Pennäler, und diese Selbstbeobachtung gründet nicht nur im Katzenjammer montäglicher Schuldgefühle (710 : 11/2). Auch die Bewegungen innerhalb der geliebten Sphäre der Kunst verstärken den Eindruck von Unvermögen: Für die schulischen Bildungsphilister ist er ein »amusisches Geschöpf« (730 : 11/2); sein Klaviervortrag ergreift ihn, nicht aber das häusliche Publikum (507 : 8/6); dem Vater gegenüber scheitert er beim Gedichtvortrag, weil »übergewaltiges Mitleid mit sich selbst« ihn fortreißt (486 f. : 8/5); dem Freund Kai gesteht er, dass er, die öffentlichen Auftritte scheuend, auch mit der Musik sein Glück nicht machen werde. Was ihm stattdessen als Perspektive passend erscheint, liest sich wie aus Nietzsches Décadent-Typologie: »Ich möchte schlafen und nichts mehr wissen. Ich möchte sterben, Kai! ...« (743 : 11/2); nachts zuvor – nach dem Theaterabend mit der Mutter – hatte er »geschlafen, so tief und tot, wie man schläft, wenn man niemals wieder erwachen möchte« (702 : 11/2).

Die Morbidität, der Nerv für das Sterben, zeichnet bereits den Zehnjährigen, der – mit den leitmotivisch blauen Schatten ausgestattet – ins Antlitz der toten Großmutter blickt und zitternd »jenen fremden und doch so seltsam vertrauten« Leichengeruch atmet (588 f. : 9/3). Wie die Grundausstattung die bewährte Figur des Dilettanten fortschreibt, ist auch deren Ende vorgeschrieben, wenn auf den musikalischen Rausch die tödliche Krankheit folgt.

▶ Welche Vorteile bietet die Form der Familiensaga
für die Entfaltung der Décadence-Thematik?

Anders als in Kurzprosa bekommt im Roman alles eine Vor- und Seiten-
geschichte. Die diachrone und synchrone Dehnung des Themas verändert
die Architektur entscheidend: Vor die Studie über das Versagen des Erben
schiebt sich jetzt die Familiengeschichte mit ihren Proportionen und ihrer
Erzähllogik. Gedehnt werden auch die synchronen Einstellungen: Die Figuren erhalten in unterschiedlicher Intensität Counterparts und ihr Rollen-
handeln wird durch wechselnde Paarbeziehungen differenzierter. Erwähnung fanden bereits die Generationen von Hausgeistlichen; hinzu kommen
Ehegatten und diverse Liebesobjekte, Brüder, Konkurrenten usw., die jeweils
eigene diachrone Perspektiven implizieren: Familien- und Firmengeschich-
ten, welche wiederum Parallelbezüge zur diachronen Konfiguration der
Buddenbrooks aufweisen (Stammbaum, ↗M 4).

Die hieraus erwachsenen Komplexitätssteigerungen der charakterisieren-
den Differenzbeziehungen schlagen sich auch auf die narrative Entfaltung
des Décadence-Themas nieder. Es wird vor allem stärker genealogisch ge-
fasst, anderenfalls wäre die Familien- als Vorgeschichte nicht zu motivieren
gewesen. Auch Differenzierungen werden möglich: So wird etwa mit der
Figur des brüderlichen Freundes Kai die Entfaltung des Künstlerthemas vari-
antenreicher. Hanno ist durch die Bürde des väterlichen Erbes hoffnungslos
in Schuld verstrickt und zur Verleugnung des Körpers und seiner Instinkte
erzogen. Während ihm die öffentliche Präsentation seiner musikalischen
Empfindlichkeit zu einem Vortrag von Empfindsamkeit misslingt (506 f. :
8/6) und er so im Status des passionierten Dilettanten verharrt, wird Kais
Habitus-Ausstattung in seiner Affinität zum Künstlertum anschaulich. Zwar
ist auch dem schreibenden Kai der Tod ein attraktives Motiv – siehe seine
Neigung für Edgar Allan Poe und insbesondere dessen *Haus Usher* –, doch
gelingt es ihm über seinen Humor, ein Publikum anzusprechen und sich
auch von jener Tendenz zu introvertierter Geistigkeit abzuheben, die für
Hannos trübe Gedankenwelt charakteristisch ist.

Die Geschäfte der Buddenbrooks

Wie aber werden im Roman Ursache und Entstehung der dekadenten Linie
markiert, die mit Hannos Tod und Christians Internierung endet? Und was
ist daran repräsentativ für die erzählte Zeit?

Die Ursachen für den dekadenten Niedergang sind nicht in den Rahmenbedingungen der geschäftlichen Entwicklung der Firma zu suchen. Zwar liefert der Autor Einblicke in die Bücher des Familienunternehmens, die zwei-

fellos den Abstieg protokollieren. Doch spiegelt der in der ungünstigen Liquidation kulminierende Wirtschaftsverlauf nur bedingt allgemeine ökonomische Verwerfungen. Vielmehr bleibt stets ersichtlich, dass Verluste aus konkreten Fehlentscheidungen bzw. besonderen Schicksalen resultieren.

Beeinträchtigt wird die Prosperität der Firma insbesondere durch eine familienpolitische Negativbilanz. Dieses Handicap setzt bereits in der dritten Generation, in der Ära Jean Buddenbrooks ein: Zwar gehen die Geschäfte ausgezeichnet, sodass Jean neben dem Grundbesitz und dem Wert der Firma mit 795 000 Mark Kurant ein beträchtliches Vermögen vererben kann. Doch flossen bereits unter seiner Firmenleitung neben den Kosten für einen Hauskauf nicht unerhebliche Beträge zur Versorgung unproduktiver Familienmitglieder ab, wodurch sich das hinterlassene Kapital als Betriebskapital reduziert: Jeans Stiefbruder Gotthold und die Schwester werden mit 367 000 Mark versorgt. Diesem Abfluss steht nur ein Zugang von 100 000 Mark durch die Mitgift von Jeans Frau Bethsy gegenüber. Das Ziel, diese Verluste durch Firmengewinne zu kompensieren, erreicht Jean nicht. In einem Brief an Thomas berichtet er vielmehr über einen enttäuschend ruhigen Gang der Geschäfte und im gleichen Atemzug über eine Erstarkung der Konkurrenz (Strunck & Hagenström). Das Geschäftsziel wird nun nach unten korrigiert:

»[…] und ich bete zu Gott, daß ich Dir die Geschäfte wenigstens in dem jetzigen Zustande werde hinterlassen können.« (174 : 4/1)

Die dem Sohn vermittelte Firmenphilosophie besteht, neben der betriebswirtschaftlich wenig hilfreichen Anrufung Gottes, vornehmlich in dem Gebot, geschäftliche Risiken zu meiden. Dazu passt die Versicherung, dass der Prokurist Werner einen »bedächtigen Helfer« (ebd.) abgebe. Dass sich Jeans Schlussbilanz dann doch passabel ausmacht (255 : 5/1), kann keinesfalls als Erfolg seiner konservativen und (dekadent) religiös getönten Geschäftsmoral erklärt werden. Faktisch fällt der in seiner Ära erwirtschaftete Gewinn mager aus. Kompensiert wird die erheblich nachlassende Rentabilität einzig durch Erbeinnahmen, nämlich durch den Beitrag jener Familie Kröger, deren wirtschaftliche Vernunft er in Zweifel zog. Die Verheiratung Tonys indes erweist sich als Verlustgeschäft. Die von Grünlich auf 80 000 Mark hochgehandelte Mitgift ist verloren und Tony bleibt Kostgängerin der Firma.

▶ Thomas Buddenbrook: ein dynamischer Unternehmer?

Sehr viel ausführlicher gestalten sich die Informationen zu Thomas Buddenbrook, der in der Genealogie der Dekadenz, anders als geplant, zur faktischen Hauptfigur aufsteigt. Thomas beginnt mit energischen Korrekturen an der konservativen Kapitalpolitik des Vaters und setzt erstmals das symbolische und ökonomische Kapital der Firma zu Finanzierungsgeschäften mit Krediten ein. Im Kontrast zu diesem progressiven Unternehmensstil steht allerdings bereits in seinen Anfängen als Firmenvorstand eine nostalgische Skepsis.

Obgleich er mit der zunehmenden Technisierung und Bürokratisierung das Ende großer Kaufmannspersönlichkeiten aufziehen sieht, setzt Thomas auf eine charismatische Führungspolitik, deren Sinn er mit dem ästhetischen Urteil nach »mein(em) Geschmack« (268 : 5/3) beschreibt. Den eigenen Wehklagen entgegen hat sein auf »Persönlichkeit« setzendes Kaufmannstum zunächst Erfolg: Kraft seiner Ausstrahlung und seines Charmes schließt er Kontakte, aus denen unversehens lukrative Kontrakte werden (5/3).

Allerdings fallen die Jahre seiner persönlichen Blüte in eine ökonomische Periode, die von »Erschlaffung« und Ödnis geprägt ist (362 : 6/7). Deshalb investiert er seine charismatischen Energien in die Politik. Der Einsatz ist nicht nur durch Eitelkeit motiviert, gilt es doch, die strukturellen Rahmenbedingungen profitablen Wirtschaftens zu verändern. Sein Engagement zielt auf die Verbesserung der kommunalen Infrastruktur und eine Politik für den Eintritt in den Zollverein, um aus den besseren Verkehrswegen auch einträglichere Handelswege zu machen (6/7). Bei der Charakterisierung dieser Schaffensphase spart Mann nicht mit Attributen, die den Elan kennzeichnen, mit dem Thomas das symbolische Kapital seines Erbes einzusetzen weiß. Von Können, Enthusiasmus, aktivem Schwung ist die Rede und auch von jener Triebfeder, die den Diskurs Schopenhauers und Nietzsches bestimmt, wenn es heißt, dass Thomas auch all sein Wollen (der Wille!) in den Dienst des Gemeinwesens stelle (362 : 6/7). Doch unmittelbar nachdem auf kompaktem Raum Dynamik wie intellektuelle und soziale Eloquenz des Firmenchefs in den höchsten Tönen gerühmt werden, fallen überraschend andere Töne:

»So arbeitete er und zwang den Erfolg, denn sein Ansehen wuchs in der Stadt, und trotz der Kapitalsentziehungen durch Christians Etablierung und Tony's zweite Heirat hatte die Firma vortreffliche Jahre. Bei alledem aber gab es manches, was für Stunden seinen Mut lähmte, die Elastizität seines Geistes beeinträchtigte, seine Stimmung trübte.« (363 : 6/7) •

Das geschäftliche Auftreten seines Bruders ist ironischerweise völlig introvertiert. Wenn Christian seine Bürostunden in behaglichem Nichtstun abbummelt, treibt er den Konservatismus des Vaters gewissermaßen auf die Spitze.

▶ Was begründet den Abstieg des Unternehmers Thomas Buddenbrook?
Mit dem Wort vom gezwungenen Erfolg gerät alles, was sich zunächst als eine so leichte, in der Natur des Thomas Buddenbrook liegende Sache zeigte, in ein anderes Licht. Pointiert wird nun das Moment der Anstrengung, des Widerstands und der Überwindung. Signifikant ist auch, dass als erstes Indiz für den Erfolg das Ansehen genannt wird. Das Primat des Scheins nimmt in der Tendenz vorweg, was später in der Schilderung des strauchelnden Hel-

den in die Metaphorik des Schauspielers gekleidet wird (vgl. 614f. : 10/1).
Noch aber werden die Sorgen des angesehenen Kaufmanns konkretisiert: die
ebenso desperate wie kostspielige Selbstverwirklichung des Bruders Christian in Hamburg, die Hirnschmerzen der Schwester Clara in Riga, die aus-
bleibende Nachkommenschaft (363f. : 6/7) und der Kindstod von Tonys
zweiter Tochter (368 : 6/8). Das von diesen Nachrichten signalisierte Unheil
ist nur mittelbar ökonomischer Art, eindringlicher sind die Zeichen einer
gesundheitlichen Krisis der Familie. Indirekt bringt die aus München nach
Lübeck zurückgekehrte Tony Permaneder die Situation der Familie zur Sprache, wenn sie ihren Status als aristokratisch beschreibt und davon spricht,
nur dort leben zu können, wo ihr soziale Anerkennung sicher ist (387 : 6/10).
Hier wird nicht nur der bürgerlichen Leistungsethik, es aus eigener Kraft zu
schaffen, gekündigt, sondern auch eine spezifische Lebensunfähigkeit ein-
geräumt. Tonys Resümee lautet: Verpflanzt man einen Spross der Buddenbrooks in fremden Boden, so geht er ein (ebd).

Hanno indes, auf Lübecker Boden geboren, geht noch nicht ein, doch
»es hätte nicht viel gefehlt«, weiß »der gute Doktor Grabow«, und nicht
zu übersehen sind im »Gesichtchen« bereits die »bläulichen Schatten« (396f.
: 7/1). Ins moribunde Klima der Taufgesellschaft passt, dass der Speicherar-
beiter Grobleben seine plattdeutsche Laudatio mit Begräbnisvisionen würzt
(401 : 7/1). Das Glück über die Verwirklichung seines generativen Traums
trübt auch Bruder Christian, vorzeitig gealtert und ruiniert an der Seite einer
gesunden, gebärfreudigen, aber illegitimen Frau (7/2).

Noch aber setzt sich nach außen der Triumph Thomas' fort: Nicht nur das
Senatorenamt gewinnt er gegen den Konkurrenten Hagenström, auch die
»Geschäfte gingen in diesen Jahren so ausgezeichnet wie ehemals nur zur
Zeit seines Großvaters« (419 : 7/5). Und das symbolische Kapital des Namens
Buddenbrook wächst weiter. Gleichzeitig jedoch nimmt der psychische und
physische Verfall des Mannes mit dem guten Namen seinen Lauf. Mit 37 Jah-
ren zeigen sich bereits medizinisch bedenkliche Abnutzungserscheinungen,
Körperhygiene und Kostümierung schlagen ins Pathologische aus. Auch die
Investition in den repräsentativen Neubau liegt auf dieser Ebene:

»Ein neues Haus, eine radikale Veränderung des äußeren Lebens, Aufräumen, Umzug, Neuins-
tallierung mit Ausscheidung alles Alten und Überflüssigen, des ganzen Niederschlages vergan-
gener Jahre: diese Vorstellungen gaben ihm ein Gefühl von Sauberkeit, Neuheit, Erfrischung,
Unberührtheit, Stärkung ...«. (420:7/5)

Der Erzähler charakterisiert die Baubedürfnisse als »halbbewußte« und gibt
zu erkennen, dass nun auch der geehrte Senator im Begriff ist, die Kontrolle
zu verlieren. Zum Halbbewussten der Baupläne zählt wohl auch der Standort. Mit seinem neuen großen Haus kehrt Thomas zurück zum Blumenladen

der exotischen Anna (3/14), die nun eine Frau Iwersen und zweifache Mutter geworden ist (425 : 7/5). – Frau Iwersen und der Blumenladen profitieren noch vom Tod Thomas Buddenbrooks (689 : 10/9).

Wenn der Erzähler von dem »eklatanten Aufschwung« spricht, »den Thomas' äußeres Leben nahm«, so deutet er an, dass die innere Entwicklung nicht mit der äußeren Schritt hält. Nicht bedeutungslos ist, dass der Autor seine Zentralfigur als Patron eines völlig weiblichen Haushalts residieren lässt. (Hanno, der männliche Nachkomme, bleibt nicht nur in seiner Entwicklung zurück, sondern schlägt, abgesehen von den Händen der Buddenbrooks, nach der Mutter aus.)

Die im Erzählerbericht geraffte Zeit des Hausbaus war noch von der bekannten Aktivität des Senators bestimmt. Nun, vier Wochen nach dem Einzug, scheint Thomas bereits gebrochen. Nicht nur mehren sich die schlechten Nachrichten von den familiären und geschäftlichen Schauplätzen, sodass der Senator seiner Schwester leise zustöhnt: »es scheint, daß eins zum andern kommen soll«, sondern nun fällt auch der Satz:

»Meine Stimmung ist nicht unter Null, weil ich Mißerfolg habe. *Umgekehrt.* Das ist mein Glaube, und darum trifft es auch zu.« (429 : 7/6)

Früher stellte sich für Thomas Erfolg und Glück als Triumph des Willens über das Leben dar. Nun wird der Wille selbst Thomas' Problem. Denn wo der Wille, mit sich allein gelassen, seiner Kraft beraubt ist, verlieren Motivationen ihren Handlungssinn und die Talfahrt ist eingeläutet. Das Narkotikum des Senators, die öffentliche Anerkennung, wirkt nicht mehr. Thomas' Talent zur Repräsentation läuft leer, das Philosophieren beginnt:

»Ich weiß, daß oft die äußeren, sichtbarlichen und greifbaren Zeichen und Symbole des Glückes und Aufstieges erst erscheinen, wenn in Wahrheit alles schon wieder abwärts geht. Diese äußeren Zeichen brauchen Zeit, anzukommen, wie das Licht eines solchen Sternes dort oben, von dem wir nicht wissen, ob er nicht schon im Erlöschen begriffen, nicht schon erloschen ist, wenn er am hellsten strahlt ...« (431 : 7/6)

Was den Grund für den geschäftlichen Aufstieg legte, Thomas' Sinn für das Symbolische, wird nun Antrieb der Krisis. Die Symbole trügen, das weiß er jetzt. Doch wie ist die Welt zu fassen, wenn nicht in den ihren Sinn repräsentierenden Zeichen? Angesichts der Uferlosigkeit solchen Fragens wird der frühere Meister des Willens zurückgeworfen auf das Vorsprachliche seiner Stimmungen, seiner gereizten Empfindungen und seiner erschöpften Physis. Die Beherrschung ist verloren, wie die dem Geschwistergespräch nachfolgende Szene überdeutlich zeigt. Die Konfrontation mit der Mutter beschließt ausgerechnet Thomas mit der Anrufung des Vaters und der Schicksalsgnade Gottes (435 : 7/7).

2 Haus von T. M.s Großmutter Elisabeth Mann in Lübeck, Mengstr. 4,
bekannt als ›Buddenbrook-Haus‹ (1870)

▶ Wieso gerät die Firma Buddenbrook in die Krise?
Thomas' Geschicke spiegeln die Zeitläufte nicht länger. Zwei Kriege bleiben nur flüchtige Kulisse, notiert wird der Triumph Lübecks über Frankfurt im Spiel der Allianzen. Frankfurt verliert mit Österreichs Niederlage den Status der Freien Stadt. Lübeck jubelt, einzig die Firma Buddenbrook beklagt das »Fallissement einer Frankfurter Großfirma« und den Verlust von 20 000 Mark Kurant (437 : 7/8). Auch der nächste Fehlschlag ist in seinem Kern nicht eigentlich durch ein Fehlverhalten des Patrons verantwortet. Doch im Unterschied zur Frankfurter Pleite, die der Autor als Schicksalsschlag gestaltet, wird die nächste Episode motivational breit entfaltet. Die Zerstörung der etwas unkonventionell erworbenen Ernte allerdings erfolgt durch ein ungewöhnliches Unwetter. Äußere Umstände, unglückliche Zufälle und nicht etwa ökonomisch ungeschickte Aktionen bedingen folglich auch diesen Verlust.

Tonys nach kaufmännischen Ehrbegriffen heikler, jedoch Profit versprechender Vorschlag, einem in Geldnot geratenen Gutsbesitzer vorab die gesamte Ernte auf dem Halm abzukaufen, fällt zu einem Zeitpunkt auf fruchtbaren Boden, den der Erzähler wie folgt charakterisiert:

»Nichts war mehr zu verspüren von dem neuen und frischen Geiste, mit dem der junge Thomas Buddenbrook einst den Betrieb belebt hatte«. (468 : 8/4)

Die zaudernde Reflexion des Kaufmanns auf Tonys Vorschlag spiegelt der Roman etwas ungelenk in introspektiver Erzähltechnik: Halb bereits dem *Amor fati* – der süßen Hingabe ans Schicksal – verfallen, räsonniert Thomas über die Brutalität des Lebens, das für ihn das der Geschäfte ist (469 : 8/4). Den Aktivismus des Antipoden Hermann Hagenström vor Augen, zeigt sich ihm seine ganze Zögerlichkeit und moralische Skrupulosität als Lebensschwäche:

»War er ein praktischer Mensch oder ein zärtlicher Träumer?« Seine »Wahrheit« lautet, »daß er ein Gemisch von beidem sei«. (470 : 8/4)

Für sich selbst arrangiert er eine Wende. Die Stimme, mit der er zu sich selbst spricht, wird laut: »Dies ist zu Ende!« (473 : 8/4) Er schüttelt seine »Hand mit ausgestrecktem Zeigefinger«: »Ich werde es tun!« – und dies gleich zweimal (474 : 8/4). Die Autosuggestion scheint zu wirken. Er schließt nicht nur das Geschäft ab, ihm gelingt es auch, sich zu euphorisieren und öffentlich zu brillieren (476). – Dann aber kommen das 100-jährige Firmenjubiläum und der schicksalhaft durch einen Schattenwurf angekündigte Hagel (491 : 8/5).

Auf das Telegramm, das die Ahnungen des Lesers bestätigt, reagiert der nach Hannos verpatzter Rezitation vergrämte Senator wie ein vom Schlag Getroffener, dann aber löst sich die Anspannung unter der gemurmelten Versicherung: »Es ist gut so, es ist gut so«. (494 : 8/5) Für Augenblicke tritt die harte Welt zurück, doch die Entspannung weicht wieder dem Ekel (ebd.).

Mit diesem letzten Versuch, den Erfolg zu zwingen, verabschiedet sich Thomas als aktiver Kaufmann. Was noch kommt, sind lediglich Reaktionen: miserable Abwicklungsgeschäfte nach dem Tod der Mutter, aus denen ausgerechnet die Hagenströms symbolischen und wirtschaftlichen Profit schlagen. An der nach dem Beitritt zum Zollverein florierenden Börse agiert der Senator lediglich »dekorativ« (610 f. : 10/1). Im Interieur des Kontors wird der einsame Kaufmann zur Illustration des *Décadent* à la Nietzsche:

> »Sein Tätigkeitstrieb aber, die Unfähigkeit seines Kopfes, zu ruhen, seine Aktivität, die stets etwas gründlich anderes gewesen war als die natürliche und durable Arbeitslust seiner Väter: etwas Künstliches nämlich, ein Drang seiner Nerven, ein Betäubungsmittel im Grunde, so gut wie die kleinen, scharfen russischen Zigaretten, die er beständig dazu rauchte ...« (612 : 10/1) Und: »Nur ein Wunsch erfüllte ihn dann: dieser matten Verzweiflung nachzugeben, sich davonzustehlen und zu Hause seinen Kopf auf ein kühles Kissen zu legen.« (615 : 10/1)

▶ Was motiviert das väterliche Rollenspiel?

Dass Thomas Buddenbrook dem Wunsch nach Flucht aus dem Leben und der Welt nicht dauerhaft nachgibt, gründet wesentlich im Rollenspiel seiner Vaterschaft. Wenn seine Selbstreflexionen das Kontinuum des Lebens immer wieder im Schema des Zyklus fassen, so beschreiben sie nicht nur die zyklische Struktur der eigenen Biografie, sondern auch, was dieser in der Erbfolge vorangeht und was ihr nachfolgt. Wird in entscheidenden Situationen der Familien- und Firmengeschichte immer wieder der Väter gedacht, liegt es nahe, den eigenen Lebenssinn auch in Kategorien gelungener Vaterschaft zu fassen. Dies gilt zunächst in betriebswirtschaftlicher Perspektive: Der Erfolg einer Ära wird in ihrer Schlussbilanz bemessen, in der Höhe des Betriebsvermögens, das dem nächsten Buddenbrook als Startkapital zur Verfügung stehen wird. Gelungene Vaterschaft erweist sich aber auch im Symbolischen und Motivationalen. Hinterlassen werden muss nicht nur das ökonomische und soziale Kapital, sondern auch das kulturelle des Kaufmanns, der Sinn für das Geschäft, die Lust am kaufmännischen Auftritt und die Bereitschaft, die Rücksichten des moralischen Lebens zugunsten wirtschaftlicher Vorteilnahme fahren zu lassen.

▶ Hanno: Was weiß er vom Vater?

Die Versuche zu solcher Erziehung sind aus der Perspektive Hannos geschildert. Der Blick, mit dem er aufnimmt, was ihm der Vater als die schöne harte Welt des Kaufmanns zeigen und schmackhaft machen will, entbehrt in beeindruckender Weise jeder Naivität. Zu den erzählerischen Stärken der Passage gehört, dass Hanno sich als Zeuge des väterlichen Engagements nicht lediglich die eigene Unlust am öffentlichen Auftritt vor Augen führt, sondern dass seine Begeisterungsschwäche ihm zu einem Scharfsinn verhilft, der die pädagogischen Interaktionen des Vaters durchsichtig werden lässt. Als Décadent erkennt Hanno in Thomas seinesgleichen und erfasst präzise, dass das tätige Leben auch dem Vater angestrengtes Schauspiel ist (627 : 10/2).

Wie sehr dessen eigene Krisis die Erwartungen an den Sohn belasten, wird deutlich am lautstarken Frohsinn, den der gebrochene Patriarch entwickelt, als er vernimmt, dass Hanno sich und andere auf Kosten der armen Verwandten amüsiert. Gerade in der Billigkeit solcher Scherze, in ihrer rücksichtslosen Gemeinheit sieht der Symboliker Thomas Buddenbrook die Zeichen einer Lebenstüchtigkeit, die er als Abwesenheit von Scham definiert (628 f.). Dass er auch hier missdeutet, wird Thomas anlässlich der ambivalenten Rührung bewusst, in die ihn eines der ganz seltenen symbiotischen Vater-Sohn-Erlebnisse versetzt. In der Einsamkeit seiner Eifersucht lässt er die pädagogische Maske fallen und ergreift verloren die Hand des Sohnes. Der reaktive Blick des Jungen zeigt dem Älteren, wie sehr er selbst durchschaut ist:

»Gott weiß, wieviel er begriff. Das eine aber war sicher, und sie fühlten es beide, daß in diesen Sekunden, während ihre Blicke ineinander ruhten, jede Fremdheit und Kälte, jeder Zwang und jedes Mißverständnis zwischen ihnen dahinsank, daß Thomas Buddenbrook, wie hier, so überall, wo es sich nicht um Energie, Tüchtigkeit und helläugige Frische, sondern um Furcht und Leiden handelte, des Vertrauens und der Hingabe seines Sohnes gewiß sein konnte.« (650 : 10/5)

Ambivalent gerät die gerührte Empfindung dieser Seinsverwandtschaft der Mitleidigen, indem sie die Illusion raubt, die kommende Stärke des Nachkömmlings würde die eigene Schwäche kompensieren. Thomas Buddenbrook lässt die Hand des Sohnes fahren und nimmt erneut die Rolle des erfolglosen Pädagogen auf, dessen kraftloses Medium der *Geständnisimperativ* ist (vgl. Michel Foucault: Sexualität und Wahrheit 1: Der Wille zum Wissen. Frankfurt a. M.: Suhrkamp 1983, 75 ff.):

»Er achtete dessen nicht, er sträubte sich, dessen zu achten. Strenger als jemals zog er Hanno in dieser Zeit zu praktischen Vorübungen für sein künftiges, tätiges Leben heran, examinierte er seine Geisteskräfte, drang er in ihn nach entschlossenen Äußerungen der Lust zu dem Beruf, der seiner harrte, und brach in Zorn aus bei jedem Zeichen des Widerstrebens und der Mattigkeit …« (650 : 10/5)

Die Erziehungspolitik der erzwungenen falschen Geständnisse bleibt erfolglos auch noch, wo Thomas den Jungen mit der Perspektive belastet, dass er bald nicht mehr da, nämlich tot sein werde:

»Und Thomas Buddenbrook wandte sich enttäuscht und hoffnungslos von seinem einzigen Sohne ab, in dem er stark und verjüngt fortzuleben gehofft hatte, und fing an, in Hast und Furcht nach der Wahrheit zu suchen, die es irgendwo für ihn geben mußte.« (653 : 10/5)

Dieser Erzählerkommentar leitet bereits über zu den Szenen des berühmt-berüchtigten ›Schopenhauer-Rausches‹ (↗S. 52–54).

▶ Nachtrag zur Wirtschaftsgeschichte des Romans
Thomas zieht nach der Schopenhauer-Lektüre Konsequenzen aus seinen
gescheiterten Erziehungsversuchen und setzt ein Testament auf, dass die Liquidation des Familienunternehmens vorsieht (11/1). Dokumentiert dieser
Schritt das Scheitern der wichtigsten Aufgabe des Geschäftsinhabers: das Unternehmen weiterzureichen, fällt auch die geschäftliche Bilanz der Ära Thomas Buddenbrook im Einzelnen negativ aus. Das Testament geht von einem
Vermögen von 650 000 Mark aus – angesichts der erheblichen Abflüsse zugunsten anderer Familienangehöriger kein allzu schlechtes Ergebnis. Indes
zeigt sich in der Liquidation, dass das Vermögen im Testament überbewertet
wurde. Über das exakte Ausmaß der Diskrepanz ist nichts gesagt; zu erfassen
ist auch nicht, welche Verluste der – ein letzter Fehler – zum Vollstrecker
bestellte Freund Stephan Kistenmaker mit seinem Ungeschick zu verantwor-
ten hat. Dass überhaupt Erlöse aus dem Verkauf von Grundbesitz in das
testamentarisch festgehaltene Vermögen eingerechnet sind, stellt eine aufschlussreiche Abweichung von den ehrbaren Praktiken der Vorgänger dar.

Wollten wir dem Roman wirtschaftshistorische Einblicke abgewinnen, so
wären diese wohl sehr allgemeiner Art. Gegenüber der letztlich ästhetischen
Verfallspsychologie tritt Wirtschaftsgeschichte zurück. Handel und Wirt-
schaften werden in der Perspektive des Romans, vor allem in der personal durch Thomas Buddenbrook vertretenen, zu Synonymen des Lebens
schlechthin. Von den makroökonomischen Prozessen, auf die der Roman anspielt, gehen letztlich keine Effekte auf die humanen Subjekte aus (vgl. Vogt
1983). Vielmehr stecken die historischen Anspielungen lediglich den Hand-
lungsraum ab, in dem sich die Stärke des Willens (bzw. die Willenserschöp-
fung) erweist. Charakteristisch ist hierfür die Rolle der Zollverein-Frage.

Der Spiegel der Buddenbrooks. Anknüpfungspunkte im Unterricht

Der Roman liefert kaum Einblicke in deutsche und europäische Wirtschafts-
geschichte; auch das vor allem in der Lukács-Tradition gepflegte und vom
Autor selbst gelegentlich verbreitete Verständnis, *Buddenbrooks* zeige die
Zäsur von Bürger und Bourgeois, ist am Text kaum zu belegen.

▶ Unterscheiden sich die Hagenströms von den Buddenbrooks?
Der nahe liegende Gedanke, in den Hagenströms den neuen Typus des mora-
lisch entfesselten und neudeutschen Bourgeois zu sehen, ist letztlich nicht zu
halten, auch wenn in der personalen Sicht der Buddenbrook-Figuren die auf-
strebende Firma »Strunk & Hagenström« gelegentlich als illegitime Konkurrenz erscheint. Sie ist für die Buddenbrooks das, was diese selbst der Firma

»Ratenkamp & Comp.« war. So wie die Buddenbrooks in das Domizil der Ratenkamps ziehen, als sich »das Schicksal« dieser alten Kaufmannsfamilie »*erfüllt*« hatte (23 : 1/4), so übernehmen die Hagenströms das Haus der – allerdings noch aktiven – Buddenbrooks zu einem unwürdigen Preis. Dass auch sie in das Weltmodell des generativen Zyklus integriert sind, belegen die Zeichen der Dekadenz in der Exposition der jüngeren Hagenströms.

▶ Lassen sich aus »Buddenbrooks« Erkenntnisse über Nietzsche gewinnen?
Stärker als von einer analytischen Betrachtung des kapitalistischen Entwicklungsprozesses und dem Aufkommen eines neuen Unternehmertypus (wie etwa der Gründergeneration in der Elektroindustrie) ist der Roman von der Verfallspsychologie Nietzsches bestimmt. Manns Nietzsche-Verarbeitung vollzieht sich allerdings nicht im Gestus scholastisch-strenger Lektüre. So wäre es eine ironische Fehlleistung, den Roman statt zur Illustration wirtschaftssoziologischer Prozesse nun zur Illustration der Positionen Nietzsches zu erklären. Vielmehr ist es wohl so, dass der Autor bei Nietzsche ein Sprach- und Zeichenmaterial vorfindet, mit dem er die eigenen Lebenserfahrungen und -konflikte interessant machen konnte. Das soll nicht heißen, Mann habe hier kühl auf Wirkung kalkuliert, sondern darauf aufmerksam machen, wie er sich in Nietzsches Texten so interessant und fesselnd beschrieben sieht, dass er das Gelesene in seiner Fiktion produktiv machen kann.

▶ Leitmotive: naturalistisch oder rein symbolisch?
Zum höchst Subjektiven von Manns Nietzsche-Rezeption gehört die Praxis, dessen Bewertungen einfach umzudrehen und gleichzeitig von Nietzsche fasziniert zu bleiben. Zum Naturalismus im weiten Sinn, der Nietzsche und seine Wirkungsgeschichte auszeichnet, gehört, bis hin zum Rassismus, auch die starke Beachtung medizinischer und biologischer Faktoren.

Diese Konstellation zeigt sich ebenso in der Figurenkonstruktion von *Buddenbrooks,* in der zum Beispiel der Zustand der Zähne unmissverständliche Auskunft über die Lebenskräfte erteilt. Das Interesse des literarischen Naturalismus an überdeutlichen Beschreibungen physischer Verfallsprozesse, an Nervenkrankheiten – Neurasthenien [griech., Nervenschwäche] – und sein Vertrauen auf genetische Vorherbestimmungen findet im Roman einen so nachhaltigen Widerklang, dass man des Autors spätere Feststellung, *Buddenbrooks* sei der erste und einzige deutsche naturalistische Roman (Betra, 81), schon aus diesem Grund bestätigen möchte.

Die genaue Sichtung von Manns medizinischen Quellen durch Manfred Dierks belegt, dass dieser mit dem Décadence-Thema dem zeitgenössischen psychiatrischen Konzept der Degeneration folgt und sich den klinischen

Vorstellungen von Neurasthenie (u. a. auch im Hinblick auf die schlechten Zähne) anschließt (in: Das »Zauberberg«-Symposion 1994 in Davos. Hg. T. Sprecher. Frankfurt a. M.: Klostermann 1995, 176). – Wenn Ulrich Karthaus die musikalische und symbolische Qualität der Leitmotivik rühmt und exemplarisch feststellt, dass Christians Qual im linken Bein, zurückgeführt auf die Kürze der Nerven, »natürlich völlig unhaltbar« (Karthaus, 46) auch im Lichte der Medizin der Jahrhundertwende sei und mithin erkennbar ein leitmotivischer Fingerzeig für den Leser, so irrt er.

▶ Ausgangsfragen der Schullektüre
Beginnen Schülerinnen und Schüler die Erschließung des Romans mit der Frage, was man durch seine Lektüre über das Leben, von dem er erzählt, lernen kann, zeigen sie eine Erwartungshaltung, die das Leseverhalten der meisten Menschen prägt, in den Augen reiner Ästheten jedoch *barbarisch* ist.

Im Unterschied zur sprichwörtlich barbarischen Privatlektüre übernimmt der Unterricht nicht einfach das Bild der historischen Realität, das die Fiktion ihrem Leser vermittelt, sondern sondiert dessen Reichweite. Dieses Bemühen impliziert *Ansätze fachübergreifenden* oder, je nach Schulprofil, *Fächer verbindenden Unterrichts* (v. a. Deutsch–Geschichte, Deutsch–Wirtschaft).

Angesichts der Notwendigkeit, die Typik oder Exemplarität der erzählten Zeit (1835–1877) abzuschätzen, ist in beiden Varianten die Einbeziehung nichtfiktionaler Textsorten – insbesondere historiografischer Arbeiten zum 19. Jahrhundert – nahe liegend. Als ›Konterlektüre‹ empfehlen sich sozialhistorisch orientierte Darstellungen (z. B. Wolfram Siemann: Gesellschaft im Aufbruch. Deutschland 1849–1871. Frankfurt a. M.: Suhrkamp 1990, etwa 157–160). Sie können entweder in Kooperation mit dem Geschichtsunterricht aufgearbeitet oder durch Schülerreferate eingebracht werden. Wie intensiv sich die historischen Recherchen gestalten (sollen), wird von didaktischen Faktoren des Kursunterrichts abhängen, deren Besonderheiten hier nicht antizipiert werden können.

Für den Literaturunterricht im engeren Sinne dürfte es wichtiger sein, dass aus der Irritation eines auf ›Realismus‹ ausgerichteten Erwartungshorizonts eine produktive Beziehung zum Text erwächst. Das Gegenteil solcher Produktivität bestünde in einer frustrierten Bestätigung des barbarischen Realismus-Schemas nach dem Motto: Wenn der Roman mir nichts Wesentliches über die Zeit, von der er handelt, erzählt, dann taugt er nichts. Deshalb sollte in der prüfenden Lektüre deutlich werden, dass die unter makrosoziologischen Aspekten eher eigenwillig geratene Verfallsgeschichte systematisch genug entfaltet ist und eine Modellkonstruktion zu erkennen gibt.

Erfolg und »doppelte Optik«

Das große Interesse am gewöhnlich Menschlichen

Wenn deutlich geworden ist, dass das Modell des Niedergangs nicht Geschichte spiegelt, muss die Frage nach der Referentialität neu gestellt werden. Jetzt wäre zu fragen, was den Autor und andere Kommentatoren überhaupt zu der starken These bewegte, der Roman schildere exemplarisch einschneidende Erfahrungen historischer Bürgerlichkeit. Dies führt zu der weiteren Frage, was die Popularität des vom Verleger als schwer verkäuflich und vom Autor als zu ›nihilistisch‹ eingeschätzten Romans bedingte.

▶ Warum war und ist der Roman so populär?
Mann erklärt den Erfolg 1940 vor US-amerikanischen Studierenden damit, dass sich viele Menschen in *Buddenbrooks* wiederfinden (↗M2). Fühlen diese sich aber in der Romanwelt heimisch, muss diese Welt etwas Typisches haben. Und da der Publikumserfolg keineswegs auf Deutschland beschränkt blieb, muss das Typische der in der Fiktion aufgefangenen Erfahrungen oder Empfindungen über den Rahmen deutscher Geschichte hinausgehen.

In diesem Sinne spricht Mann davon, dass den Roman ein »allgemein menschlicher Zug« auszeichne und sich in der »Chronik eines Bürgertums [...] ein allgemeiner Weltprozeß« spiegele, »der damals überall empfunden wurde« (↗M2, Zln. 19−23). Interessant ist, wie sich hier Selbstdeutungen mit einer Interpretation verschränken, die nach den Gründen für den Erfolg fahndet. Dass es sich dabei um *gute* Gründe handeln muss, ist aus der Perspektive des Autors nur zu verständlich. Worauf aber zielt der Interpret in eigener Sache, wenn er in dem ursprünglich als urdeutsch annoncierten Buch nun allgemeine Weltprozesse gespiegelt sieht?

Diese Spiegelung erstreckt sich auf die Zeit zwischen den industriellen Gründerjahren und dem Ersten Weltkrieg, der das »Ende der bürgerlichen Ära« markiert haben soll. Die mit dieser Kennzeichnung in Anschlag gebrachte und als empfundene »große Müdigkeit des Endes« (↗M2, Zln. 24−26) ausgeführte Erfahrung betrifft kaum das Zeitgefühl der erzählten Jahre 1835 bis 1877. Als intellektuelles Krisenbewusstsein wird hier eine Stimmung angesprochen, die die Jahrhundertwende und also die Entstehungszeit der *Buddenbrooks* bestimmt. Historisch repräsentativ wäre also nicht der Prozess der erzählten Zeit, sondern die Wirkung, die von der Erzählung auf das zeitgenössische Publikum ausgegangen ist.

Das Bürgerliche, von dem Mann spricht, ist ein Mythos, der nur sehr bedingt wiedergibt, was das semantische Feld zwischen Bourgeois und Citoyen absteckt (vgl. Kurzke ²1991, 44 ff.). Dass analoge Endzeitstimmungen und Ermüdungserscheinungen auch in aristokratischen Milieus Platz griffen und dass das Jahr 1914 faktisch nicht das Ende bürgerlicher Staatsformen vorbereitete, widerspricht Manns Konstruktion nicht. Und doch verbirgt sich in der vagen Referenz des Bürger-Begriffes ein Problem, das in der schulischen Rezeption der Buddenbrooks beleuchtet werden sollte.

▶ Faszination für die Schwäche: ein Lesemotiv?

Indem Mann die den Erfolg seines Romans begünstigenden Stimmungen auf die Zeit vor 1914 terminiert, blendet er aus, dass die Massenwirkung des Buches erst in den zwanziger Jahren einsetzt und sich auch auf Publika erstreckt, für die die Jahrhundertwende kaum Bedeutung haben konnte. Nach seiner Erklärung, mit Buddenbrooks den Nerv der (Entstehungs-)Zeit getroffen zu haben, hätte der Roman 1940 also nur noch als literaturgeschichtliches Phänomen von Interesse sein dürfen. Dies führt zu der didaktisch zwingenden Frage: Wie aktuell sind Buddenbrooks noch? Eine Diskussion dieses Aspekts findet in dem Textauszug von 1940 (↗M 2) zwei Anhaltspunkte, die beide mit Gewinn im Unterricht verfolgt werden können:

Den ersten Anhaltspunkt liefert die Formulierung vom allgemein menschlichen Zug des Romans. Nun sind Hinweise aufs Humanistische in den Selbstbeschreibungen Manns zweifellos notorisch, doch handelt es sich nicht nur an dieser Stelle um mehr. Faktisch erklärt der Autor seinen Erfolg ebenso, wie Nietzsche den Erfolg des Décadent Wagner erklärt. Nietzsche behauptet, dass die Décadence-Kunst deshalb so auf ein großes Publikum wirke, weil die von ihr herausgestellte Krankheit die Menschen anspreche, denn niemand wirke menschlicher als der Kranke; Krankheit und Schwächegefühl gehörten zudem zum Lebenszyklus und zum Erfahrungsfundus eines jeden, also sei »der Mensch« »für die Hälfte fast jedes Menschenlebens [...] décadent« (NieW 3, 707).

Faszination für die Schwäche – kann dies nicht auch ein Motiv für das breite Interesse an Buddenbrooks sein? Blickt der Leser auf Thomas oder Hanno Buddenbrook mit einem Mitleid, das letzlich von der Erfahrung eigener Schwäche bestimmt ist? Wenn wir im Unterricht so fragen, müssen wir Nietzsches Verdacht weder teilen noch eine epidemische Gefahr durch Buddenbrooks befürchten und können trotzdem einen Aspekt des Romans thematisieren, der dessen literarische Repräsentativität bestimmt.

Damit sind auch Probleme identifikatorischer Lektüre angesprochen, die unter lesesoziologischen Gesichtspunkten thematisiert werden können. Auf dieser Spur lässt sich zweitens danach forschen, ob die von Mann angeschnittene Frage des problematischen Erbes eine Erfahrung allgemeiner Natur ist.

Wenn der Autor 1940 im Rückblick von der »Müdigkeit« einer Generation spricht, deren Väter »es geschafft« hatten (↗M 2, Zle. 25 f.), thematisiert er einen sozialhistorischen Prozess, den sein Roman auf der Handlungsebene nur bedingt spiegelt. Denn obgleich die Chronik von Firma und Familie leitmotivisch fokussiert ist und Geschichten mit Vorgeschichten erzählt werden, bleibt die Firmengründung außerhalb der erzählten Zeit. Einzig die Figur des Jean Buddenbrook verkörpert den Typus eines Sohnes, der einem erfolgreichen Vater nachfolgt. Für die narrativ am intensivsten entfaltete Vater-Sohn-Beziehung trifft diese Konstellation nur noch bedingt zu. Das unglückliche Verhältnis zwischen Thomas und Hanno ist ja gerade dadurch charakterisiert, dass der Vater den Erfolg und den Willen dazu nur noch als ein Schauspiel inszenieren kann, das vom wesensgleichen Sohn durchschaut wird.

Das Problem der Nachfolge, dass sich in der Konstellation schwacher Vater/schwacher Sohn darstellt, bietet sehr viel komplexere Möglichkeiten für eine psychologische Entfaltung des Themas. Wenn auf den Sohn projektierte Ansprüche Unmittelbarkeit der Kommunikation verhindern und einen Prozess wechselseitiger Kränkung initiieren, sind Thematiken berührt, die allgemeinerer Natur sind. Keineswegs abwegig ist in dieser Hinsicht die These, dass der Roman ein versteckt moralisches Motiv enthielte, nämlich eine Kritik an Verhältnissen, in denen sich Liebesfähigkeit schwerlich entwickelt. – In diesen Kontext gehört auch das Thema Mesalliance (Tony – Morten, Thomas – Anna).

▶ Leseerfahrungen reflektieren und verallgemeinern
Wird im Unterricht nach dem *Menschlichen* in *Buddenbrooks* gefragt und dabei der Vorlage Nietzsches gefolgt, ist die Auseinandersetzung um den Text und seine Wirkungen zwangsläufig in allgemeine Zusammenhänge gerückt. Hier ergibt sich die Möglichkeit zur Thematisierung grundlegender Fragen.

So steckt etwa der Zusammenhang zwischen Empathie, literarischem Verstehen, Mitleid und gerührter Selbstbespiegelung ein Feld ab, in dem Schnittbereiche zwischen Ethik und Literatur untersucht und problematisiert werden können. In kunsthistorischer Perspektive vermag dieser Zusammenhang unter den Stichworten ›Furcht und Mitleid‹ etwa eine exemplarische Beschäftigung mit der Tragödientheorie des Aristoteles bzw. ihrer Rezeption durch Lessing, Schiller oder Goethe motivieren.

Doch auch in soziologischer Perspektive kann eine Beschäftigung mit den genannten Aspekten ertragreich sein. Motivation liefert hierzu die für *Buddenbrooks* ummodellierte Denkfigur aus Nietzsches Wagner-Kritik. Was unter dem Stichwort des ›Menschlichen‹ oder auch ›Ewigmenschlichen‹ im Alltagsverständnis meist positive Züge trägt, ist nach Maßstäben moderner

Kunstkritik negativ besetzt. Dies gilt auch für Nietzsches Spitzen gegen Wagner. Wenn er dem Komponisten vorwirft, sich mit seiner Kunst bei den Schwachen anheischig zu machen, so gilt dies allgemein einer Kunst, die aufs große Publikum setzt. Solche Kunst und Literatur müsse notwendig trivial und affirmativ sein. Nietzsche spielt hier einem Verständnis zu, das die historischen Felder der literarischen Produktion polarisiert.

Wie nicht zuletzt Pierre Bourdieus Studien zur Entstehungsgeschichte des literarischen Feldes deutlich machen, lassen sich zwei Idealtypen literarischer Produktion unterscheiden:

– einerseits Produktionen für ein Publikum, das bereits existiert und auf dessen Rezeptions- und Lebenserfahrungen bei der Konzeption eines Werkes Rücksicht genommen wird,

– andererseits Produktionen für ein Publikum, das es im Hinblick auf gemeinsame Rezeptionsstile noch gar nicht gibt.

Während die erste Variante eine Literatur verkörpert, die in der Literaturkritik mit Begriffen wie Trivial- oder Unterhaltungsliteratur abgewertet wird, repräsentiert die zweite Variante den Pol avancierter oder avantgardistischer Kunstliteratur. Bei dieser geht es, wie Bourdieu in einem hintersinnigen Paradoxon zusammenfasst, um Spiele, die derjenige gewinnt, der verliert. (Vgl. P. B.: Die Regeln der Kunst. Frankfurt a. M.: Suhrkamp 1999) Mit anderen Worten: Erfolg beim großen zeitgenössischen Publikum gilt bei ›reinen‹ Künstlern und deren Kritikern immer als verdächtig.

▶ Kann und darf man für die Dummen und für die Klugen schreiben? Wer als Autor zu Lebzeiten Erfolg auf dem Buchmarkt hat und dennoch künstlerischen Rang beanspruchen will, muss sich Strategien der Rechtfertigung überlegen. Ebendies tut Mann im Selbstkommentar von 1940, wenn er die große Wirkung seines Romans als Folge eines »Missverständnisses« (↗M 2) erklärt und andeutet, dass die Mehrzahl der Rezipienten das überlesen hätten, was ihnen eigentlich unbehaglich oder unverständlich hätte sein müssen. Diese Strategie hat ein vertrautes Vorbild. In Ecce Homo spricht Nietzsche davon, dass Wagner »unter den Deutschen bloß ein Mißverständnis ist« (NieW 2, 1092).

In Betrachtungen eines Unpolitischen ist Mann bereits in ähnlicher Weise auf das ästhetische Risiko des Erfolgsschriftstellers eingegangen. Seine Rechtfertigung als Künstler läuft hier darauf hinaus, dass von wahrem Erfolg nur dann zu sprechen ist, wenn er sich bei der Boheme *und* beim großen Publikum ereigne. Ein solcher »doppelter Erfolg« sei wiederum nur mit dem künstlerischen Mittel einer »doppelten Optik« zu erreichen (Betra, 102). Auch dieser Begriff ist von Nietzsche übernommen, der von ›wechselnder

Optik‹ spricht. Gefunden hat ihn der Autor im Aphorismus 825 aus *Der Wille zur Macht* – neben anderen Formulierungen, die er ebenfalls verdeckt zitiert. Nietzsche spricht hier von den – in Anführungszeichen – zeitgenössischen Genies Victor Hugo und Richard Wagner und deren Methode:

> »[...] sie haben eine wechselnde Optik, bald in Hinsicht auf die gröbsten Bedürfnisse, bald in Hinsicht auf die raffiniertesten.« (NieW 3, 515)

Dass Nietzsche den Künstlern der ›wechselnden Optik‹ zwar Virtuosentum attestiert, zugleich aber einen Mangel an Größe brandmarkt, entgeht Mann natürlich nicht. Hesse gegenüber nennt er Wagners Kunst ›exklusiv‹ und ›demagogisch‹ und äußert die Vermutung, selbst von ihr »korrumpiert« zu sein (BrHe, 44). In *Betrachtungen* heißt es, dass man »schlimmer und sündiger Weise« von Wagner lerne, den »›Erfolg‹ als Folge jener doppelten Optik« anzusteuern (Betra, 102). Nüchtern erfasst er hier auch das Risiko, es sich mit diesem Rezept »auf Dauer mit *beiden* Teilen« des Publikums zu verderben (ebd.).

Bei Nietzsche kann Mann allerdings auch Rettendes finden. Dieser schließt seine Wagner-Kritik, indem er milde einräumt, dankbar für die Inspirationen zu sein. Vor allem spricht er Wagner von dem Verdacht frei, die Wirkung seiner Kunst kalkuliert zu haben:

> »Er hatte die Naivität der *décadence*: dies war seine Überlegenheit, er glaubte an sie«. (NieW 2, 933)

Demnach müsste Mann sich als ›sündhaft‹ begreifen, wenn er die ›doppelte Optik‹ in eine Rezeptur des Erfolgs verwandelte. Das nämlich wäre nicht mehr naiv, sondern schlicht kalkuliert. Aus dieser Misere kann er sich nur dadurch befreien, dass er sich als einen Autor betrachtet, der während der Arbeit am Text keinen Gedanken an dessen Wirkung verschwendet und folglich in diesem Sinne als naiv gelten muss: »Bei der Arbeit bin ich unschuldig und selbstgenügsam.« (BrHe, 44) Die ›doppelte Optik‹ erscheint so als »nachträgliche Psychologie« (ebd.), als Resultat einer Analyse in eigener Sache. Ob der Unschuldsvorbehalt für die Arbeit an *Buddenbrooks* zutrifft, dürfte eine müßige Frage sein. Sicher jedoch ist, dass nach dem Erfolg des Romans und der Erkenntnis, um des Erfolges willen auch in Zukunft beiden Publika etwas bieten zu müssen, künstlerische Naivität kaum mehr herzustellen ist.

Der Autor löst das Problem, indem er Nietzsche letztlich auf den Kopf stellt: Was dieser in seiner Entlarvung der Mitleids-Moral attackierte (NieW 2, 767 ff., 1012 ff.), rehabilitiert Mann: Dass er die »breite Masse der Schlichten« neben den »Feinsten« als Publikum suche, erklärt er zu einem auf Menschenliebe gründendem Bedürfnis (Betra, 101). Diese Menschenliebe erscheint allerdings nicht im Gewand christlicher Fürsorge, die Nietzsche als weitere Variante von Décadence entlarvte, sondern sie wird in Manns Kommentaren gewissermaßen frivolisiert. In Referenz zu Nietzsches Diskurs über die »Erhaltungs-Instinkte des starken Lebens« (NieW 2, 1167) spricht er, sich selbst im Fall Wagner verhandelnd, von »Instinkt«, sündhaftem »Liebesverlangen« und gar von »Welt-Erotik« (Betra, 101). Diese raffinierte, aber auch suggestive Technik, Bürgerlichkeit und Nietzsche gleichermaßen zu retten, wird mit *Tonio Kröger* und *Tod in Venedig* auch fiktional durchgespielt. Dass sich über die Rezeption des amerikanischen Lyrikers und Essayisten Walt Whitman (1819–1892) die Welt-Erotik schließlich auch für den unpolitischen Betrachter politisieren wird, kann in der Rede *Von deutscher Republik* (1922) studiert werden.

▶ Was ist die Optik für die Klugen?

Unterstellt, das *Menschliche* – die kleinen und großen Schwächen der Charaktere, kurz: das Familiäre – bildete das Motiv, das von der »breiten Masse der Schlichten« begehrlich aufgenommen worden sei, was wäre die Seite, die die Achtung der Kenner hervorrufen soll? Bereits 1904 fragt Mann rhetorisch:

»[Hat] von den acht- oder zehntausend geduldigen Leuten, die meine ›Buddenbrooks‹ gelesen haben, dennoch einer oder der andere in diesem epischen, von Leitmotiven verknüpften und durchwobenen Generationenzuge vom Geist des ›Nibelungenringes‹ einen Hauch verspürt?« (Üms, 382)

Der Hinweis auf Wagner ist vage formuliert, bedenkt man, wie sehr der Zusammenhang von *Buddenbrooks* und Wagner über die Décadence-Theorie Nietzsches vermittelt ist.

Eine derartige Konstellation, die wir heute unter ›Intertextualität‹ fassen würden, prägt in der Tat das rezeptionsästhetische Phänomen einer zweifachen Optik. Die in den Roman eingelesenen und durch ihn kommentierten Diskurse bilden eine Schicht, deren Wahrnehmung für den Rezipienten voraussetzungsreich ist. Appelliert wird an einen idealen Leser, der mitvollzieht, wie produktiv der Autor mit dem übernommenen diskursiven Material spielt. Der *subjektive* Rezeptionserfolg ist auf solchen Mitvollzug jedoch nicht angewiesen. Auch eine Lesehaltung, die dem realistischen Plot mit Empathie und Spannung folgt, findet in *Buddenbrooks* den von ihr begehrten Stoff.

Doppelcodierung kennzeichnet zunehmend die gesamte Erzählprosa Manns. Zweifellos ist dies der Grund für den anhaltenden Erfolg des Autors als Unterhaltungsschriftsteller wie als kanonisierter Autor der Moderne, dem weltweit zahllose philologische Abhandlungen gelten. Als solche ist diese doppelte Codierung bis heute Maßstab aktueller Literaturkritik. So hat etwa bei dem ›Großkritiker‹ Marcel Reich-Ranicki der Verweis auf das Mann'sche Erzählverfahren paradigmatische Funktion, wenn er – in seiner Sicht – Defizite der Gegenwartsliteratur benennt und zeitgenössischen Autoren nachlassende Publikumsresonanz vorwirft (vgl. Reich-Ranicki, 104 f.).

Ob Doppelcodierung tatsächlich die Lücken zwischen den Leserklassen schließt oder doch eher die Differenz von Herren- und Knechtlesern – souverän mitspielenden gegenüber oberflächlich der Handlung folgenden Rezipienten – fortschreibt, ist eine auch in der Literaturdidaktik strittige Frage (vgl. meinen Beitrag in: Das Literatursystem der Gegenwart und die Gegenwart der Schule. Hg. M. Kämper-van den Boogaart. Baltmannsweiler: Schneider 1997, 63–83). So wird man selbstverständlich auch bei Unterrichtsvorhaben zu *Buddenbrooks* taxieren müssen, in welchem Ausmaß, in welcher Form und für welche Lerngruppe der voraussetzungsreichere ›zweite Code‹ gegenständlich werden kann, ohne lesepädagogisch kontraproduktive Effekte auszulösen.

Schopenhauer: ein Rausch

Weniger subtil als der intertextuelle Kontakt zu Nietzsche bzw. Wagner ist der Bezug auf Arthur Schopenhauer (1788–1860). Im 5. Kapitel des zehnten Teils lässt der Autor seine todgeweihte Zentralfigur Thomas Buddenbrook zu einer Schrift greifen, deren Erwerb wie so manches im Roman auf einen schicksalhaften Zufall zurückgeht (654 f.).

Im Unterschied zur verborgenen Inspielnahme Nietzsches bleibt der Schopenhauer-Bezug in der Organisationsform des Romans an die Figur gebunden. Thomas Buddenbrooks Rezeption des zweiten Bands von *Die Welt als Wille und Vorstellung* (1818/44) ist durch im Vorfeld der Lektüre-Szene geschilderte Motivationen bestimmt: kränkende Gefühle, die aus dem intimen Zusammenspiel zwischen dem Leutnant und Gerda erwachsen, das Leiden über die anhaltende Indifferenz des Sohnes, die starke Ahnung des eigenen Todes und die damit einhergehende metaphysische Krise, die in die hastige Suche nach einer letzten Wahrheit mündet.

Thomas fasziniert an den im Einzelnen schwer verdaulichen Denkmodellen Schopenhauers die Empfindung, dass das eigene Leiden an der Härte des Lebens durch die Sätze »eines Großen und Weisen« eine »feierliche Berechtigung erhält« (654 : 10/5). Diese Wahrnehmung lässt das Lesen zu einem rauschartigen Erlebnis werden. War die Beziehung zwischen der in Rollenerwartungen präsenten Welt und dem eigenen Ich für ihn bisher durch die mangelnde Leistungsfähigkeit des Ichs geprägt, und war es bislang so, dass das wenig rollengemäße Leiden am Leben »beständig schamvoll und bösen Gewissens versteckt«, also stigmatisiert wurde, scheinen mit Schopenhauers Weltabrechnung nun alle Fesseln gesprengt. Ohne dass zu diesem Zeitpunkt Näheres über die Lektüre gesagt wurde, erfährt man von deren umstürzenden Wirkungen. Was sich für Thomas ereignet, hat durchaus Züge einer erotischen Befreiung. Dies wird vom Erzähler auch direkt benannt, wenn er von »Lockendem und Verheißungsvollem« spricht, »das an erste, hoffende Liebessehnsucht gemahnte« (655 : 10/5), und später Thomas' Lesegefühl mit einer »keimenden Liebe« (656 : 10/5) vergleicht.

▶ Eine Fehllektüre?
Liebesgefühl ist der Zustand, in dem Thomas aus einem dreistündigen todestiefen Schlaf erwacht. Die somatische Reaktion auf das erlesene Freiheitserlebnis mündet in eine Erleuchtungsszene, die Worte und Körper zu wechselseitiger Resonanz bringt. Erst nach diesem Höhepunkt der Lust wird ihr Anlass reflektiert. Was Thomas hier von Schopenhauers Text memoriert (656–658), kann und sollte im Original (↗M 3) gegengelesen werden, um den Hintersinn der Fehllektüre zu fassen. (Werner Hickel verweist darauf, dass Thomas' bzw. Manns Fehllektüre der Richard Wagners entspricht. Zudem uberlegt er, weshalb Mann seine Figur das 41. Kapitel des Kommentarbandes und nicht § 54 des ersten Bandes lesen lässt, auf den es sich bezieht. Seine Antwort: Die Formulierungen sind widersprüchlich genug, um von Wagner und Mann nach eigenen Ansichten ausgelegt werden zu können [vgl. Hickel, 55 ff.].)

Dass der Tod ein Glück sei, da er vom Leib befreie, muss für Thomas Buddenbrook schon deswegen ein verführerischer Gedanke sein, weil ihm der eigene Leib ein Korsett ist, das die Freisetzung eines anderen Ichs verhindert. Das Bild, in dem er sein körperliches Ich als gesellschaftlichen Körper erkennt, ist weit krasser als in Schopenhauers Vorlage von der Metaphorik des Gefängnisses bestimmt. Die Ursprungsfreiheit, von der Schopenhauer handelt, übersetzt Thomas als einen Zustand, der der Geburt des eigenen Ichs vorausgeht. Genau diese Vision einer Möglichkeit zur Freiheit, zum Ausbruch aus dem Gefängnis des Ichs und auch aus einer Liebe (oder einer Liebenswürdigkeit), die in Wahrheit den Keim des Hasses kultiviert (657 : 10/5), motiviert den vitalistischen Umschlag der Schopenhauer-Lektüre. Die Imagination, nach dem Tode mit einem kräftigen und grausamen Jungen zu verschmelzen, mit einem Körper, der »die Unglücklichen zur Verzweiflung treibt« (658 : 10/5), fällt buchstäblich zu physisch aus, um den Übergang in Schopenhauers reines Nirwana zu finden. So ist Thomas' letzte Schlussfolgerung vor der Katerstimmung der idealtypischen Konsequenz Schopenhauers entgegengesetzt. Handelt Schopenhauers Imagination vom Vorrecht derer, die wirklich sterben und nach keiner Fortdauer ihrer Person verlangen, so flüstert Thomas weinend in sein Kissen: »Ich werde leben!« (659 : 10/5)

Die Hintergründe der berauschenden Fehllektüre liegen zweifellos in der Figur Thomas Buddenbrooks, in der Zeichnung eines Ichs, dessen letzte

Anstrengung es ist, sein eigenes, pflichtbewußtes Schauspiel zu spielen. Motiviert ist die Fehllektüre aber auch durch den früheren Schopenhauer-Schüler Nietzsche. Dessen vitalistische Vision des befreiten Übermenschen, grausam und stark, begreift Thomas fehlerhaft als physisches Gegenstück zum (postmortalen) Nichts. Dass die fiktive Lektüre eine ›Überwindung‹ Schopenhauers durch Nietzsche derart spielerisch ausnutzt, gehört sicher zum Kapitel der »doppelten Optik«. Ebenfalls mit Nietzsche und dem dionysischen Prinzip (↗S. 104–107) in Verbindung gebracht werden kann, dass der Schopenhauer-Kontakt sich als Rausch gestaltet, und mindestens plausibel dürfte es sein, hier Anklänge an romantische Schilderungen zu erkennen. Die physische Komponente, die Zuspitzung des Leids auf das Motiv der Identität als Gefängnis, kann aber auch als Camouflage eines drangsalierten Ich-Gefühls gewertet werden, das auf die Person eines Autors verweist, der in seiner Rolle bleibt und sich dem Stigma Homosexualität fügt.

Leitmotivik

Manns Hinweis auf die leitmotivische Struktur des Romans in *On myself* (↗M2) ist nicht nur aus didaktischer Perspektive problematisch. Das hängt auch zusammen mit der terminologischen Unschärfe des Begriffs ›Leitmotiv‹.

Geprägt ist der Mann'sche Begriffsinhalt vor allem durch Hans Paul von Wolzogen (1848–1938), der in seinen populären Einführungsschriften die Leitmotivik zum psychologischen Gewebe der Wagner'schen Musikdramatik erklärte. Wer sich dieser Interpretation nach insbesondere dem *Ring der Nibelungen* verständig öffnen wollte, der hatte der wiederkehrenden Tonfolgen gewahr zu werden, um den ›symbolischen Zug‹ Wagners zu verspüren.

Was in der Wagner-Rezeption derart hochgehalten wurde, stellte nach musikgeschichtlichen Maßstäben in seiner Struktur keine wirkliche Innovation dar. Durch Wagner allerdings wird Leitmotivik zum wertungsästhetisch genutzten Zeichen für Tiefe, Strenge und Virtuosität. Verständlich, dass Mann an diese Momente ästhetischer Wertsetzungen anschließt. Gleichwohl ist die epische Struktur des Leitmotivs bereits vor der Erfindung des Begriffs in der Bauform literarischer Texte zu beobachten. Und für beide künstlerischen Medien gilt, dass die Strukturmerkmale von Leitmotivik insbesondere in trivialen Varianten auftreten, vor allem in Form von Klischees und in der Funktion einfacher Stimulationen oder Suggestionen.

▶ Zurückhaltung bei der Identifikation von ›Leitmotiven‹

Fahndet die kritische Analyse trivialer Texte nach wiederkehrenden Zeichen wie den sprichwörtlich schwarzen Hüten böser Western-Helden, so findet die philologische Mann-Rezeption für *Buddenbrooks* etwa heraus, dass die Farbe *Gelb* für schlichten Verfall und die *bläulichen Schatten* für Verfall und Verfeinerung stehen. Werden aber gelbe Wagen und Frisuren (Grünlich), auch ein Leuchtturm und Lehm (Morten) zu Vorzeichen kommenden Unheils zusammengefasst, sind die Grenzen zu manischer Zeichensuche leicht überschritten; ebenso unverkennbar ist die Tendenz, die Differenz zwischen naturalistischem und symbolischem Zeichencharakter einzuebnen.

Dass sich die Welt der *Buddenbrooks* durch entsprechende Zeichen zu erkennen gibt, soll nicht bestritten werden. Dass der Zustand der Zähne Verfallsintensitäten protokolliert und die Hände die Figuren auf dem Weg zur Verfeinerung zu erkennen geben, trifft ebenso zu. Ob dieser Zeicheneinsatz eine besondere Kunstfertigkeit verrät, ist allerdings fraglich. Eine etwas andere Rolle als diese Erkennungsmerkmale spielt sicher ein Motiv wie das des Familienbuches, mit dem Zusammenhänge innerhalb des ausgedehnten Geschehens konzentriert und die Familienschicksale mit der Firmengeschichte bis zu Hannos Strich (523 : 8/7) buchhalterisch verschränkt werden.

Der Begriff des Leitmotivs ist wie die Ironie für die Poetologie Manns zu einem Markenzeichen geworden. Im Unterricht sollte dieser Begriff aber nicht über die Lektüre des Romans *Buddenbrooks* als textanalytisches Instrument eingeführt werden.

Was in der Forschungsliteratur im Einzelnen als Leitmotiv identifiziert wird, unterscheidet sich als Erzählfunktion zum Teil beträchtlich. Ob wiederholte naturalistische Charakterisierungen von Personen überhaupt als Leitmotiv im poetischen Sinn betrachtet werden sollten, scheint fraglich angesichts des Gewichts, das im Roman der Kennzeichnung von Figuren durch ›ererbte‹ Körper- oder Geiseeseigenschaften zukommt.

Nicht einfach sind auch Unterscheidungen wie die zwischen Symbol und Leitmotiv. Wenn manche Erklärungen darauf beharren, dass Leitmotive wiederholte Symbole darstellen, stellt dies letztlich den Ertrag in Frage, den die Einführung des Begriffs Leitmotiv verspricht. Dass eine Aufspaltung des Romanpersonals nach Maßgabe einschlägiger Leitmotivlisten auch dazu verführen kann, interessante Zweideutigkeiten zu kaschieren, sei als letzte Warnung mit einem Beispiel angefügt: Wieso hat Gerda kräftige weiße Zähne *und* bläuliche Schatten?

Vorschläge für die Behandlung im Unterricht

Mediale Adaptionen von »Buddenbrooks«
Als Film D 1923 (Regie: Günter Lamprecht); BRD 1959 (Regie: A. Weiden-
mann, Buch: H. Braun/J. Geis/E. Mann); BRD 1979 (Fs-Serie; Regie: Franz
Peter Wirth).
Als Hörbuch T. M.: Buddenbrooks. Ungek. Ausgabe. Sprecher Gert Westphal. Vol. 1: 1.–7. Teil (10 Toncass.), Vol. 2: 7.–11. Teil (10 Toncass.). Polygram 1990/91; T. M.: Weihnachten bei den Buddenbrooks. 8/8. Sprecher
ders. (1 CD). Polygram 1991; dass. (1 Toncass., 56 Min.). Litatron 1989.

S I   *Texterschließung*

Sich in der Sekundarstufe I mit den intertextuellen Bezügen des Romans zu
beschäftigen wäre ein vermessenes Unterfangen. Folglich wird sich das ange-
zielte Textverständnis im Wesentlichen auf Operationen an der erzählten
Geschichte beschränken müssen. Erarbeitet werden können grundlegende
Fragen der *Textarchitektur* und der *Erzählsituationen*, dazu gehören:

→ Genrespezifische Möglichkeiten, Geschichte in Geschichten zu erzählen,
Aufbau von synchronen und diachronen Beziehungen in Parallelen (↗M 4).

→ Vergleiche mit den Produktions- und Rezeptionsverhältnissen von klassischen Familienserien und jüngeren Soap-Operas.

→ Vergleich der szenisch präsentierten Familienfeste in *Buddenbrooks* (Tisch-
sitten und Fehltritte als Möglichkeit einer indirekten Charakterisierung
der Protagonisten und ihres Milieus) mit filmischen Erzählkonventionen.

→ Beschreiben der bildsprachlichen Qualitäten der naturalistisch ausge-
formten Leitmotive (Zähne, Schatten), Problematisieren als Momente der
Rezeptionssteuerung – mit Bezug auf die Darstellungskonventionen von
Bildgeschichten (Comics, Cartoons).

→ Untersuchen der personalen Sprach- bzw. Figurenstile und ihrer parodistischen Wirkungen: dialektales Sprechen (norddeutsch/platt, bayerisch),
Manierismen und idiomatisches Sprechen (v. a. Tony); Code-Switching
im öffentlichen Raum (kalkuliert und gelernt: Jean, Thomas) und in der
Familie (intuitiv: Johann: »›Was ist das. Was – ist das ...‹ ›Je, de Düwel ook,
c'est la question, ma très chère demoiselle.‹«, 7 : 1/1).

→ Imitieren der Produktionsmethoden Manns unter den Aspekten Montie-
ren und Amalgamieren (*Fiktionalisierung* dokumentarischer Quellen als
Arbeitsverfahren des Autors). 📖 1

→ Diskussion der ethischen Probleme dieser Produktionsmethode: Darf
Literatur im Namen der Kunst lebende bzw. authentische Personen als

Figuren in die Erzählung einschmuggeln, auch wenn sich die betreffenden Personen dadurch verletzt fühlen? Wie gestaltet sich hier gegebenenfalls der Widerspruch zwischen den Rechtsgrundsätzen ›Schutz der Persönlichkeitsrechte‹ und ›Freiheit der Kunst‹?

Erscheint eine Ganzschriftlektüre von *Buddenbrooks* nicht möglich, bietet sich das Schulkapitel als Ausschnitt an, der mit anderen Schul- und Schülererzählungen thematisiert werden und auch als Impuls zu kreativem Schreiben dienen kann.📖 2

📖 1 T. M. Ein Leben in Bildern. Hg. H. Wysling / Y. Schmidlin. Zürich:
Artemis & Winkler ²1994, 98 – 111 – Hinweise und Bildmaterial.
2 Matthias Luserke: Schule erzählt. Göttingen: Vandenhoeck & Ruprecht 1999.

Produktive Verfahren (↗S. 60)

S II *Texterschließung. Module*

Aspekte	Möglichkeiten zur Vertiefung, Kontextualisierung		
Ausgangsfragen: Realismus, Repräsentativität des Erzählten	Realismus – Naturalismus als Epochenbezeichnungen problematisieren (falls bereits eingeführt)	T. M.s Interpretation(en) des Publikumserfolgs kennen lernen und auf Thesen zuspitzen, ↗M 2	Zusammenhänge von Zeitroman – Familienroman – TV-Familienserien und Soap-Operas heuristisch entwickeln
Architektur des Romans (angesetzt am Zusammenhang von erstem und letztem Kapitel)	Familienstammbaum (↗M 4) und Ereignischronik (BuHb, 31–35) anlegen	Beziehung zwischen Haupt- und Parallelfiguren untersuchen (arbeitsteilige Gruppenarbeit)	Relation zwischen erzählter Zeit und Erzählzeit: Proportionen des Romans tabellarisch erfassen (BuHb, 86–92); Bedeutung der Schilderung von Familienfesten und des Konversationsstils herausarbeiten
Verfall als Ergebnis I: Religiosität und Protestantismus in der Generationenfolge	Protestantische Ethik und Kapitalismus: Auszug aus *Betrachtungen* (Betra, 136–138); ergänzend: Schülerreferat zu: Max Weber: Die protestantische Ethik und der Geist des Kapitalismus (1905)	Religiosität in Nietzsches Modell der Décadence als Hintergrund wahrnehmen (Ausgangstext: NieW 3, 421) – Tonys Beziehung zur klerikalen Religion als Kontrastfolie nutzen	Textimmanent: Innerlichkeit und Vergeistigung als Krisenphänomene der männlichen Linie der Buddenbrooks verfolgen

Verfall als Ergebnis II: Geschäftsbilanzen als Indikatoren geschwächter Selbstbehauptung	Vergleich Buddenbrooks – Hagenströms ziehen (arbeitsteilig: Generationen)	Familie und Geschäft als symbolische Ordnung: die Rolle der ›Familienchronik‹ bestimmen	Erzählte Zeit im Licht sozial- und wirtschaftsgeschichtlicher Studien bewerten (fachübergreifend: Geschichte, Schülerreferate); ergänzend: historische Porträts regionaler Unternehmensgründer auf Züge von ›Männlichkeit‹ untersuchen
Thomas Buddenbrook als Schlüssel- und Identifikationsfigur	Thomas als ›Symboliker‹ beobachten, die Suche nach Zeichen des Schicksals problematisieren, evtl. in Hinblick auf die Zeichensprache (›Leitmotive‹) reflektieren	Physische Symptomatik des Décadent an der Krankheitsgeschichte der Figur erkennen (LV Neurasthenie; fachübergreifend: Biologie – historische Modelle von Nervenkrankheiten, Vererbungslehren)	Kontextualität des Schopenhauer-Rausches wahrnehmen, Vergleich von Schopenhauers Text und der Interpretation Thomas Buddenbrooks, ↗M 3
Hanno Buddenbrook als Schlüssel- und Identifikationsfigur	Hanno als Künstlertypus: Untersuchung der musikalischen Erlebnisse (Wagner und Décadence), der physischen Symptome von Lebensschwäche und der Beziehung zu Kai	Schule und literarische Schulkritik: Hannos Schulerfahrungen als Identifikationsangebot? – Vergleichstexte zur literar. Schulkritik hinzuziehen (Anschlusslektüren oder Gruppenreferate: Hesse, Wedekind, H. Mann, Musil u. a. 👆; Nietzsches Bildungskritik: »Bildungsphilister« (NieW 1, 277 f., in Auszügen)	Beziehung zwischen Vater und Sohn untersuchen
Frauenfiguren in *Buddenbrooks*	›Entmännlichung‹ in der Familiengeschichte der Buddenbrooks als Verfallsprozess (wirtschaftlich und symbolisch) erkennen und problematisieren	Tony: die kompositorische Beziehung zwischen den Eigenschaften ›Gesundheit‹, Intellektualität und ästhetische Sensibilität über den Vergleich mit Thomas erarbeiten	Gerda und der Einzug des Fremden in die Welt der Buddenbrooks; Vergleich der Wertvorstellungen von Thomas und Gerda (Ansatzpunkt 8/7, 508–510)
Repräsentativität des Verfallsmotivs in *Buddenbrooks*	Kontextwissen ausbauen: Décadence als Modell intellektueller	Rezipientenansprache durch Reflexion der eigenen Lese-	Kontextwissen ausbauen: Revolution, Gründerzeit, Jahr-

Selbstbeobachtung bei T. M. (Nietzsche und Nietzsche-Rezeption)	erfahrung prüfen: Sympathie mit den Schwachen, das »Menschliche« als das Bewegende (Kontext: Nietzsches Wagner-Kritik)	hundertwende – Ereignisse und Bilder der erzählten Zeit (fachübergreifend: Geschichte, Kunst, Philosophie, Fremd-sprachen)
Erfolgsgeschichte der *Buddenbrooks* und das System der »doppelten Optik«	Leitmotiv in *Buddenbrooks* als Thema der Rezeptionsgeschichte vermitteln – naturalistische vs. symbolische L.; Leitmotive und Klischees: Lexikoneintrag auswerten, Definitionen mit Bezug auf den Roman problematisieren	Nietzsches Wagner-Kritik als Erfolgsrezept für die Produktion des Romans enthüllen	*Buddenbrooks* im Wandel der Selbst-deutungen wahrnehmen (u. a. der Autor als Nationaldichter, ↗M 1)

📖 Ariane Martin: Die modernen Leiden der Knabenseelen. Schule und Schüler in der Literatur um 1900. In: Der Deutschunterricht (Seelze), 52 (2000), H. 2, S. 27–36.

Vorschläge für Anschlusslektüren

Naheliegend wäre eine Ko-Lektüre der von Mann geltend gemachten Vorbilder des europäischen Naturalismus und Realismus – zumeist sehr umfängliche Texte und nach dem ›dicken Brocken‹ *Buddenbrooks* wohl nicht sehr günstig. Dasselbe gilt wohl für eine romangeschichtlich aufschlussreiche Anschlusslektüre von Alfred Döblins *Berlin Alexanderplatz* (1929) oder von strukturell ähnlichen Familiensagas.

Für eine Anschlusslektüre unter dem thematischen Aspekt ›geschäftliche und private Identitätskrise‹ in der zeitgenössischen Literatur bieten sich an:

→ Martin Walser: Jenseits der Liebe. Roman (1976). Frankfurt a. M.: Suhrkamp-Tb. 1979

→ Cees Nooteboom: Rituale. Roman (1980). Frankfurt a. M.: Suhrkamp-Tb. 1998

→ Wilhelm Genazino: Fremde Kämpfe. Roman (1984). Reinbek: Rowohlt-Tb. 1989

→ John Updike: Rabbit in Ruhe. Roman (1990). Reinbek: Rowohlt-Tb. 1994

Mit Blick auf das Thema Verfall in der Generationenfolge ist als Parallellektüre geeignet:

→ Joseph Roth: Radetzkymarsch. Roman (1932). München: dtv 1998

Produktive Verfahren

Stegreif-/Rollenspiel: Familientreffen mit Geistern (S I und II)

Gemeinsame Vergegenwärtigung von Personenkonstellation und Handlung nach der Lektüre: Tote und lebendige Buddenbrooks treffen sich (mit Bekannten) zum Familientee.
Für die folgenden Romanfiguren (variabel) werden Darstellerinnen und Darsteller ausgewählt: Tony B., Christian B., Thomas B., Johann B., Jean B., Hanno B., Gerda B., Anna. Sie werden gebeten, sich streng an die jeweilige Figurenperspektive zu halten und im Spiel ihre Beziehungen, ihr Schicksal zu klären. Johann und Jean können nicht wissen, wie es unter Thomas mit der Firma weitergegangen ist, Hanno kennt seine Ahnen nicht usw. Tote und Lebende haben sich also allerhand zu erzählen. Die nicht Mitspielenden sollten sich durch provozierende Fragen an die Spielerinnen und Spieler beteiligen. Dass es bei Familientreffen zu kontroversen Sichten oder zur Präsentation alter Rechnungen kommt, ist ganz im Sinn des Stegreifspiels.

Transformieren: Modellieren der Erzählsituation (S I und II)

→ Raffung der szenischen Darstellung in 10/6 zu einem Erzählerbericht
→ Hanno schreibt Tagebuch und notiert seine Empfindungen während der Exkursionen mit dem Vater.
→ Verfassen einer Firmenchronik der Buddenbrooks nach Mustern einschlägiger Prospekte, Stadtführer
→ Verfassen eines Film-Treatments (Beispiele) zu *Buddenbrooks* (zwei Stunden Spielzeit). Überlegen, ob sich die Geschichte so aktualisieren lässt, dass Hannos Tod in die Gegenwart fällt (mehrstündige Gruppenarbeit)

Weiterschreiben

→ Tony berichtet Gerda zwei Jahre nach deren Weggang aus Lübeck in einem Brief über zwischenzeitliche Geschehnisse und ihr eigenes Empfinden.
→ Kai Graf Mölln hat als Schriftsteller reüssiert und erinnert sich als 75-Jähriger in seinen Memoiren auch an den Jugendfreund Hanno.

Textarbeit in arbeitsteiligen Gruppen

Thema: Hintergründe des Niedergangs im Übergang der Generationen
Einzelaufgaben der Gruppen könnten sein:
→ Bilanz der Firmengeschäfte: Kapitalerträge, Kapitalabflüsse

→ Religiosität, Kunst und Philosophie als Existenzfragen für die Buddenbrook-Generationen

→ Heiratspolitik und Ehen der Buddenbrooks

→ Krankheiten der Buddenbrooks

→ Kinderliebe und Erziehung, bes. Hanno

Die Gruppen sollten ihre Arbeitsergebnisse in einem Bericht zusammenfassen und austauschen. Dabei stellt sich die Frage, ob und wie die einzelnen Befunde zusammenhängen. In dieser Phase kann auch der Zusammenhang von Leitmotiv und Klischee thematisiert werden.

Material

M 1   *Thomas Mann an Otto Grautoff,* 26. 11. 1901

Lieber!

Nur wenige dringliche Zeilen! Ich schreibe und lese hier nur verstohlen.

Es handelt sich hauptsächlich um Kurt Martens' Buch ›Die Vollendung‹: Bitte, laß keinen Anderen für die ›Neuesten‹ darüber schreiben, sondern besprich Du selbst den Roman, wenn
5   auch nur kurz. Es ist dies des Verfassers Wunsch, und ich wünsche herzlich, daß er durch meine Vermittlung erfüllt werde. M. hat dem Litter. Echo einen Aufsatz über mich geschrieben, der mit Porträt veröffentlicht wird, und kommt mir in allen Stücken dienend entgegen. Dies ist die erste Gelegenheit, mich ein wenig zu revanchieren. […]

Ein paar Winke noch, *Buddenbrooks* betreffend. Im Lootsen sowohl wie in den Neuesten
10   betone, bitte, den *deutschen* Charakter des Buches. Als zwei echt deutsche Ingredienzen, die wenigstens im II. Bande (der wohl überhaupt der bedeutendere sei) stark hervorträten, nenne *Musik und Philosophie.* Seine *Meister,* wenn schon von solchen die Rede sein müsse, habe der Verfasser freilich nicht in Deutschland. Für gewisse Partien des Buches sei Dickens, für andere seien die großen Russen zu nennen. Aber im ganzen Habitus (geistig, gesellschaftlich) und
15   schon dem Gegenstande nach echt deutsch: schon im Verhältnis zwischen den Vätern und den Söhnen in den verschiedenen Generationen der Familie (Hanno zum Senator). Tadle ein wenig (wenn es Dir recht ist) die Hoffnungslosigkeit und Melancholie des Ausganges. Eine gewisse *nihilistische* Neigung sei bei dem Verf. manchmal zu spüren. Aber das Positive und Starke an ihm sei sein *Humor.* – Der äußere Umfang sei etwas nicht ganz Bedeutungsloses. In der Zeit des
20   »Überbrettls« und der Fünf-Secunden-Lyrik sei es wenigstens ein Zeichen ungewöhnlicher künstlerischer Energie, ein solches Werk zu concipiren und zu Ende zu führen. Es sei dem Verf. gelungen, den *epischen* Ton vortrefflich festzuhalten. Die eminent epische Wirkung *des Leitmotivs. Das Wagnerische* in der Wirkung dieser wörtlichen Rückbeziehung über weite Strecken hin, im Wechsel der Generationen. Die Verbindung eines stark dramatischen Elementes mit
25   dem epischen Dialog.

Damit genug! Mach Deine Sache recht gut und verschiebe sie nicht zu lange. […]

Nochmals: denke an *Martens!*

Herzlichen Gruß und auf Wiedersehen um Weihnachten. Ich freue mich, Dich von Italien erzählen zu hören.
30   Dein Thomas Mann.

(T. M.: Briefe an Otto Grautoff 1894–1901 und Ida Boy-Ed 1903–1928. Hg. Peter de Mendelssohn. Frankfurt a. M.: Fischer 1975, 139 f. © Ebd.)

Otto Grautoff (1876–1935) – Jugend- und Brieffreund T. M.s, Redaktionsmitglied der »Münchner Neuesten Nachrichten«;   *Kurt Martens* (1870–1945) – Schriftsteller und Kritiker, ein Freund des jungen T. M., wie auch das ungewöhnliche Duzen anzeigt, *Die Vollendung* ist sein zweiter Roman;   die ›*Neuesten*‹ – »Münchner Neueste Nachrichten«;   *Litter. Echo* – »Das Litterarische Echo. Halbmonatsschrift für Literaturfreunde« (1898–1922/23);   *im Lootsen* – gemeint ist die Hamburger Zeitschrift »Der Lotse«;   »*Überbrettl*« (auch »Buntes Theater«) – kabarettistische Kleinkunstbühne, eröffnet am 18. 01. 1901 in Berlin

M 2   Thomas Mann   *On myself.* Vortrag an der *Princeton University* (Mai 1940)

[…] / Alsbald, während die preisenden Pressestimmen, jetzt selbst in ausländischen Blättern, sich mehrten, begannen die Auflagen einander zu jagen. Es war der Ruhm …
   Man muß nicht so weit gehen zu sagen: Erfolg ist Mißverständnis, aber ohne Zweifel wohnt der Wirkung in die Weite und Breite das Element des Mißverständnisses inne. Der Erfolg der
5   ›Buddenbrooks‹ ist dafür ein recht anschauliches Beispiel. Sie wurden als Produkt der soge-
nannten »Heimatskunst« verstanden, als ein norddeutsch-bürgerliches Erzählwerk auf der
Linie der von Reuters plattdeutschem Humor geprägten Tradition. Diese – unstreitig vorhande-
nen – Züge haben meinem Buch trotz seiner Düsterkeit zum Durchbruch beim deutschen Lesepublikum verholfen, das dabei, zunächst wenigstens, alles übersah, was an übernationalen,
10   europäischen Einflüssen darin eingeströmt war, und, mehr noch: was ins Europäische hinaus-
wies; läßt sich doch heute wohl mit Fug sagen, daß in diesem Buch der deutsche Roman seine
Ansprüche auf Weltfähigkeit anmeldete. Es war der Durchbruch in die Weltliteratur, zu der die
maßgebenden epischen Beiträge des vorangegangenen Jahrhunderts nicht gerade von deutscher Seite, sondern in erster Linie von den Franzosen und Engländern, später von den Skandi-
15   naviern und Russen gekommen waren. Andrerseits blieb doch in meinem Roman, so sehr er sich
an ausländischen Vorbildern gebildet hatte, das Nationale, ja Regionale (seinerseits wieder aus
so unterschiedlichen Quellen gespeist wie Reuter und Richard Wagners Motivtechnik und sym-
phonischer Dialektik) ein deutlich wieder erkennbares, sehr deutsches Element. Und entscheidend für die Wirkung war doch wiederum ein internationaler oder sagen wir getrost, allgemein
20   menschlicher Zug: es spiegelte sich ja in dieser Chronik eines Bürgertums, das aus dem Naiv-
Praktischen ins Geistige wächst, vom Kaufmännischen zur Kunst kommt – wobei gezeigt wird,
daß Verfall zugleich Verfeinerung und Steigerung bedeuten kann – ein allgemeiner Weltprozeß
dar, der damals überall empfunden wurde. Man hielt gerade auf halbem Wege zwischen der
unbändigen Expansion der industriellen ›Gründerjahre‹ und dem Weltkrieg, der das Ende der
25   bürgerlichen Ära verkünden sollte, die Väter hatten es geschafft, man selbst war Erbe, man ver-
spürte schon die große Müdigkeit des Endes … Dieses Zeitmotiv in meinem Buch wurde überall
zugleich empfunden, Menschen, die nichts voneinander wußten, in Marseille, Kopenhagen,
Madrid, bestätigten mir später: das ist ja genau wie bei uns. Die Sublimierung ins Spirituelle im
Ablauf der Generationen war ein zivilisatorisches Gesetz, und daß der Autor Geist und Biologie
30   in einen gewissen Gegensatz gestellt, Geist als Produkt eines biologischen Verfallsprozesses
angesehen hatte, kam dem herrschenden Zeitgeist entgegen, ohne sich ihm, der damals starr auf
den sozialen Determinismus festgelegt war, sklavisch zu verschreiben. / […]
(T. M.: Über mich selbst. Autobiograph. Schriften. Frankfurt a. M.: Fischer 1994, 64 f. © Ebd.)

Reuters plattdeutschem Humor – Fritz Reuter (1810–1874), niederdeutscher Erzähler und Humorist, war bereits dem jungen T. M. durch seine ihm vorlesende Mutter bekannt;   *den sozialen Determinismus* – Tendenz, biologische Theorien (Darwinismus) auf Modelle sozialen Wandels zu übertragen

M 3   Arthur Schopenhauer *Über den Tod und sein Verhältnis zur Unzerstörbarkeit unseres Wesens an sich* (1844)

Dieser Auszug ist Kapitel 41 des zweiten, kommentierenden Bands von Arthur Schopenhauers (1788–1860) philosophischem Hauptwerk Die Welt als Wille und Vorstellung *(1818, ²1844) entnommen, das sich auf § 54 des ersten Bandes bezieht.*
Schopenhauer erreichte erst nach 1853 große Popularität. Sein Einfluss auf den jungen Autor der Buddenbrooks *ist nicht leicht zu bestimmen. Er ist auch vermittelt über Richard Wagner (1813–1883) und Friedrich Nietzsche (1844–1900). Manns eigene Lektüren erfolgten erst, als ein Großteil des Romans bereits geschrieben war.*

[…] / […] Wir erinnern uns hier, daß der bessere Mensch der ist, welcher zwischen sich und den Andern den wenigsten Unterschied macht, sie nicht als absolut Nicht-Ich betrachtet, während dem Schlechten dieser Unterschied groß, ja absolut ist; […]. Diesem Unterschiede gemäß fällt, dem Obigen zufolge, der Grad aus, in welchem der Tod als die Vernichtung des Menschen angesehen werden kann. – Gehen wir aber davon aus, daß der Unterschied von Außer mir und In mir, als ein räumlicher, nur in der Erscheinung, nicht im Dinge an sich gegründet, also kein absolut realer ist; so werden wir in dem Verlieren der eigenen Individualität nur den Verlust einer Erscheinung sehen, also nur scheinbaren Verlust. So viel Realität jener Unterschied auch im empirischen Bewußtseyn hat; so sind doch vom metaphysischen Standpunkt aus die Sätze: »ich gehe unter, aber die Welt dauert fort«, und »die Welt geht unter, aber ich dauere fort«, im Grund nicht eigentlich verschieden.

Ueber dies Alles nun aber ist der Tod die große Gelegenheit, nicht mehr Ich zu seyn: wohl Dem, der sie benutzt. Während des Lebens ist der Wille des Menschen ohne Freiheit: auf der Basis seines unveränderlichen Charakters geht sein Handeln, an der Kette der Motive, mit Nothwendigkeit vor sich. Nun trägt aber jeder in seiner Erinnerung gar Vieles, das er gethan, und worüber er nicht mit sich selbst zufrieden ist. Lebte er nun immerfort; so würde er, vermöge der Unveränderlichkeit des Charakters, auch immerfort auf die selbe Weise handeln. Demnach muß er aufhören zu seyn was er ist, um aus dem Keim seines Wesens als ein neues und anderes hervorgehen zu können. Daher löst der Tod jene Bande: der Wille wird wieder frei: denn im *Esse* [Sein], nicht im *Operari* [Handeln] liegt die Freiheit: *Finditur nodus cordis, dissolvuntur omnes dubitationes, ejusque opera evanescunt* [Zerschnitten wird des Herzens Knoten, aufgelöst werden alle Zweifel und seine Werke werden zu nichts], ist ein sehr berühmter Ausspruch des Veda, den alle Vedantiker häufig wiederholen. Das Sterben der Augenblick jener Befreiung von der Einseitigkeit einer Individualität, welche nicht den innersten Kern unsers Wesen ausmacht, vielmehr als eine Art Verirrung desselben zu denken ist: die wahre, ursprüngliche Freiheit tritt wieder ein, in diesem Augenblick, welcher, im angegebenen Sinn, als eine *restitutio in integrum* [Wiedereinsetzung in den vorherigen Stand, römischer Rechtsbegriff] betrachtet werden kann. Der Friede und die Beruhigung auf dem Gesichte der meisten Todten scheint daher zu stammen. Ruhig und sanft ist, in der Regel, der Tod jedes guten Menschen: aber willig sterben, gern sterben, freudig sterben, ist das Vorrecht des Resignirten, Dessen, der den Willen zum Leben aufgiebt und verneint. Denn nur er will WIRKLICH und nicht bloß SCHEINBAR sterben, folglich braucht und verlangt er keine Fortdauer seiner Person. Das Daseyn, welches wir kennen, giebt er willig auf: Was ihm stattdessen wird, ist in unsern Augen NICHTS; weil unser Daseyn, auf jenes bezogen, NICHTS ist. Der Buddhaistische Glaube nennt jenes NIRWANA, d. h. Erloschen.

(A. S.: Die Welt als Wille und Vorstellung. 2. Bd., 4. Buch, Kapitel 41. In: A. S.: Werke in 5 Bdn.
Nach den Ausgaben letzter Hand hg. v. Ludger Lütkehaus. Zürich: Haffmanns 1988, 590 f.)

Veda [Wissen] – Bezeichnung der ältesten, in der Kunstsprache Sanskrit abgefaßten heiligen Schriften Indiens (um 1250 v. Chr.), die in der hinduistischen Religion als Offenbarung gelten

M 4   Die Buddenbrooks. Stammbaum

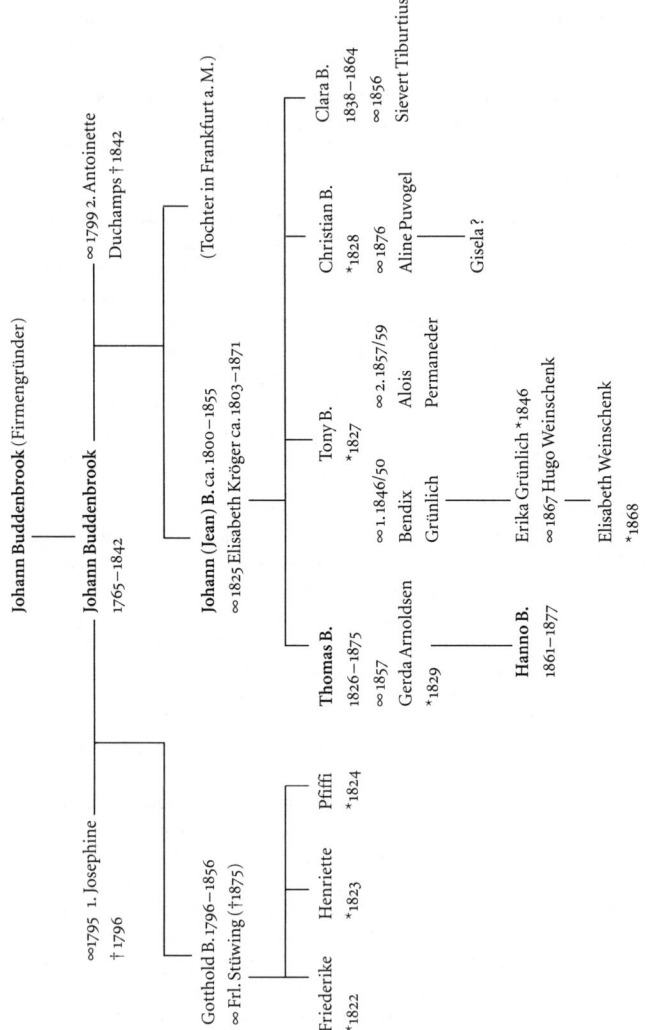

IV »Tonio Kröger« (1903)

Künstler und Bürger – Wirkungsästhetik der Leitmotive

Im pädagogischen Kontext wird diese Novelle oft bis zum Überdruss auf die synthetische Formel ›Bürgerkünstler‹ festgelegt. Solcher Lesart schließe ich mich nicht an, auf Distanz bleibe ich auch gegenüber der These, es handele sich um einen verknappten ›Bildungsroman‹. Mein Lektürevorschlag bezieht sich vielmehr auf jene Motive, die die Erzählung zu einer bevorzugten Lektüre Jugendlicher werden ließ: die erotischen Geheimnisse und das persönliche Außenseitertum des jungen Protagonisten. Doch sollte man nicht sofort nach den vermeintlich *rein* symbolischen Qualitäten dieser Textpassagen fahnden.

Dass der Text um den Preis interner Widersprüche dazu tendiert, sozial stigmatisierte Erfahrungen und Begehren zu kaschieren, um das brisante Thema ›verbotene Liebe‹ ungefährlicher zu machen, ist eine Erkenntnis, die gerade eine von Empathie getragene genaue Lektüre ermöglicht.

Produktionsmotive, Rezeption und Positionierung auf dem literarischen Feld

Die Grundidee zu *Tonio Kröger* entwickelte Mann, während er an *Buddenbrooks* schrieb und für »Simplicissimus« arbeitete. Im September 1899 reiste er über Lübeck und Kopenhagen in den dänischen Badeort Aalsgaard, um sich dort »an den Strand zu legen« (Br 1, 12). Um den Zeitpunkt dieser in *Tonio Kröger* verarbeiteten Reise notierte er erste Gedanken und Namen. Ende 1900, Anfang 1901 beschäftigte er sich erneut mit der Novelle, die nun unter dem Titel »Litteratur« mit anderen in der Reihe »Collection Fischer« erscheinen sollte. Mann versprach sich davon »eine vorläufige kleine Namensauffrischung«, bevor das Erscheinen der *Buddenbrooks* bei der »werthe[n] Collegenschaft« für ein »Profil« sorgen sollte (BrHM, 70 f.). Da der Band nicht zustande kam, arbeitete er erst im Sommer 1902 wieder an der Novelle; was ihm dabei zu schaffen machte, schildert er 1930 im *Lebensabriß*:

»Namentlich das lyrisch-essayistische Mittelstück, das Gespräch mit der (durchaus fingierten) russischen Freundin kostete mich Monate, und ich erinnere mich, daß ich das Manuskript während eines meiner wiederholten Aufenthalte in Riva am Gardasee […] bei mir hatte, ohne um eine Zeile vorwärtszukommen.« (Üms, 116 f.)

Im Herbst 1902 wollte er endlich den Durchbruch schaffen. Am 16. Oktober schrieb er aus Riva an Kurt Martens:

»Ich arbeite sogar, wenn auch sehr behutsam und noch zeilenweiser, als gewöhnlich, denn was ich vorhabe, (eine längere Novelle) ist wieder so etwas difficiles, daß es durchaus Weile haben will.« (Br 1, 36 f.)

Aus den über die Zeit verteilten Notizen destillierte Mann in Riva ein Zettel-Konvulut, dessen Inhalt (vgl. Mendelssohn 1, 730–765) das Problem dokumentiert, die Notate über den Künstlertypus in eine narrative Form zu bringen. Bis Jahresende muss ihm das gelungen sein, denn *Tonio Kröger* erschien Februar 1903 in der »Neuen deutschen Rundschau«. Im selben Jahr kam auch der Band unter dem Titel der Novelle *Tristan* in einer Auflage von 2 000 Exemplaren heraus, der bald weitere folgten. Zu dieser Zeit hatte die Erfolgsgeschichte von *Buddenbrooks* bereits begonnen.

Der Nachfolgeband musste ein gewisses Risiko darstellen. Mann konnte jedoch mit *Tristan* und vor allem mit *Tonio Kröger* seine Position im literarischen Feld ausbauen. Die Hauptfigur wurde als Sprachrohr und Selbstporträt des Autors aufgenommen, schien sie doch einen Kommentar der im Roman dokumentierten Künstlerschaft zu liefern. Wenn Rezensenten die ethisch skrupulöse Passion für die schwierigen Antipoden Kunst und Leben herausstrichen, konterkarierte dies perfekt jene Vorbehalte, die in dem *Buddenbrooks*-Autor einen kühl kalkulierenden Erfolgsschriftsteller witterten.

Wie wichtig Mann solche Wahrnehmung war, dokumentiert ein Protestbrief an Kurt Martens (↗M 6), in dem er die autobiografische Lesart unterstützt. Für wie *glaubwürdig* und vor allem konsistent man sein »Geständnis einer Liebe zum Leben« (↗M 6, Zle. 12) auch immer halten mag – unverkennbar ist, dass 1906, als der Erfolg der Novelle feststeht, sich das Publikum auch durch den Schöpfer des Tonio Kröger »geliebt« wissen soll. Dass Mann in dem privaten Brief auch seinen Eheschluss und die ebenso frischen Vaterschaften ins Spiel bringt, zeigt, in welcher Weise das Bild des Dichters in der Öffentlichkeit ›stimmig‹ sein sollte. – Die im Brief als fast beunruhigend gekennzeichnete Liebe des Publikums wird durch den Markterfolg der Novelle und den Zuspruch bei den immer häufigeren Lese- und Vortragsreisen bestätigt. 1913 kam die erste deutsche Einzelausgabe von *Tonio Kröger* heraus. Davor liegen Übersetzungen ins Dänische (1905), Russische (1910) und Ungarische (1912/13). Noch zu Manns Lebzeiten erreichten die deutschen Einzelausgaben eine Auflage von weit über 100 000 Exemplaren. Die erste Schulausgabe erschien 1952.

Der Text und das versteckte Begehren

»[…] die intellektuelle und radikale Jugend, die den Radikalismus damals freilich noch nicht politisch meinte, ergriff den ›Tonio Kröger‹ als ihr gemäß, – dies Spiel war ihr wichtiger, als die Geige … Wo ist er jetzt, der Göttinger Student von damals, mit dem mager-nervösen Gesicht, der mir, als wir alle nach einer Vorlesung in Mützes Weinstube tranken, mit seiner hellen bewegten Stimme sagte: ›Sie wissen es hoffentlich, nicht wahr. Sie wissen es, – nicht die Buddenbrooks sind Ihr Eigentliches, Ihr Eigentliches ist der Tonio Kröger!‹? Ich sagte, ich wüßte es.« (Betra, 82 f.)

Wohl nicht ohne Grund weist Mann auch im US-amerikanischen Exil noch darauf hin, dass *Tonio Kröger* besonders das junge Lesepublikum angesprochen habe (Üms, 67). Dass er anmerkt, ihm sei die Novelle besonders ans Herz gewachsen, ist wohl mehr als eine freundliche Geste an die nachwachsende Leserschar. Was interessiert junge Menschen ausgerechnet an dieser Novelle? Nimmt man die Botschaft, die Interpreten wie Autor ihr zuweisen: ›Bürgerkünstler‹, ›Ethik der Mitte‹ und ›Humanismus‹, muss man sich wundern. Solche Parolen sind kaum einer Affinität für Jugendlichkeit verdächtig. Wenn Mann seinem jungen Publikum aus der Zeit vor 1914 unpolitische Radikalität attestiert und hier das Motiv ansetzt, das die Jugend zu *Tonio Kröger* führte, muss er anderes im Sinn haben als die moderate Formel von der Mitte.

Was aber schätzen junge Leserinnen und Leser an der Novelle? Da ist zunächst die Fabel des unglücklich verliebten Schulknaben und Tanzschülers, deren Gestaltung eine Leserschaft anspricht, der die untröstliche Einsamkeit enttäuschten Liebens nicht fremd ist. Ebenso dürfte die Entwicklung, die der junge Held danach nimmt, eine adoleszenten Lebensgefühlen anschauliche Perspektive abstecken.

Unter didaktischen Gesichtspunkten sollte dieses Moment auf keinen Fall zugunsten anderer Aspekte des Textes unterbelichtet bleiben. Geht es im Weiteren um den kunst- und lebenstheoretischen Exkurs im Ateliergespräch, um die Reise nach Norden, die dem Helden die Augen zu öffnen scheint, und um die unvermeidliche Leitmotivik, die alles zusammenhält, so handelt es sich zwar um wichtige Fragen, doch sollten diese nicht zu sehr isoliert werden.

Erstes Kapitel: Knabenliebe?

Die Erzählung setzt bereits merkwürdig ein. Einerseits sind Orte und Schemata vertraut: eine eng bebaute Stadt, eine Schule, ein Schulhof, das Schulende, die Schülerscharen auf ihrem Weg in die Freiheit. Was aber irritiert, ist das Phänomen, dass gleich zu Beginn von zwei Sachen gesprochen wird, die nicht das sind, was sie realistisch sein sollen: Die Wintersonne ist nur ein Schein, und was vom Himmel fällt, ist ähnlich diffus, nämlich ein weicher Hagel.

In dieser Melange aus Vertrautem und Merkwürdigem entwickelt der Erzähler die szenische Exposition seines Helden, dem er sofort die Tränen in die Augen schickt. Verantwortlich dafür ist die fahrlässige Zurückweisung, die Hans Hansen dem angeblich lange schon wartenden Tonio Kröger zufügt. Dass sich die Augen Tonios trüben, als er glauben muss, der andere habe den vereinbarten Spaziergang vergessen, lässt bereits auf weit tiefere Gefühle als die einer Jungenfreundschaft schließen. Es geht um eine Liebesgeschichte, was indirekt auch der Erzähler vermittelt, wenn er die Faszination der physischen Präsenz des Freundes auf Tonio zu teilen scheint und den Jungen als »außerordentlich hübsch und wohlgestaltet« (8) bezeichnet und zudem auf die perfekte Proportionierung des Körpers verweist. Zur Vitalität des Geliebten stehen die weichen Formen Tonios, seine umschatteten Augen und seine unsportliche Kleidung in überdeutlichem Kontrast. Während Hans' schlanke Beine taktfest und elastisch daherschreiten, bewegt sich der Liebende selbst nachlässig. Zum vertrauten Schema junger Liebe gehört auch der rasche Stimmungsumschwung: Hans, der »sehr wohl (begriff), um was es sich handelt« (9), wird seiner aktiven Rolle gerecht und schiebt seinen Arm unter den Tonios. Nach einer gutmütigen Erklärung des Geliebten gerät Tonio sogleich »in eine hüpfende und jubelnde Bewegung« und seine Stimme wird »bewegt« (9). Doch die Zeichen der Euphorie trügen: Tonio weiß, was er von der Gutmütigkeit des anderen zu halten hat, und erkennt, dass das kameradschaftliche Versöhnungsangebot mitnichten Indiz für erwiderte Liebe ist.

Im Ausklang dieser introspektiv vermittelten Erkenntnis kann der Erzähler nun von Tonios Liebe zu Hans Hansen sprechen. Die betulich eingeleitete Rede – »Die Sache war die« (9) – führt zu einem in ihrem Klartext schon beachtlichen Befund einer frühen homoerotischen Passion. Das Skandalon wird aber sofort ins Allgemeine gewendet und damit entschärft: »Wer am meisten liebt, ist der Unterlegene und muß leiden« (9). Damit nicht genug: Der bittere Lehrsatz wird Tonios »Seele« verschrieben und diese durch eine gewisse Leidenswonne und eine verzückte Sensitivität charakterisiert. Die Markierung findet ihren Kontrast im geschäftigen Pragmatismus der Umwelt und in den »gotischen Klassengewölben« (9). Was dem Utilitarismus und der staatlichen Bildung abgewandt ist, gehört, wie der Erzähler mit Verweis auf Geige, Meer und Walnussbaum mitteilt, in die Region von Musik und Romantik und also zur Kunst.

▶ Homoerotik und Verseschreiben
Das homoerotische Liebesleid Tonios bekommt über diesen Bezug seine zweite, scheinbar weniger skandalöse Seite: Tonio schreibt Verse. Genau das aber erfüllt in der Optik des Erzählers und Tonios den Tatbestand des eigent-

lich Sündhaften. Nicht die Passion für den schmalhüftigen Hans wird mit der Vokabel »ausschweifend« (10) bedacht, sondern das Verseschmieden. Was im Konflikt zwischen dem erotischen Begehren und dem verinnerlichten Stigma über das Begehren als Resümee ausgedrückt werden könnte, sagt der Erzähler im Hinblick auf das Dichten: »Allein, das vermochte ihn nicht, davon abzulassen« (10). Der so auf den Konflikt zwischen träumerischer Lyrik und Lebenstüchtigkeit verschobene Kontrast wird nun in einem weiteren – personal perspektivierten – Erzählereinschub in Vater- und Mutterprinzip aufgegliedert, das getreu der Namenszusammensetzung ›Tonio Kröger‹ zugleich den Gegensatz von Süden und Norden denotiert.

Das Thema Stigma ist damit aber nicht gänzlich ausgeräumt: »Nicht selten dachte er auch: Warum bin ich doch so sonderlich […] und fremd unter den anderen Jungen?« (11) Das Gefühl des Andersseins, ausgetragen in der Beobachtung der kulturellen Differenzen zu den Gleichaltrigen, mündet in die Sorge um sich selbst: »Was aber ist mit mir, und wie wird das alles ablaufen?« (11) Über diesen inneren Monolog findet der Erzähler zurück zu einem auktorialen Kommentar über den Hintergrund der Liebe zu Hans.

▶ Was liebt Tonio an Hans?

Als erstes Motiv wird unverhohlen dessen Schönheit genannt. Das körperliche Primat der Passion wird aber zugleich als uninteressant oder kontingent gekennzeichnet, denn über das physische Begehren fällt erst einmal kein weiteres Wort. Stattdessen ist der Erzähler mit psychologischen Erläuterungen bemüht, Hans Hansen als Symbol für das gesunde und tüchtige Leben herauszustellen. Wie trügerisch indes ein Verständnis wäre, dass an das rein Symbolische der Liebe zu Hans glaubte, erfährt man mittelbar durch den störenden Auftritt Erwin Jimmerthals. Ebenfalls zu den Lebenstüchtigen gehörend, richtet sich auf ihn jedoch keinerlei Begehren, denn er hat krumme Beine und Schlitzaugen (14) – was Hans, der Tonios Namen »nicht leiden« mag, keineswegs von dem Bekenntnis abhält: »Jimmerthal mag ich leiden!« (16)

Die Differenz zwischen den Lebenswelten ist, wie es sich für eine Dichternovelle gehört, durch ein Auseinanderklaffen der literarischen Vorlieben bestimmt: Während Tonio im Stile des Verliebten die Intimität seines *Don-Carlos*-Erlebnisses (13 ff.) mit Hans Hansen als eine gemeinsame und distinkte Sphäre (17) teilen will, möchte der Begehrte lieber bei den »famose[n] Abbildungen« seiner Pferdebücher bleiben (13). Aufschlussreich ist, wie Tonio dem anderen die Lektüre schmackhaft machen will. Wenn er schwärmerisch die Nachricht über die Tränen des einsamen Königs Philipp hervorhebt, projiziert er zum einen sich sowie Hans in Schillers Drama, zum anderen trägt der strenge König auch Züge des Vaters Kröger. Kennzeichnender als diese

Verwicklung einer juvenilen und identifikatorischen Lektüre ist vielleicht die Art, wie Tonio sein Leseerlebnis von den Pferdebildern abhebt: »Was aber Don Carlos angeht, so geht das über alle Begriffe« (13).

Worum es Tonio also geht, lässt sich verbal nicht vermitteln; es geht um eine Schönheit, die es selbst zu erleben gilt, »daß es gleichsam knallt« (13). Nun ist Schiller nicht gerade eine Figur, um die das wilhelminische Gymnasium einen Bogen macht. Dennoch glaubt Tonio, die von Hans in Aussicht gestellte Lektüre des *Don Carlos* führe zu einem Gesprächsstoff, über den »weder Jimmerthal noch irgendein Anderer mitreden konnte« (17).

Zweites Kapitel: Damenliebe?

Mit der motivischen Wendung »Damals lebte sein Herz« (17) verabschiedet sich der Erzähler vom vierzehnjährigen Tonio und eröffnet im Folgekapitel die zweite unglückliche Liebesgeschichte. Diese heteroerotische Enttäuschung soll von anderem Kaliber sein, denn er kommentiert, der sechzehnjährige Tonio sei jetzt kein »kleiner, dummer Junge« mehr und das »Entzücken« ergreife »sein Herz« (das also immer noch lebt) nun »weit stärker« (17).

▶ Ingeborg und Hans: Liebesobjekte im Vergleich
Das Objekt des ›Entzückens‹ ist die lustige, blonde, süße Inge. Was Tonio an Ingeborg Holm fesselt, scheint weniger eine physische Präsenz zu sein. Obgleich die szenische Präsentation der tanzenden Inge dazu reichlich Gelegenheit gegeben hätte, schildert der Erzähler Tonios Passion äußerst diskret. Man erfährt von der »gar nicht besonders schmale[n], gar nicht besonders feine[n] Klein-Mädchen-Hand« (17), dem anziehenden Klang ihrer Stimme, dem dicken blonden Zopf, den Sommersprossen (18), den länglich geschnittenen lachenden blauen Augen (18, 20, 22) und ihrem Duft (21). Verglichen mit der präsentierten Physis des männlichen Geliebten ist das nicht viel und das Wenige ist überdies nicht sonderlich eindringlich geschildert.

Sehr viel intensiver ist die Szenerie gezeichnet, in der die neue Liebesgeschichte ihren Platz hat: Statt um männliche Reitstunden, denen Tonio trotz Hansens Engagement ferngeblieben war, geht es nun um private Tanzstunden für die jungen Bürger beiderlei Geschlechts und hier ist Tonio dabei. Erneut wird fast ausschließlich eine Szene geschildert, doch angereichert durch Erzählerkommentare und introspektive Betrachtungen.

Im Zentrum steht das Missgeschick Tonios, das Kommando »*Moulinet des dames*« nicht verstanden und »unter die Damen geraten« (21) zu sein, wie der Tanzlehrer Knaak höhnisch moniert. Diese Geschlechterverwechslung steigert das Empfinden, von Inge und den anderen ausgeschlossen zu sein. Als die »blauen Augen, die voll Glück und Spott waren« (20), ihn »gleich allen anderen« verlachen (22), stiehlt sich der Gedemütigte auf den Korridor hinaus und in seine Gedankenwelt hinein.

Hatte er bei Hans noch den Versuch unternommen, ihn wenigstens über *Don Carlos* in eine poetische Sphäre mitzunehmen, ist ihm Inges Resistenz dagegen gewiss. Dafür aber gibt es mit der dunkeläugigen Magdalena Vermehren eine Figur, die nicht nur seine Schwärmereien teilt, sondern ihn offensichtlich auch anhimmelt. Mit Tonio gemeinsam ist ihr, die oft hinfällt, das geringe Geschick für den Tanz. Obschon Tonio weiß, dass Magdalena die einzige ist, bei der sein poetisches Kapital zählt, liebt er sie nicht.

▶ Magdalena: eine verzichtbare Figur?
Was soll diese in den meisten Kommentaren vernachlässigte Figur markieren? Ihr Auftreten modifiziert zunächst die Einzelgängermotive des ersten Kapitels. Der Sechzehnjährige ist zwar noch immer bitter einsam, aber sein Sonderling-Status hat nun allgemeineren Charakter. Gewiss unterscheidet sich Magdalena von Tonio dadurch, dass sie einen Gleichgesinnten liebt, während dessen Passionen den blonden blauäugigen Naiven gelten. Doch ist mit ihr eine zweite Seite menschlicher Existenz angedeutet, die der Künstler und Dilettanten.

Stärker als im ersten Kapitel ist die Perspektive auf Kunst-Sphären gerichtet. Der dem jüngeren Tonio schon eigentümliche Gedanke, ästhetischen Gewinn aus Leiden zu schlagen, wird hier in einer eigenartigen und zugleich aufschlussreichen Weise fortgeschrieben. Als sein Glück bezeichnet Tonio die Schmerzen seiner aussichtslosen Liebe (23). Wie kommt er dazu? Zum einen hat er den Liebling der blauäugigen Damen vor Augen, den fetthüftigen Tanzlehrer Knaak. Dessen affige Eitelkeit (20, 23) ruft Ekelgefühle hervor. Die im Schmerz geborenen Glücksgefühle hingegen werden als »wunderbare spielende und schwermütige Kräfte« (23) registriert, als Kräfte, in denen das ›Herz lebt‹. Die Lebendigkeit des Herzens, von der der Erzähler spricht, spielt allerdings mit eigentümlichen Prämissen. Mit Magdalena findet Tonio, heiter und ernst, zwar eine gemeinsame Sprache, was jedoch für das Herz zählt, ist nicht nur nach äußeren Möglichkeiten unerreichbar, sondern soll auch gar nicht wirklich erreicht werden, wäre doch sonst die Schwermut gefährdet und die mit »Ekel gemischte Genugtuung« hergestellt. Was an praktischen Akten nur möglich erscheint und als Gedanke »bis auf den Grund« (24) empfunden wird, ist nichts anderes als Ironie – im Sinne des Autors: »trügerische Annäherungen an den geliebten Gegenstand« (23). Man sollte diese Perspektive auf das Trügerische nicht vergessen, wenn später in hohem Pathos über Kunst und Liebe zum schlichten Leben gehandelt wird.

Drittes Kapitel: Andeutungen und Spekulation

Mit dem vordergründig eigenwilligen Gedanken an die Unmöglichkeiten des eigenen Begehrens findet das dritte Kapitel den Übergang mit einem Satz, den Mann früh für *Tonio Kröger* notiert und dessen autobiografische Relevanz er gelegentlich betont hat. Gerade die auktoriale Wendung, wonach »es für Etliche einen richtigen Weg überhaupt nicht gibt« (24), gepaart mit dem personal geschilderten Unbehagen, sich auf einen Lebensweg festzulegen, verleiht adoleszenten Erfahrungen Resonanz. Das Schillernde in dieser Rede löst sich allerdings auf, wenn man hinter der Unmöglichkeit eine Perspektive auf homoerotische Erfüllung sieht. In dieser Lesart wäre Inge weit symbolischer als Hans zu nehmen, sie stünde dann lediglich für ein Begehren, dessen praktische Erfüllung in einem ordentlichen Leben ausgeschlossen bleibt. Gewiss hätte es für solche Symbolik auch eindeutigere Varianten gegeben, doch an Eindeutigkeit dürfte dem Autor kaum gelegen gewesen sein.

Die narrative Strategie des Verhüllens oder Andeutens macht jedenfalls das kurze, raffende dritte Kapitel interessant. Die das zweite Kapitel beschließende Lektion Tonios über die Unkonservierbarkeit der sehnsüchtigen Liebe im Sinn, erfährt man nun von Tonios Aufbruch. Dass die Kröger-Familie analog zu *Buddenbrooks* mit dem Tod des Vaters zusammenbricht, ist rasch erzählt und Tonio, entsprechend zu Hanno, als unmöglicher Erbe präsentiert. Gleich zweimal fällt die Bemerkung, dass er nicht einmal habe beantworten können, »was in aller Welt er zu werden gedachte« (24, 25). In Korrespondenz zum Beginn des zweiten Kapitels, das ironisch – und täuschend – von überwundener Dummheit berichtet, nennt der Erzähler seinen Helden nun »groß und klug« (25). Auch diese Attribute ironisieren die Reifung des jungen Dichters, indem sie Tonio in dem Irrglauben zeigen, dass er wisse, »was für eine Bewandtnis es mit ihm hatte« (25). Das Bewusstsein dieser Bewandtnis entfernt Tonio von der Sehnsucht nach einem normalen Leben und lässt ihn ganz in die »Macht des Geistes« (25) tauchen.

Wo immer bei Mann von dieser Macht die Rede ist, spielt Ironie auf: Die frappanten Einblicke des jungen Mannes in »das Innere der Welt und alles Letzte, was hinter den Worten und Taten ist« (26), sind wohl kaum als ernsthafte Mitteilung über die Entwicklung universaler Weisheit zu nehmen. Und in der Tat paart auch der Erzähler das Pathos über die Qual der Erkenntnis mit der Feststellung von deren Hochmut. Dass die Vergeistigung Tonio in die Nähe des Trübsinns führt, wird in wenigen Worten festgehalten. Und recht wenige Worte nur werden der antipodischen Seite des Geistes, der Sinnlichkeit, gewidmet.

► Was verschweigt der Erzähler?

Nimmt man die bisherige Entwicklung Tonios, muss überraschen, dass es nun, freilich im verruchten Süden und in der Identität des Fremden, zu wollüstigen »Abenteuern des Fleisches« (26) kommt. Um was für Abenteuer es sich handelt, sagt uns der Erzähler nicht, doch zugleich kurbelt er an allen möglichen Spekulationen, indem er Begriffe wie »heiße Schuld« oder »verzehrende Sinnenglut« ins Feld führt (26). Und auch der Ausgang der Abenteuer lässt die exzentrischen Verausgabungen in schillernden Farben vorstellen. So weit nämlich geht es, dass Tonios »Gesundheit geschwächt ward« (26). Auch wenn, getreu dem Modell der Décadence (↗Kap. III: »Buddenbrooks«, S. 25−34), die erschöpfte Physis Tonio zu ästhetischer Verfeinerung, höchster Sensitivität »in Fragen des Taktes und Geschmacks« und, von Ehrgeiz und Fleiß getrieben, zu Vortrefflichem in der Kunst führt, bleibt der Erzähler bei der geheimnisvollen Rede vom »Druck eines schlimmen Lebens« (27). Diese Vision steigert er im folgenden Kommentarsatz noch, der darüber instruiert, »daß man gestorben sein muß, um ganz ein Schaffender zu sein« (27). Der klirrende Verweis kann zweifellos in einer harmlosen Lesart aufgehoben werden: Tonio wird als ernsthafter Künstler gegenüber den Bohemiens ausgezeichnet. Dass der Text um diese Differenz bemüht ist, steht außer Frage. Gleichwohl bleibt das Rätsel, welchen Tod Tonio gestorben sein soll, um dergestalt als Solitär zu schaffen.

Was wir dem Text außer an Spekulativem hierzu entnehmen können, bleibt letztlich abstrakt: Dass Tonio sich »als lebendigen Menschen für nichts achtet« (27) und in der sozialen Sphäre die Identität eines ›abgeschminkten Schauspielers‹ hat, konnotiert zwar die einsichtige Erfahrung eines unerfüllten Lebens. Doch anders als in der szenischen Darstellung der ersten beiden Kapitel wird bewusst verhüllt, worin die verwehrte Erfüllung besteht. Die »Abenteuer des Fleisches« werden durch Schuldgefühle vergällt. Worauf aber richtet sich diese peinigende Erinnerung an den Vater und an Sitte und Anstand? Und wieso werden die Lüste immer wieder gesucht, wenn sie doch mit der »Lust der Seele« (26), der entsagenden Sehnsucht, nicht mithalten können?

Kann man diese Leerstellen anders deuten als mit dem Verdacht, der Autor habe hier mit der Vision experimentiert, die stigmatisierte Homosexualität auszuagieren und an Leben und Gewissen scheitern zu lassen? Gerade eine Lektüre, die *Tonio Kröger* nicht als reine Ideennovelle lesen, sondern den Helden und seine Krisen im Prozess einer individuellen Reifung wahrnehmen will, kann solchen Fragen schwerlich ausweichen.

Viertes Kapitel: Schwierigkeiten im Atelier

Dieses Kapitel hat nicht nur dem Autor gravierende Probleme bereitet (↗S. 65), auch den Leser stellt es vor Schwierigkeiten. In Tonios langen Reden und Lisawetas eher bescheidenen Gegenreden sind heterogene Diskursmomente spannungsreich eingeschraubt, etwa Nietzsche, Schopenhauer, aber auch Oscar Wilde. Gerade unter didaktischen Gesichtspunkten ist diese Konstellation eine besondere Herausforderung, haben Lehrende doch abzuwägen, wie intensiv den fremden Textspuren nachgegangen werden muss, um den Ansprüchen einer probaten oder gar idealen Lektüre zu genügen.

Dabei muss klar sein: Mit der bloßen Verfolgung und Identifikation der korrespondierenden Fremdtexte ist es nicht getan. Begnügt man sich nicht mit der formelhaften Feststellung, dass das berühmte Dreigestirn Wagner – Schopenhauer – Nietzsche via Autor auch diesen Text beeinflusst, hat man nach den von den vernetzten Diskursbezügen ausgehenden Effekten zu fragen.

Die Befürchtung des Autors, die exkursartigen Bezüge könnten den Fortgang der Erzählung behindern, stellt sich auch bei einer didaktisch orientierten Lektüre ein. Will man dem nachgehen, was der Text als Köder auswirft, hat man unversehens von Tonios Schicksal Abschied genommen, um erst einmal den delikaten Widerstreit um das Problem der Schuld bei Schopenhauer und Nietzsche zu sichten, in den noch Wildes *Dorian Gray* und Shakespeares *Hamlet* hineingeschmuggelt sind. Ebendies wird in der Schule meist nicht möglich sein. Da die verdeckt eingeschriebenen Stimmen trotz aller eklektischen Neigungen aber nicht nur Zierrat sind, muss eine rasch fortschreitende Lektüre mit dem Bewusstsein ihrer Lücken leben. Abzuraten ist jedenfalls davon, allzu viel von dem, was die Schülerinnen und Schüler nicht in Eigenlektüre fassen können, per Dekret oder Verlautbarung zur Kenntnis zu bringen und es zudem nicht auf die Logik der Erzählung zu beziehen.

▶ Lisaweta: eine Gezeichnete
Zu dieser Logik gehört zunächst die Exposition Lisawetas. Nach Magdalena ist die Malerin die zweite Figur, die mit Tonio eine gemeinsame Sprache spricht. Wie Magdalena hat sie dunkle Augen und wie Tonio mit seiner »durcharbeiteten Stirn« (29) ist auch sie vom Ernst ihres Lebens gezeichnet. Das Haar der knapp über Dreißigjährigen (28) ist an den Schläfen schon leicht ergraut (29). Was über Tonios literarisches Schaffen und Quälen im dritten Kapitel eher allgemein gesagt werden musste, kann bei der Malerin szenisch und anschaulich werden: »Gespannt, mißtrauisch und gleichsam gereizt musterte sie schiefen und gekniffenen Blicks ihre Arbeit …« (29)

Ebenso ernsthaft wie der gediegen auftretende Dichter folgt auch sie den Konventionen des gesitteten Gesprächs und steht so spürbar dem aggressiven Stil fern, mit dem Tonio den Novellisten Adalbert charakterisiert.

▶ Gefahren und Attraktionen des ›Frühlingsaroms‹
Die Anekdote vom Kaffeehausliteraten Adalbert bietet dem ersten Monolog eine Fabel, in deren Zentrum das Stichwort vom störenden »Frühlingsarom« steht. Schon im dritten Kapitel war vom Frühling die Rede, vom immerwährenden Frühling der Artisten und seiner süßen Luft, »in der es treibt und braut und keimt in heimlicher Zeugungswonne« (26). Zu diesem artistischen Frühling – Tonio spricht vom Frühling seines Künstlertums (32) – tritt nun der reale Frühling gewissermaßen in Konkurrenz. Als grässlich charakterisiert ihn Adalbert, und Tonio, mit Problem und Gegensatz ringend (30), stimmt ihm probeweise zu, denn der natürliche Frühling versetze den Künstler in unkontrollierbare Stimmungen: »Man arbeitet schlecht im Frühling [...]. Weil man empfindet.« (31) Empfindungen aber, so Tonio, seien nicht Sache der Kunst, weil naiv, etwas, das jedermann im Frühling als Impuls verspüre. Gegen solchen später als Dilettantismus ausgewiesenen Demokratismus beharrt Tonio zunächst darauf, dass Kunst einer besonderen Produktionsstätte bedürfe; sie wachse nicht aus der gesunden Natur des ›Frühlingsaroms‹, sondern im kranken Nervensystem des erkalteten Künstlers.

Diese Position, die sich wie die plakative Programmschrift eines dekadenten Ästhetizismus liest, hebt Tonio allerdings bereits im nächsten Denkschritt auf, zu dem Lisaweta das passende Stichwort liefert. Die Richtung, die sein Exkurs jetzt nimmt, ist bei aller Larmoyanz schwerer zu fassen. Narrative Anknüpfungspunkte für die nun veranstaltete Selbstbespiegelung Tonios finden sich im zweiten Kapitel, in der Reflexion über den Tanzlehrer und der Skepsis gegenüber dem Status des Geliebten. Das Wort vom Affen münzt Tonio nun in der Rolle des verehrten Dichters auf sich selbst (32). Wie Jahre zuvor im Tanzlehrer (»Was für ein unbegreiflicher Affe«, 20) sieht er in sich und im Künstler schlechthin einen Menschen, der auf Wirkungen aus ist und dessen krankhaft vergrößertes Ichgefühl sich aus der naiven Bewunderung eines einfältigen Publikums speist. Diese als Selbstekel zu fassende Sicht hat aber auch eine außertextuelle Referenz, nämlich die von Mann so intensiv verfolgte Wagner-Kritik Nietzsches.

▶ Das ordinäre Leben: begehrt und doch gemieden?
In Tonios Perspektive erscheint die Verführung der »doppelten Optik« (↗Kap. III: »Buddenbrooks«, S. 49 f.) nun als schuldhaftes Verhalten – eine Kategorie, die kaum mit Nietzsche, wohl aber über Umwege mit Schopen-

hauer zu fassen ist. Schuldig wird der vor dem Publikum als Menschenkenner und Ästhet brillierende Künstler durch seinen Mangel an Naivität, der den Einklang zwischen ihm und dem Publikum zum Betrug werden lässt.

Bis hier ist die Diskussion, sofern man sich auf Manns etwas egomane Nietzsche-Rezeption einlassen will, recht einfach abzustecken. Schwieriger wird es, wenn in die Erörterung noch ein anderer Aspekt Einzug hält: die Selbststilisierung des Künstlers als Verbrecher – von Tonio später mit der Parabel des Bankiers weiter ausgeführt (34 f.). Sie geht zwar zurück auf ein Bonmot Nietzsches, der den Décadence-Künstler als Verbrecher kennzeichnet, dem der Mut zum wirklichen Verbrechen mangelt (↗S. 32). Doch Tonio geht es noch um anderes, wenn er fragt: »Ist der Künstler überhaupt ein Mann?« (32) Bestimmt man mit Schopenhauers physischer Lokalisierung des Willens – »Genitalien« als der »eigentliche *Brennpunkt* des Willens« (Schopenhauer, Bd. 1, § 60, 429; vgl. John H. Smith, 114–133) – die Geschlechtslosigkeit des Künstlers als Abwesenheit des Willens, so irritiert, dass Tonio den Willen nicht wirklich losgeworden zu sein scheint. Nicht nur, dass die Gefallsucht hinter der künstlerischen Askese à la Nietzsche vom Willen zur Macht zeugt – um die Askese selbst scheint es auch schlecht bestellt zu sein.

Waren wir zuvor durch Figurenrede und Erzählerkommentar in geballter Redundanz von der Erkaltung des krögerschen Herzens überzeugt, so führt Tonio nun den Gedanken an, dass das »Herz lebendig« und »liebevoll« geblieben sein könnte (33). Ist also das Begehren nicht erloschen? Funktioniert der Teufelspakt mit der Kunst doch nicht?

In der Tat spricht Tonio bereits wieder in der Larmoyanz der ersten beiden Kapitel. Wenn die Klage über das Abgetrenntsein von der übrigen Welt Sinn haben soll, dann muss vorausgesetzt werden, dass Abtrennung und symbolische Kastration als Leiden empfunden werden. Dies wiederum dementiert sämtliche Hinweise auf den Tod des Menschen und Mannes Tonio. Tatsächlich findet Tonio gegen Ende des Gesprächs auch zu dem »Geständnis«, das ordinäre Leben zu lieben (38).

Was also ist eigentlich das Problem?, dürfte ein ungeduldigerer Zuhörer als Lisaweta fragen. Warum folgt Tonio nicht einfach seinem Wunsch nach Leben? Die Antwort ist nur vordergründig einfach und letztlich eine Wiederaufnahme des bereits aus den Jugendjahren Bekannten: Er kann es nicht. Der Künstler sei gezeichnet, behauptet Tonio. Wie auch immer er sich verkleide, jedermann werde wissen, dass er kein Mensch sei, »sondern irgend etwas Fremdes, Befremdendes, Anderes …« (33) Solche als Lamento vorgetragene Vision handelt von nichts anderem als von der Erfahrung des Stigmas. Der Versuch, die Stigma-Erfahrung in eine Typologie der Künstlerschaft zu integrieren, mündet in Widersprüche. Die Erklärung, die Menschen durchschauten jede Camouflage des Künstlers, harmoniert nämlich keineswegs mit dem Diskurs über den schuldhaften und betrügerischen Erfolg beim naiven Publikum. Diese Inkonsistenz geht indes unter in den variantenreichen, aber vagen Beschwörungen des schlimmen Charakters der Künstler.

▶ Was heißt ›Erkenntnisekel‹?

Mehr als einmal bemüht Tonio die Vorstellung, was passieren würde, wüssten die einfachen Leute um die Abgründe, mit denen die artistischen Produktionen erkauft sind. Wer so spricht, muss an andere Sünden denken als an die, die Nietzsche Wagner vorhält. Welcherart die Vergehen sind, verschweigt Tonio ebenso wie der Erzähler über die Einzelheiten der »Abenteuer des Fleisches« schweigt. Einmal unternimmt Lisaweta den Versuch, Tonios Monolog mit einem längeren Gedanken infrage zu stellen (34). Was sie artikuliert, liest sich wie eine Übersetzung der Kunstethik Schopenhauers. Entsprechend schockiert ist sie dann auch, als Tonio ihr bedeutet, kein Nihilist zu sein (37). Was Tonio neben der Skepsis gegenüber dem *Mitleidssatz*, dass alles verstehen alles verzeihen hieße (↗Kap. V: »Der Tod in Venedig«, S. 111), in der Sache vorträgt, geht auf Nietzsche zurück und bringt das viel interpretierte Wort »Erkenntnisekel« (36) auf den Weg. Aus diesen schillernden Referenzen für den Diskurs der Erzählung zu retten ist sicherlich der Hamlet abgeschaute Unwille, »in *einer Welt, die aus den Fugen ist*« (NieW 1, 48), zu handeln. Doch wieder bleibt die Frage offen, worin für Tonio jene untergründigen Verbrechen bestehen, deren Erkennen jeden Gedanken an Intervention oder Kampf ermüden. Womit der Redner seine Zuhörerin in der Sache bescheidet, das sind in der Tat nihilistische Gemeinplätze wie etwa die Rede von der »abscheuliche[n] Erfindung des Seins« (36). Dies gilt allerdings auch für die ins Spiel genommenen Passagen aus Nietzsches *Die Geburt der Tragödie*. Und wie Nietzsche leitet auch Tonio über zu einer Erwartung, die bei jenem lautete:

»Hier, in dieser höchsten Gefahr des Willens, naht sich, als rettende, heilkundige Zauberin, die Kunst: sie allein vermag jene Ekelgedanken über das Entsetzliche und Absurde des Daseins in Vorstellungen umzubiegen, mit denen sich leben läßt«. (NieW 1, 48 f.)

Für Tonio jedoch nimmt dieser Service der Kunst den Charakter eines faulen Zaubers an:

»Sie gehen zum Literaten, und Alles wird in kürzester Frist geregelt sein. Er wird Ihnen Ihre Angelegenheit analysieren und formulieren, beim Namen nennen, aussprechen und zum Reden bringen, wird Ihnen das Ganze für alle Zeit erledigen und gleichgültig machen und keinen Dank dafür nehmen. Sie aber werden erleichtert, gekühlt und geklärt nach Hause gehen und sich wundern, was an der Sache Sie eigentlich soeben noch mit so süßem Tumult verstören konnte.« (37)

Dass Tonio bzw. sein Autor mit dieser Wendung die Akzente anders als das ›Original‹ setzt, kann hier allenfalls registriert werden, ebenso, dass über

diese Kritik am eitlen Werk der Literatur eine Verbindung zur späteren Wagner-Kritik Nietzsches gesucht wird. Mit ebenfalls modifizierter Akzentset-
zung wird zudem noch eine weitere Sentenz aus *Die Geburt der Tragödie* in
den Dienst genommen: »Wer dies nicht erlebt hat, zugleich schauen zu müssen und zugleich über das Schauen hinaus sich zu sehnen«. (NieW 1, 129)

Zielt Nietzsche mit dieser Kennzeichnung auf eine Beschreibung wahr-
haft ästhetischen Zuschauens, so wird bei Mann/Kröger daraus das Leiden
des Menschen, der zuschauen muss, ohne der Sehnsucht nachgeben zu dürfen, die Rolle des Zuschauers zu überwinden. Die dem Leben zugewandte
Sehnsucht setzt sich zudem vom Vitalismus des späten Nietzsche und seiner
Rezeptionsgemeinde ab. Was als das begehrte Leben in Anschlag gebracht
wird, ist ausdrücklich nicht die als dionysisch begriffene »Vision von blutiger
Größe und wilder Schönheit«, sondern das sind das »Wohlanständige« und
die »Wonnen der Gewöhnlichkeit«. (38)

▶ Künstler und Publikum: ein binäres Modell?

Das in den ersten Kapiteln als biografisches Begehren nach Integration Entfaltete ist im Ateliergespräch Material ästhetischer Reflexion. Hier weiß Tonio um die Ironie, dass sich das gewöhnliche und banale Leben stets fortsetzt,
obgleich Kunst oder Geist es doch ›erledigt‹ haben (38).

Über die Wirkungslosigkeit der Kunst handelt der Literat Kröger auch,
wenn er davon spricht, dass er in seinem Publikum nur die eigene »Gemein-
de« – »Leute mit ungeschickten Körpern und feinen Seelen«, den Typus Magdalena – wiedererkenne, nicht aber jene Gesunden und Naiven, die nicht
nach dem Geist verlangen, um »sanfte Rache am Leben« zu nehmen (39).
Dass diese Betrachtung die Erfahrungen des ersten und zweiten Kapitels aufnimmt, liegt auf der Hand; weniger evident ist, dass sie der binären Konstruktion widerspricht, die der Referent in eigener Sache zuvor entwickelte,
als er über den Betrug am naiven Bewunderer philosophierte.

Ergab sich hier ein Gegensatz zwischen dem gutwilligen Kunden der
Kunst und dem verruchten Künstler, so wird nun die Differenz zwischen den
am Leben Krankenden und denen aufgezogen, die kraft ihrer Gewöhnlichkeit und Zufriedenheit für die Kunst nicht ansprechbar sind. Wie schon im
zweiten Kapitel durch die Figur Magdalenas wird die binäre Leitmotivik von
Künstlertum und Normalität gelockert.

Der Eindruck der Unfertigkeit, den Tonios Reflexionen hinterlassen, wird
durch die Erörterung des Dilettantenthemas noch intensiviert. Zwar erinnert die Anekdote vom dilettierenden Leutnant an die Ansicht, dass man das
Leben lassen müsse, um vom »Lorbeerbaum der Kunst« zu pflücken (40),
unklar bleibt aber, worin der poetische Antrieb des Dilettanten liegt, wenn er

doch als einer gelten soll, der mit dem gewöhnlichen Leben im Einklang steht.

Dass sich im Fortgang der kunsttheoretischen Reflexionen die Unstimmigkeiten eher mehren als mindern, wird durch einen erzählerischen Trick ausgeblendet. Mit der Identifikation Tonios als »Bürger auf Irrwegen« wird das Problem durch die geduldige Zuhörerin Lisaweta scheinbar »*erledigt*« (41). Zwar ordnet sie mit ihrem Resümee nicht die diskursiven Fäden, die Tonios lange Reden verwickelt haben, liefert aber ein Urteil, das »auf Alles passt« (41). Mit dieser Lösung ist auch das vierte Kapitel erzählerisch erledigt.

Fünftes und sechstes Kapitel: Auf Reisen und Träumen

In diesen Kapiteln realisiert der Autor dann die frühe Idee, seine Reise nach Aalsgaard, die über Lübeck und Kopenhagen führte, als Erzählstoff zu nutzen. Nicht uninteressant ist für die Entwicklung der beiden Kapitel die Motivation, die Tonio Lisaweta für sein Reiseziel angibt. Die bösen Sätze über die Italiener sind hier in einen Zusammenhang eingerückt, den man als eine Variante des Frühlingsthemas lesen kann (↗S. 75): Tonio behauptet widersinnigerweise, Italien lasse ihn gleichgültig, spricht dann aber davon, dass ihn die ganze »süße Sinnlichkeit« und »bellezza« nervös mache. Damit rückt Italien in die Nähe des zu meidenden Frühlings, allerdings eines künstlichen Frühlings oder Paradieses. Dem vorgezogen wird das Arom des Nordens, das wie das italienische in seiner Anregung auf die poetischen Kräfte taxiert wird. Interessant ist, dass mit dieser Wertschätzung nicht nur das Bild des auf sich und seine Nerven reduzierten Künstlers konterkariert, sondern dass die zuvor als von keiner poetischen Wirkung erreichbar geschilderten Blonden und Blauäugigen nun plötzlich als volkstümlich-poetische Seelen charakterisiert werden und auch »Ingeborg« überraschend neu akzentuiert wird, wenn Tonio beispielhaft auf die klangvolle Poetik des Namens verweist (42).

▶ Heimatliche Träume und die Wiederkehr der blonden Lust
Die Wirkung, die der Zwischenaufenthalt in »der engen Stadt, von der er ausgegangen war«, ausübt, ist dann auch keineswegs dezent geschildert. Eingetroffen, steigt in Tonio sogleich »ein nervöses Gelächter [...] auf, das eine heimliche Verwandtschaft mit Schluchzen hatte« (43). Und die Schläfrigkeit des Décadents durchziehen nebelhafte Gedanken (43), dunkel und schmerzlich (44). Eine Stunde lang geht der Wehmütige in seinem Hotelzimmer umher, bis er in einen langen Schlaf fällt, den verworrene und seltsam sehnsüchtige Träume prägen. Über den Charakter dieser Träume klärt erst das Ende des siebten Kapitels auf, das von der Sehnsucht nach Verlorenem erzählt:

»Und allerwegen [...] sah er Augen, die so blau, Haare, die so blond, Gesichter, die von eben der Art und Bildung waren, wie er sie in den seltsam wehen und reuigen Träumen der Nacht geschaut, die er in seiner Vaterstadt verbracht hatte.« (58)

Auf die verdeckte Erotik dieser Träume folgt ein lichter Tag, der Tonio zunächst auf den Umwegen des Hansen-Spaziergangs in sein Elternhaus führt. Der Besuch löst Imaginationen des Vergangenen aus, deren Intensität die Schilderungen des Elternhauses aus dem ersten Kapitel deutlich übertrifft. Tonios psychische Verfassung wird wiederholt mit dem Wort ›Wehmut‹ gekennzeichnet, eine sentimentalische Zuschreibung, die auch das Erinnerungsbild vom Vater bestimmt. Dessen bürgerlicher Ordnungsbegriff lebt in den Gestalten des Hoteldirektors und des Polizisten anekdotisch auf; zugleich bietet die Verhörszene eine Möglichkeit, die Atelierthese von der Verbrecheraffinität des Künstlers zu ironisieren (52). Teil der Ironie ist die Anerkennung, die der Künstler trotz alledem genießt: Tonio weist sich ausgerechnet mit den Korrekturfahnen einer Novelle als ehrwürdiges Mitglied der Gesellschaft aus.

Siebtes Kapitel: Liebeslyrik im Sturm

Der Anblick der Ostsee ruft die nächtlichen Träume aus Lübeck zurück (54). Was im Ateliergespräch über die Gefahr, sich von Stimmungen verführen zu lassen, thematisch wurde, findet nun einen anekdotischen Nachklang. Die möglicherweise von Heinrich Laube (H. L.: Eine Fahrt nach Pommern und der Insel Rügen. Bremen: Edition Temmen 1996, 152 ff.) inspirierte Figur des jungen Hamburger Kaufmanns verkörpert hier das Risiko des Dilettanten zur Blamage. Beachtenswert ist, dass die asymmetrische Verständigung zwischen dem Dilettanten und dem Künstler ausgerechnet über einen Begriff gesteuert wird, den der Erzähler selbst so massiv einsetzt: ›Wehmut‹.

Vorbereitet durch Motive, die mit Hans Christian Andersens (1805–1875) Märchen *Die kleine Meerfrau* korrespondieren (vgl. Maar, 83–125) und mit dem rumorenden Tiger und dem Bären dionysische Bilder wachrufen (⌐Kap. V: »Der Tod in Venedig«, S. 107 f.), entwickelt sich auf der Überfahrt eine buchstäblich stürmische Atmosphäre. Nicht nur das Meer tanzt seinen wilden Tanz, auch Tonio verliert die Contenance und empfängt die Spritzer des kalten Schaums wie »eine Liebkosung« (57). Vor allem aber fällt er in die Rolle des Junglyrikers zurück und improvisiert ein Liebesgedicht. Dass wir nicht erfahren, wer seiner »Jugend wilder Freund« ist, geht auf Selbstzensur zurück, bemüht wird dafür die These von der Unmöglichkeit dichtender Herzen:

»Es [das Gedicht] ward nicht fertig, nicht rund geformt und nicht in Gelassenheit zu etwas Ganzem geschmiedet. Sein Herz lebte ...« (57)

Nun ist das Verdikt über das unkontrollierte Dichten zwar durch das vierte Kapitel gründlich vorbereitet, frappant ist aber, wie es hier greift. Der Erzähler lässt den »Sang an das Meer, begeistert von Liebe« bereits nach zwei Versen fragmentarisch enden – was kaum mit dem Mangel an Gelegenheit zu Rundung und Formgebung motiviert ist. Die Selbstzensur offenbart eine zweite Seite des Verdikts über die Dilettantenkunst. Als naive ist die dilettantische Kunst offen und verrät, was auch aus anderen als ästhetischen Gründen für Kröger/Mann Geheimnis bleiben sollte. Was Tonio hingegen selbst an Literatur produziert, gibt nichts von seinen persönlichen Abgründen preis. In der Erzählung bleibt auffallend verborgen, wovon der Novellist Kröger schreibt und was er dank seines feinen Geschmacks in ›Wirkungen‹ verwandelt.

Achtes Kapitel: Déjà vu

Im dänischen Aalsgaard scheint der Urlauber zunächst das zu vergessen, was die Lübecker Wehmut ausgemacht hat. Dazu verhilft eine Stimmung, die, bei allem Kontakt zum Motiv des nordischen Meers, Anklänge an Nietzsches Bilder des Décadent aufweist. Stärker vielleicht noch mischen sich hier Impressionen ein, die der Autor in eigenwillig romantischer Lektüre Schopenhauer abgewann: das sich und die Zeit Vergessen als ein glückliches Ersterben des Willens (61). Das romantische Versinken in der Dunkelheit bleibt jedoch Zwischenspiel.

»So verging mancher Tag [...]. Dann aber kam einer, an welchem etwas geschah« (61): Die Sonne zieht auf und das Leben kehrt in Gestalt einer Tanzgesellschaft zurück. Dass mit diesem Ereignis Entscheidendes passieren wird, bleibt dem Leser angesichts des aufwendig in Szene gesetzten Wetterumschwungs kaum verborgen. Was dann geschieht (63), ist der Wiederauftritt der Figuren des ersten und zweiten Kapitels. Die Reinkarnation von Hans Hansen, Ingeborg Holm und Magdalena Vermehren ereignet sich in Wahrnehmungen, die leichte Differenzen markieren und Aufschluss über die Intensität des Begehrens geben. Ingeborg, die mit Hans ein geschwisterliches Paar bildet und so den frühen Ausschluss des liebenden Tonio noch einmal ins Bild rückt, ist ein »klein wenig erwachsener als sonst« (63), während Hans, den er als Vierzehnjähriger geliebt hatte, in Tonios Augen »ganz wie immer« (63) und »wohlgestaltet wie jemals« (67) erscheint. Magdalena schließlich kehrt in einem namenlosen, blassen und sogar »ein wenig verwachsen« scheinenden Mädchen zurück (68, 70 f.). Mit ihr, die allein bleibt, die beim Tanzen stürzt und der er aufhilft, spricht Tonio trotz aller sprachlichen Hürden. Was er ihr »sanft« sagt, lässt sich als weitere Reprise auf die Storm-Verse (21, 70) aus dem Gedicht *Hyazinthen* (↗M 5) lesen.

▶ Intertextualität: Storms Verse

Bei der ersten Erinnerung (Kapitel 2) spiegelte sich Tonio noch selbst in den Versen und verschob so deren Inhalt in die von Storm abweichende Vision, selbst tanzen zu müssen, obgleich er liebe. Nun ist die Reprise genauer und produktiver: Die mehrfach durch die Blässe ihres Gesichts bezeichnete Dänin tanzt und ist auch vor ihrem Sturz von den anderen geschieden: »Und alle glühen; aber du bist blaß.« (Storm) Wenn Tonio ihr mit den Worten: »Sie sollten nicht mehr tanzen, Fräulein« (71), aufhilft, korrespondiert dieser Satz mit der eigenen Sehnsucht nach der großen Entspannung in einem Schlaf, der das Sehnen nach einem unreglementierten, den Gefühlen folgenden Leben trägt (70). Das Müssen gilt hingegen dem »schweren und gefährlichen Messertanz der Kunst« (70), der darin besteht, der Liebe entsagen zu müssen. Storms Vers »Fern hallt Musik; doch hier ist stille Nacht« wird in dieser Spiegelung zum Ausdruck der nachhaltigen Diskrepanz zwischen Begehren und Versagung. »Um ihn war es still und dunkel« (71) heißt es konsequent am Ende des Kapitels. Mit der Imagination der blassen Tänzerin, deren Gesicht sich unter Tonios Anteil nehmendem Blick rötet, liefert die Erzählung eine zweite Korrespondenz, die zwar nicht das Gedicht reproduziert, aber doch seine Semantik für die Kreation eigener Vorstellungswelten nutzt.

Neuntes Kapitel: Bürgerliebe und Kunst?

Bringt das achte Kapitel die Erfahrungen des ersten und zweiten, in weiterer Verdichtung aber auch des dritten Kapitels zurück, so nimmt das Schlusskapitel buchstäblich die Korrespondenz mit den essayistischen Sequenzen des dritten Kapitels auf. Was Tonio seiner Freundin Lisaweta schreibt, orientiert sich vornehmlich an jenem Diktum, durch das Tonio im Atelier »erledigt« wurde.

Lisawetas Wort vom »verirrten Bürger« wird jetzt als zutreffend akzeptiert, indem Tonio auf die bereits bekannte Theorie der zwei Welten (73) zurückkommt und die der Künstlerwelt entgegengesetzte Welt nun als die bürgerliche etikettiert. Während die Künstler als Anbeter der »dämonischen Schönheit« bestimmt und durch die Attribute kalt und stolz charakterisiert sind, werden die Bürger als dumm, treuherzig, simpel, angenehm-normal, ungenial und anständig gekennzeichnet. Zugleich aber wird ihre Sphäre, und dies scheint den entscheidenden Lernprozess Tonios auszumachen, mit dem identifiziert, was Tonio zuvor »das Leben« nannte.

Diese Identifikation von Leben und Bürgerlichkeit stellt Nietzsches Vitalphilosophie bewusst auf den Kopf. Das ist in der Rezeption von *Tonio Kröger* auch gebührend kommentiert worden. Beachtet werden sollte aber, dass die bürgerliche Welt für sich genommen keine Attraktivität besitzt. Das Bürgerliche wird erst zur Wonne der Gewöhnlichkeit, indem es in Analogie zum Gedicht Storms (↗M 5) aus dem Dunkeln heraus begehrt wird. Die Art, in der Tonio die zwei Welten ausmalt, entspricht bereits jener dritten Welt, die für den Autor, weit über *Tonio Kröger* hinaus, gleichsam als Position der Mitte gilt.

▶ Liegt im Mittelweg tatsächlich Tonios Lösung?

Die Position der Mitte, biografisch als Erbschaft von Mutter- und Vaterprinzip ausgewiesen, erweist sich bei genauer Lektüre als unfertige Konstruktion. Wenn Mann seinen Tonio davon schreiben lässt, die Reise nach Norden habe ihm Veranlassung zum Nachdenken gegeben (72), entspricht dies zwar den Strukturen jenes kondensierten Bildungsromans, für den *Tonio Kröger* des öfteren angesehen wurde. Doch kann man in der Erzählung wirklich etwas vom angeführten Nachdenken finden? Die Rede davon erweist sich als irreführend. Was sich für Tonio auf seiner Reise einstellt, ist eher das Gegenteil intellektueller Reflexion, nämlich seltsame Gefühle, intensive und offenbar erotische Träume, szenische Erinnerungen und Déjà-vu-Erlebnisse. Und was diese Erlebnisse konnotieren, ist kaum im Begriff des Bürgerlichen aufgefangen; viel eher ließe sich von der Erkenntnis Tonios sprechen, dass die für immer erkaltet geglaubten Gefühle unter der Maske des Künstlers fortgelebt haben und jederzeit erneut lodern können. Um welche Gefühle es sich handelt, vermittelt der leitmotivische Einsatz des Bildes vom ›lebenden Herz‹ (zuletzt 71), das – in den ersten beiden Kapiteln deutlich entwickelt – vornehmlich erotisches Begehren konnotiert. Mit dem Wort ›Liebe‹ ist dieses Begehren insofern eher unscharf bezeichnet, als Liebe auch im Kompositum »Bürgerliebe« (73) versteckt werden kann.

Dass die Schlusspointe mit ihrer feierlichen Werbung für eine Position zwischen Kunst und Bürgerlichkeit eher eine kalkulierte Irreführung des Lesers darstellt, wird nicht zuletzt durch die oft unbeachtete Magdalena-Figur deutlich. Deren Position in den leitmotivisch aufgeladenen Welten entspräche nämlich auch der Mitte. Reziprok zu Tonio repräsentiert sie, stellvertretend für das empirische Publikum, die Figur der infizierten Bürgerin, die in Tonio vornehmlich den Künstler liebt. Besetzen aber Tonio und Magdalena die Position der Mitte, wie soll diese Position anders beschrieben werden als durch das Faktum einer unerfüllten Liebe bzw. als Desintegration?

Wenn Tonio in den letzten Passagen seines Briefes die Position der Mitte poetologisch ausdeutet, geschieht dies nur bedingt im Rahmen der ausgesprochenen Identifikation von Bürgerlichkeit und Leben. Nicht unbescheiden registriert er hier die Wirkung, die von seiner »Bürgerliebe zum Menschlichen« (73) ausgehen könne, und die Möglichkeit, dadurch vom Literaten zum Dichter zu reifen. Dies ist eine Denkfigur, die Mann in *Betrachtungen eines Unpolitischen* als Rechtfertigung des Publikumserfolgs wie als Nachweis eigener Bedeutung gegen die »Zivilisationsliteraten« ausführen wird. Doch schon im narrativen Rahmen der Novelle bleibt die Vorstellung eigentümlich unklar. Wenn Tonio etwa Bürgerlichkeit als Ort des gesunden und warmherzigen Humors preist, widerspricht dies eigenen Erfahrungen. Als Inge die Blamage des jungen Tänzers belachte, zeigte sie zweifellos gesunde Brutalität. Und wenn der reife Tonio ihr auch in Zukunft alles Recht zum Verlachen zuspricht (70), dann bewegt er sich mehr auf der Spur des Mitleid-Kritikers Nietzsche als im Rahmen bürgerlicher Anständigkeit. Wenigstens aus Mitleid hätte Inge sich um ihn kümmern müssen, denkt der Sechzehnjährige (22), weiß aber: »Dergleichen geschah nicht auf Erden« (22,71).

▶ Was ist die neue Bürgerkunst?
Undeutlich bleibt das Konzept einer überlegenen Bürgerkunst auch, wenn Tonio gegenüber Lisaweta künftige Größe reklamiert: »Ich werde Besseres machen« (73). Doch worin soll das bestehen? Blieb bereits dunkel, wovon der *Literat* Kröger eigentlich schrieb, so wird auch nicht erhellt, was der *Dichter* an Werken liefern wird. Die Unsicherheit, die hinter der Großartigkeit seines Versprechens lauert, wird spürbar, wenn Tonio dem Meeresrauschen die schemenhafte Vision einer neuen Gesellschaft, wiederum wohl einer Welt der Mitte, entnimmt. Was er da an Ungeborenem imaginiert, soll sein Publikum sein, das den Dichter zu seiner Bildung und Erlösung braucht. Wie diese Vision – in der vage die Hoffnung auf jenen großen Bruch anklingen mag, den der Weltkrieg dann liefern wird – mit den »Blonden und Blauäugigen« (der Begriff des Bürgers ist schon wieder vergessen) zusammenhängen soll, vermittelt sich nur über die adversative Wendung: »Aber meine tiefste und verstohlenste Liebe« (73). Bleiben die Blauäugigen also auch der zukünftigen Kunstgesellschaft äußerlich? Und soll auch in Zukunft das Begehren verstohlen und die Sehnsucht fruchtbar bleiben? Dann hätte sich trotz aller Beschwörung und aller Vision eines Zukünftigen weder für die Figur Tonio noch für den über ihn ausgetragenen Kunstdiskurs Entscheidendes geändert.

Leitmotive und Ansatzpunkte für die Lektüre

Die zirkuläre Tendenz des Schlusskapitels und der spekulative Duktus der letzten Worte des Schriftstellers Kröger widersprechen einer Lesart der Novelle als verknapptem Bildungsroman. Liegt dessen ideale Struktur in einer Entwicklung der identitätsverbürgenden Reflexionen des Helden, so haben wir es bei *Tonio Kröger* eher mit einem Reflexionsprozess zu tun, der am Ende auf seine Anfangsgründe zurückfällt.

▶ Das Unfertige der Entwicklung: Schlüssel zur ›unpolitischen Radikalität‹?
Tonio soll im Ausgang seiner Reise vornehmlich jenes Arom der Jugend retten, das im Leitmotiv des lebendigen Herzens anklingt. Von einer Reifung des Protagonisten kann folglich nur mit Abstrichen geredet werden. Was ihn zum positiven Helden gerade einer juvenilen Lektüre werden lässt, sind seine dänischen Erlebnisse. Sie rücken den betulichen Kommentar des Erzählers zurecht. Hatte dieser Tonio zu Beginn noch als kleinen, dummen Jungen charakterisiert (18) und damit einen Kurs auf Reifung und Überwindung vorgegeben, so rehabilitiert der Schluss die Empfindungen des Schulknaben. Wenn etwas überwunden wird, dann ist es jene Reifung, die der Erzähler wie auch Tonio mit Begriffen wie ›Erkaltung‹ und ›Verfeinerung‹ belegen.

Man muss nicht verstehen, worauf der kunsttheoretische Diskurs anspielt, der Tonios Entwicklung zum Erwachsenen beschreibt, um zu spüren, dass mit den dänischen Déjà-vu-Erlebnissen die Rolle des abgeklärten Erwachsenen aufgegeben wird. Und dieser Effekt dürfte es auch sein, der jener Radikalität zuspielt, von der Mann mit Blick auf das jugendliche Lesepublikum sprach (↗S. 67). Dass am Ende aller vermeintlichen Sicherheit zum Trotz eigentlich nichts gelöst ist, erscheint unter diesem ›radikalen‹ Blickwinkel nicht als Schwäche des Textes, sondern als dessen Wahrhaftigkeit oder Authentizität.

▶ Leitmotive: Thesen und Antithesen als allegorische Syntax des Textes?
Was aber ist mit den Signalen, die von den Leitmotiven ausgehen? Kurzke spricht davon, dass dem gesamten Text durch die Leitmotive eine allegorische Syntax unterlegt werde, die auf dem Prinzip einer Antithesenkette basiere (Kurzke 1991, 99 f.). Dieser Beobachtung entsprechen viele Unterrichtshilfen, indem sie Listen für die Konnotationsketten der Erzählung liefern. Kurzke selbst präsentiert (ebd.) die folgende Zuordnung:

Geist, Erkenntnis, Analyse	Leben
Künstler	Bürger
»Tonio«	»Kröger«
Mutter (musikalisch, liederlich)	Vater (korrekt)
Zigeuner im grünen Wagen	Konsul Krögers Sohn
Süden, Italien	Norden, Dänemark
München-Schwabing	Lübeck
Fixativ	Frühlingsarom
Magdalena Vermehren	Ingeborg Holm
Hamlet, Don Carlos, Immensee	Pferdebücher

Für die Plausibilität eines solchen binären Schemas leitmotivischer und thesenförmiger Verkettungen spricht, dass mühelos weitere Momente Aufnahme finden könnten. Man denke nur an die Rede von den Blonden und Blauäugigen, an Merkmale wie Gesundheit oder Alterung.

Allerdings setzen sich antithetische Konstellationen auch auf einer unteren Ebene fort und unterhöhlen die scheinbar ebenso klare wie geschlossene Grundkonstellation. So geht zum Beispiel die Vater-Figur in der Dimension von Korrektheit bzw. Ordnung nicht auf. Als Gegenmotiv zu solcher Status- und Milieu-Moral kann etwa die »Feldblume im Knopfloch« (10, 25, 49) betrachtet werden; auch der gleichfalls wiederkehrende Verweis auf das ›Sinnen‹ des Vaters indiziert, dass bereits die Vater-Figur nicht jene Reinheit aufweist, die für den übrigen Zusammenhang von Naivität und Bürgerglück gelten soll. Dazu passt Tonios Erinnern beim Besuch des Elternhauses: »der lange, korrekte, ein wenig wehmütige und nachdenkliche Herr« (49) – eine Vorstellung, die nur wenig zu den semantischen Merkmalen einer Motivkette passt, die das ›Leben‹ gegen die Reflexion des Geistes aufführt.

▶ Wie urteilt die Novelle über ihre Leser?
Bedenkt man die rezeptionsästhetischen Qualitäten der motivischen Opposition von Künstlertum und Bürgerlichkeit mit ihrem semantischen Unterbau (geistig vs. naiv usw.), sollte man erwarten, dass der Leser bei seiner Lektüre eine Kränkung seines Selbstwertgefühls erfährt. Wenn die soziale Welt, im Schlüsselproblem der Künstlerexistenz (34) dechiffriert, sich in einer derart binären Typologie abbildete, müsste sich der Leser, sofern er nicht Künstler ist, eigentlich mit den Figurationen der blauäugigen Naivität identifizieren.

Eine solche indirekte Leseransprache erfolgt nicht. Das liegt unter anderem daran, dass die scheinbar so rigide Zwei-Welten-Theorie letztlich auf die Psychologie Tonios zurückfällt und entsprechend inkonsistent ist. Tonios Klage hält fest, dass des Schriftstellers Publikum nun gerade nicht aus Blonden und Blauäugigen besteht, und ermöglicht es dem Leser, sich ebenfalls in Distanz vom – ohnehin unwirklich anmutenden – naiven Glück angesprochen zu fühlen. Identifiziert man die Publika von Mann und Kröger, sieht man sich vom Autor in jenem Figurentypus betrachtet, der durch Magdalena Vermehren verkörpert ist: »Leute, die immer hinfallen [...] und denen die Poesie eine sanfte Rache am Leben ist« (39).

Aber auch diese durch Nietzsches Décadence-Kritik geprägte Beobachtung des literarischen Lesers fällt auf den ersten Blick nicht vorteilhaft aus. Für den Unterricht bietet dies vielleicht interessante Ansatzpunkte zur Diskussion.

► Tonio Kröger: ein richtiger Künstler?
Nimmt nicht auch unsere Lektüre in gewisser Weise »Rache am Leben«, wenn sie Sympathie für Tonio entwickelt? Prüfen wir zunächst einmal, in welchem Maße der Text überhaupt jene Art von Literatur repräsentiert, die der fiktive Autor Tonio Kröger liefert. Viel wissen wir von dessen Künsten allerdings nicht. Doch immerhin kann die Kennzeichnung des Erstwerks, »voll Humor und Kenntnis des Leidens« (27), ein Stichwort liefern. Auch der häufige Verweis auf die Kunst der ›Wirkung‹ kann mit Blick auf die stimulierenden Potentiale der Leitmotive reflexiv gemacht werden.

Obgleich der Text die binäre Struktur seiner Leitmotive als gewaltsame Konstruktion von Welt zu erkennen gibt und schließlich auf eine unentschlossene und vage Position der Mitte Kurs zu nehmen scheint, liefert er doch normative Bilder divergierender Lebensstile, die sich als soziale Rollenzuschreibungen begreifen lassen. Im Zentrum steht dabei natürlich der Lebensstil des Künstlers. Der *richtige* Künstler, den Tonio Kröger schließlich abgeben soll, bleibt trotz aller Sehnsucht ein begehrender Voyeur, genetisch dazu disponiert, das Leben gerade deswegen genau zu verstehen, weil er an ihm nicht teilnehmen kann. Doch die Ursache der Nichtteilnahme bleibt vage. Man muss sich auf diese Frage nicht festlegen, auch wenn die Camouflage-Elemente der Erzählung – und nicht nur die biografischen Quellen mit ihren Verweisen auf die Beziehung zum Münchener Maler Paul Ehrenburg bzw. zum Schulkameraden Armin Martens (vgl. Bellmann, 7 f.; Üms, 108 f.) – genug Anhaltspunkte bieten, um den Ausschluss vom gesellschaftlichen Glück auf die Unterdrückung eines homoerotischen Begehrens zurückzuführen.

► Der Künstler Tonio: vom Verbrecher zum Messias?
Entscheidend bleibt für das *Image* des Künstlers der allgemeine Status der Nichtintegration. Die Marginalitätserfahrungen, von denen die Visionen künden, unterscheiden sich allerdings erheblich von einem Außenseitertum, das sich als Gegenkultur ausagiert. Tonio Kröger bewegt sich vielmehr wie ein ›Undercover-Agent‹ innerhalb des bürgerlichen Milieus. In der Maske des wohlgekleideten Bürgers mischt er sich unter die Leute, ohne die Rolle des Anteil nehmenden Voyeurs und Zuhörers aufzugeben. Selbst wenn er seine Identität preisgeben muss, wie in der Polizeiszene (50–53), geschieht dies nur in oberflächlicher Form. Spricht Tonio gegenüber Lisaweta davon, dass seine »tiefste [...] Liebe« verstohlen sei (73), dann ist nicht nur von Askese die Rede, sondern auch von Geheimhalten der wahren Identität. Dass diese getarnt werden muss, entspricht der bei Nietzsche gefundenen Gleichsetzung von Künstler und Verbrecher. Die Beute des poetischen Voyeurs besteht in dem Material, das er aus seinen sehnsüchtigen – und dadurch *leben-*

digen – Beobachtungen für die eigene Kunst gewinnt. Während die Observierten ihr gewöhnliches Leben leben, wird für den Künstler das Leben, an dem er nur in der Schauspieler- und Agentenrolle teilnehmen kann, zum begehrten Stoff. Das *Werk*, das aus diesem Stoff geformt und für dessen Genese mit dem Leiden an der Askese bezahlt wird, rechtfertigt, anders als bei Nietzsche, die Asozialität und praktische Unzuverlässigkeit des Künstlers. Was dieser zu hohen Kosten leistet, soll letztlich als Dienst an der sozialen Welt gelten.

In dieser Einstellung gründet der messianische Ton, der in dem Diskurs über Kunst und Verbrechen (34) schließlich angeschlagen wird, wenn Tonio über den Korintherbrief – und wahrscheinlich auch über Eckermanns Goethe-Aufzeichnungen (Bellmann, 43) – zu einer Position findet, die *Menschenliebe* als eine ästhetische Qualität hochhält (73). In der vom Meeresrauschen inspirierten Vision von der ungeborenen Welt lautet die Erwartung, die die Menschen gegenüber dem Künstler hegen, auf nicht weniger als auf Erlösung. Messianisch ist überdies das Opfer, das der Künstler mit seinem eigenen Leben und Lieben, der eigenen Identität der erlösenden Kunst erbringt.

▶ Noch einmal zum Bild des Lesers

Dieser bombastischen Aufwertung des Künstlers entspricht ein etwas verwirrendes Bild vom Publikum. Deutlich ist, dass der Künstler, weil er anders ist und nicht am gewöhnlichen Leben teilhaben kann (71), die tiefe Betrachtung liefert, die die im praktischen Tun aufgehenden Menschen von sich nicht anstellen können. Der Kunst bedürftig werden die Menschen allerdings nur, wenn sie dem Zustand des Künstlers selbst nahe kommen. Nicht im Hochgefühl des Lebens, sondern als Gefallene suchen sie die Literatur. Das Gefallensein ist zwar eine unglückliche Disposition, als solche aber auch eine Haltung jener Intellektualität, die bei Mann »Geist« heißt. Intellektualität und unglückliches Bewusstsein gelten also als Charakteristika des literarischen Publikums – und mithin auch des Lesers von *Tonio Kröger*. Mit der Festlegung auf solche Gemeinsamkeit zwischen Publikum und Schriftsteller (39) gelingt es dem Autor auch, die persönlichen Marginalisierungserfahrungen zu transzendieren. Was sich für Tonio Kröger und seinen Autor als sozial unerfüllbares Begehren darstellt, bleibt nicht nur ein »offenes Geheimnis« (Detering), sondern bietet, ins allgemein Menschliche gerückt, auch eine Folie der Identifikation. *Tonio Kröger* wird, wie Marcel Reich-Ranicki notiert, zu einem

»Buch für jene, die, ob Bürger oder nicht, auf Irrwege geraten und die etwas mehr leiden als andere, weil sie etwas mehr wissen, und die etwas mehr wissen, weil sie nicht aufhören, das, was sie glauben erkannt zu haben, gleich anzuzweifeln.

So wurde ›Tonio Kröger‹ zum poetischen Kompendium aller, deren Ort in oder zwischen zwei Welten ist [...], [...] zur Bibel der Heimatlosen.« (Reich-Ranicki, 108)

Vorschläge für die Behandlung im Unterricht

Mediale Adaptionen von »Tonio Kröger«
Als Film BRD 1964 (Regie: Rolf Thiele, Buch: Erika Mann).
Als Hörbuch T. M.: Tonio Kröger. Sprecher T. M. (4 CDs od. 2 Toncass.,
beide 211 min). Der HÖR Verl./VM 1997; dass. Ungek. Ausgabe. Sprecher
Will Quadflieg (2 CDs od. 2 Toncass.). Polygram 1994.

S I *Texterschließung*

Auch bei der Behandlung von *Tonio Kröger* hat man in der Sekundarstufe I
deutliche Abstriche zu machen und kann kaum das diskursive Potential des
Textes freilegen. Dies gilt vor allem für das vierte und die Referenzen hierauf
im neunten Kapitel. Stattdessen werden die ersten beiden Kapitel mit ihrer
juvenilen Problematik an Gewicht gewinnen.
→ Motivationsaufbau
  Die Affinität der in diesen Kapiteln geschilderten Enttäuschungen und
  Hoffnungen Tonios zu den psychosozialen Erfahrungen jugendlicher
  Leser begünstigt den Aufbau einer identifikatorischen oder empathischen
  Lesehaltung und damit die Motivation, auch in den sperrigeren Passagen
  das Interesse an der Entwicklung des Protagonisten zu bewahren (↗Pro-
  duktive Verfahren: Transformation).
→ Fokussierung des Kommunikationsverhaltens der Schülerfiguren
  Herausgearbeitet werden können insbesondere Muster indirekter Sprech-
  akte, aber auch die Bedeutung körpersprachlicher Merkmale. Dabei bietet
  es sich an, einzelne Szenen pantomimisch nachzustellen, so die Szene auf
  dem Fahrdamm vor der Schule (7), das Zusammentreffen mit Jimmerthal
  (14 f.) und die Abschiedsszene vor der Gartenpforte (16).
→ Erzähltechniken
  Zu überlegen ist, ob die erzählerischen Techniken, die ein identifikatori-
  sches Leseverhalten stimulieren, erst dann kritisch thematisiert werden,
  wenn es um die poetologischen Positionen des neunten Kapitels geht.
  Hier bestünde dann die Gelegenheit, in textimmanenter Perspektive zu
  fragen, wie die Formel von den Blonden und Blauäugigen durch Figuren-
  zeichnung, Episodengestaltung und Milieuschilderung gestützt wird.
→ Leitmotivik – Schematismus
  Während in der ersten Konfrontation mit den Anfangskapiteln identifika-
  torisch beobachtet wird, wie der Protagonist in seine Außenseiterrolle gelangt, stellt die zweite Konfrontation die Identifikationsrichtung um: Nun
  wird beobachtet, wie der Autor Normalität (und eigene Besonderheit)

konstruiert. Die Perspektive, die in dieser Beobachtung eingenommen wird, ist schwieriger zu gewinnen als die erste. Sie setzt eine Identifikation voraus, die die Erzählung erschwert – eine Identifikation mit der Rolle des Normalen, die Tonio und der Autor auf besondere Weise bebildern. Gelingt es, den Text aus der ›blonden‹ Rolle zu betrachten, dann ist auch der Einwand nicht fern, als *Normalo* vom Autor ziemlich ungerecht behandelt und symbolisch vereinnahmt zu werden. Mit diesem Protest wäre man dann doch im Zentrum des poetologischen Themas der Novelle.

S II *Texterschließung. Module*

Aspekte	Möglichkeiten zur Vertiefung, Kontextualisierung		
Hans Hansen – die Schülerliebe des jungen Tonio; Sehnsucht und frühes Künstlertum	Kompositorische Merkmale des Novellenbeginns untersuchen	Techniken zur direkten und indirekten Darstellung der Charaktere analysieren	Schülerreferate: *Don Carlos, Buddenbrooks*
Inge Holm als weiblicher Hans: Ausbau des Stigmas der Besonderheit	Vergleich der Figurenexposition: Hans und Inge als Attraktionen für Tonio	Kompensatorische Rolle der Kunst für den jungen Tonio problematisieren; Diskussion: Kunst als Lebensersatz oder als Tröstung?	Tanzszene räumlich und spielerisch nachstellen; Metaphorik des Tanzes untersuchen: Theodor Storm, ↗M5
Sündenreiche Geheimnisse des Tonio Kröger; Topos des Décadence-Künstlers	Vergleich des Erzählerverhaltens Kapitel 2 vs. 3; szenisches Erzählen – Erzählerbericht	Motiv des lebenden Herzens im Kontext der Novelle verfolgen	Vergleich Tonio Kröger – Thomas Buddenbrook (Thomas als Schauspieler und Leistungsethiker)
Im Atelier: Theorie der Kunst und der Künstlerschaft	Kontextualisierung durch Künstlerbilder der Boheme-Tradition 📖1	Nietzsche und Schopenhauer als Stichwortgeber identifizieren (↗S. 75–78, 82)	Zusammenhang von künstlerischer Anerkennung und Publikumserfolg herausarbeiten und problematisieren
Heimkehr und Traum	»in der [bürgerlichen] Ordnung« (TK, 47, 52): Reflexion über eigene Ordnungsbegriffe und die Rolle der väterlich-bürgerlichen Ordnung für Tonio (ergänzend: *Lübeck als geistige Lebensform* [Ess 3, bes. 26 f.])	Bedeutung der Vater-Erinnerung für Tonio Kröger erörtern	›Traum und Rückkehr des Verdrängten‹ (Freud, ↗M7) als Fährte für Vermutungen über Tonios Träume nutzen

Meeresekstase und lyrische Erweckung	Kontext-Lektüre von H. C. Andersen: *Die kleine Meerfrau* (dt. auch unter anderen Titeln)	Im jungen Kaufmann den Typus des Dilettanten durch Rekurs auf das Ateliergespräch erkennen	Meer als dionysischer Raum; Vergleich: *Der Tod in Venedig* bzw. Hintergründe des lyrischen Fragments (↗S. 80 f., 114–117, 123)
Inge und Hans als Déjà-vu-Erlebnis	Koppelung der Motive des achten mit den ersten beiden Kapiteln untersuchen; über Déjà-vu-Erlebnisse sprechen	Körperliche Signale für die Darstellung von Normalität und Marginalität in der Figurenwelt prüfen; ergänzend: Schülerreferat: Nietzsche und die »blonde Bestie« 📖² *oder* Nietzsche-Text (NieW 2, 785–788)	Räumliche Positionen zwischen dem Beobachter (Tonio) und den Beobachteten skizzieren; Metaphorik des Tanzes: Theodor Storm, ↗M 5
Tonios Brief an Lisaweta als Bilanz einer Entwicklung – kritische Prüfung	Tonios Vision paraphrasieren und auf ihre Substanz prüfen (Stichworte: ›Ästhetik der Mitte‹, ›messianische Versöhnung der Gegensätze‹); Kontexte erkennen: T. M.: *Betrachtungen* (Betra, 205 f., 496), und (mit Blick auf spätere Politisierung): *Von deutscher Republik* (Ess 2, 126, 166, bes. 144 f.)	Formel ›Bürgerkünstler‹ als Image des Autors T. M. kritisch wahrnehmen; »Menschenliebe« als Ausweg und kompensatorisches Programm, ↗M 6	Rezeptionsästhetische Qualitäten untersuchen: Wie wird der Leser durch die neue Kunstlehre angesprochen und instruiert? (↗S. 78 f., 86–88)
Funktionen der leitmotivischen Signale	Problematik antithetischer Leitmotive über Leitmotivlisten kennen lernen und textimmanent untersuchen	Leitmotive und Personendarstellung mit Blick auf Klischees und Schemaliteratur 📖³	Tarnungsfunktionen der Leitmotivik (↗S. 78 f., 85 f.)

📖 1 Bildmaterial in: Jürgen Kolbe: Heller Zauber. T. M. in München. München: Siedler 1987; Hermann Wilhelm: Die Münchner Bohème. Von der Jahrhundertwende bis zum Ersten Weltkrieg. München: Buchendorfer 1993.
2 Manfred Schneider: Der Barbar. Endzeitstimmung und Kulturrecycling. München/Wien: Hanser 1997, bes. 98–102.
3 Vgl. hierzu Comic-Material und Unterrichtsanregungen in: Günter Waldmann: Literatur zur Unterhaltung. 2 Bde. Reinbek: Rowohlt 1980 [rororo], Bd. 1, 58–61, Bd. 2, T 28.

Vorschläge für Anschlusslektüren

→ Thomas Mann: Der Tod in Venedig. Novelle (1912)
→ Hans Christian Andersen: Die kleine Meerfrau. Märchen (1837). In: H. C. A.: Märchen und Geschichten. 2 Bde. Hg., Übers. Giesela Perlet. Bd. 1. Reinbek: Rowohlt-Tb. 1998, 68–94. – Michael Maars Entdeckung des Zusammenhangs von *Tonio Kröger* und Andersens bekanntem Märchen (↗S. 80; Maar, 83–125) verändert auch die Lektüre der älteren Geschichte.
→ Hermann Bahr: Die gute Schule. Seelenstände. Roman (1890). Berlin: Ullstein-Tb. 1997. – Bahrs Roman vom Künstler, der auf die anregende Kraft erotischer Eskapaden kalkuliert und am Ende zum anständigen Bourgeois wird, als Paradigma für das Künstlerbild, auf das *Tonio Kröger* referiert
→ Robert Musil: Die Verwirrungen des Zöglings Törleß. Roman (1906). Reinbek: Rowohlt-Tb. 1998. – Musils berühmte Internatsgeschichte handelt nicht zuletzt auch von der Genese einer Künstlerpersönlichkeit.

Produktive Verfahren

Szenisches Spiel (↗S. 89: Fokussierung)

Weiterschreiben

→ Lisaweta schreibt Tonio in einem zehnten Kapitel einen Antwortbrief, in dem sie sich mit seinen Erklärungen auseinander setzt.
→ Das lyrische Fragment komplettieren (↗S. 80 f.)

Leerstellen ausfüllen

→ Welchen Traum hat Tonio Kröger in seiner Vaterstadt (45)?
→ Welche Abenteuer erlebt Tonio Kröger im Süden? – Schreiben eines biografischen Kapitels
→ Magdalena Vermehren schreibt in ihrem intimen Tagebuch über ihre Empfindungen zu Tonio Kröger.

Transformation

→ Den Spaziergang von Tonio und Hans an der eigenen Schule beginnen und durch die eigene Stadt führen lassen, die Stadt dabei indirekt zu erkennen geben
→ Aus der Tanzstunde eine Diskothek machen
→ Ersetzen des dritten Kapitels durch ein eigenes

Arbeit am PC (Einzel- oder Gruppenarbeit)

Der Text wird eingescannt und mit einem OCR-Programm (Texterkennung) in ein gängiges Textverarbeitungsformat übertragen. Dann kann über das Suchprogramm der Textverarbeitung nach Leitmotiven gefahndet werden. Als – gegebenenfalls arbeitsteilig zu ermittelnde – Suchbegriffe bieten sich an: Herz, Frühling, Liebe, Sehnsucht usw. Das Ergebnis der Arbeit sollte eine Synopse sein, die den jeweiligen Kontext der gesuchten Schlüsselwörter in der Chronologie der Novelle aufführt.

Material

M 5   Theodor Storm

Hyazinthen (1852)

Fern hallt Musik; doch hier ist stille Nacht,
Mit Schlummerduft anhauchen mich
    die Pflanzen.
Ich habe immer, immer dein gedacht;
Ich möchte schlafen, aber du musst tanzen.

5 Es hört nicht auf, es rast ohn Unterlass;
Die Kerzen brennen und die Geigen schreien,
Es teilen und es schließen sich die Reihen,
Und alle glühen; aber du bist blass.

Und du musst tanzen; fremde Arme schmiegen
10 Sich an dein Herz; o leide nicht Gewalt!
Ich seh dein weißes Kleid vorüberfliegen
Und deine leichte, zärtliche Gestalt. – –

Und süßer strömend quillt der Duft der Nacht
Und träumerischer aus dem Kelch
    der Pflanzen.
15 Ich habe immer, immer dein gedacht;
Ich möchte schlafen, aber du musst tanzen.

(T. S.: Sämtl. Werke in 4 Bdn. Hg. P. Goldammer.
Bd. 1. Berlin/Weimar: Aufbau [4]1978, 121)

M 6   *Thomas Mann an Kurt Martens, 28. 3. 1906*

Lieber Martens:
Ich sage Dir besten Dank für die freundliche Übersendung Deines Aufsatzes. Ein schönes Doppelportrait, das Deiner kritischen Kunst alle Ehre macht! Gewiß enthält es kleine Verzerrungen, Übertreibungen, Mißverständnisse, verfrühte Feststellungen, – aber schließlich, man soll etwas
5 Entschlossenes sagen und dann: was liegt an der »Ähnlichkeit«. Alles ist interessant gesehen, interessant gesagt, und das ist die Hauptsache.
    Dennoch möchte ich Dich, persönlich, auf ein paar Punkte aufmerksam machen, bei denen ich den Kopf geschüttelt habe.
    Es geht nicht an, mir »eisige Menschenfeindschaft« und »Lieblosigkeit gegen alles Fleisch
10 und Blut« nachzusagen, die durch Kunstfanatismus »ersetzt« werde. »Tonio Kröger« sowohl wie »Fiorenza« sind voll von Ironie gegen das Künstlerische, und in den »Tonio Kröger« ist das Geständnis einer Liebe zum Leben hineingeschrieben, die in ihrer Deutlichkeit und Direktheit bis zum Unkünstlerischen geht. Ist dies Geständnis unglaubwürdig? Ist es nur Rhetorik?? / [...]
    Und nun noch Eins! Du sagst, daß ich dereinst, wenn ich Einer werden sollte, mehr kühle Hoch-
15 achtung empfangen werde als herzliche Liebe. Lieber Freund, das ist – nicht wahr. Freilich, wenn Du's den Leuten noch ein paar mal sagst, so werden Sie's glauben. Wenn Du mich noch ein paar

mal als verbittert, eisig, höhnisch und heimatlos hinstellst, so wird es wohl mit der Hochachtung und Geringerem sein Bewenden haben. Bis jetzt war es anders. Es trifft nicht zu, daß »Budden-brooks« und »Tonio Kröger« dem Publicum durch Essays aufgeredet sind und kühl geschätzt 20 werden. Diese Äußerungen meines Ich werden *geliebt*, glaube mir das, und zwar in dem Grade, daß es mich beunruhigen könnte. »Bin ich denn so weich, so süß, so mittelmäßig«, habe ich mich mehr als einmal gefragt, »daß man mich so liebt«. Gleichviel. Wie ich einmal bin, weder fri-vol, noch grillig, noch herbe, noch steif, sehe ich nicht, warum die Deutschen mir, wenn ich irgendwie bleibend sein sollte, in Zukunft die Liebe verweigern sollten. Was werden sie an mei-25 nem menschlichen Theil auszusetzen haben? Ich war ein stiller, höflicher Mensch, der sich durch seiner Hände Arbeit einigen Wohlstand gewann, ein Weib nahm, Kinder zeugte, die Pre-mièren besuchte und ein so guter Deutscher war, daß er es nicht länger als vier Wochen im Aus-land aushielt. Muß denn durchaus auch noch gekegelt und getrunken sein?

(T. M.: Briefe 1: 1889–1936. Hg. E. Mann. Frankfurt a. M.: Fischer 1979, 61–65. © Ebd.)

Kurt Martens (1870–1945) – Schriftsteller und Kritiker, ein Freund des jungen T. M., wie auch das ungewöhn-liche Duzen anzeigt; *Deines Aufsatzes* – Anlass für den längsten Brief aus der Korrespondenz mit Martens war dessen im »Leipziger Tageblatt« 1906 erschienener Aufsatz »Die Gebrüder Mann«; »*Fiorenza*« – T. M. setzt sich in seinem (einzigen) Stück (1905, U. 1907) mit kritischem Blick auf die Gegenwart des Ästhetizismus mit dem Künstlertum am Hofe der Medici (Renaissance) auseinander. Das Schauspiel wurde u. a. von dem Großkritiker Alfred Kerr (1867–1948) wegen seines papiernen Dialogstils heftig kritisiert; *Einer* – ein berühmter Schriftsteller

M 7 *Das Gedächtnis im Traum* [Sigmund Freud, 1900]

Freud betrachtete es als unbestrittene Erkenntnis, »dass alles Material, das den Trauminhalt zusammensetzt, auf irgendeine Weise vom Erlebten abstammt, also im Traum reproduziert, erinnert wird«. An anderer Stelle schreibt er: »Träumen ist ja auch ein Erinnern, wenn auch unter den Bedingungen der Nachtzeit und der Traumbildung.« Von überragender Bedeutung 5 für die Weise, in der Erinnerungen im Traum verwendet werden, ist die verminderte Schärfe der Zensur im Schlafzustand, die ein erheblich höheres Maß an wechselseitigem Einfluss zwischen den unbewussten und vorbewussten Inhalten zulässt.

Während die Verfügbarkeit von Erinnerungen im Wachleben von der Zensur abhängt und durch diese beträchtlich eingeschränkt ist (Verdrängung und Abwehr), sodass eine riesige 10 Menge von Erinnerungen unter normalen Bedingungen unseren wachen Gedanken nicht mehr zur Verfügung steht, machen der Schlaf und seine besonderen Bedingungen den ganzen Vorrat an Erinnerungen potenziell der Verwendung im Traume zugänglich. Dies gilt insbesondere für verdrängte Erinnerungen. Solche Erinnerungen unterliegen natürlich den Entstellungen der Traumarbeit [...] und erscheinen im manifesten Inhalt in verkleideter Form. Doch verweist 15 Freud auch auf die Träume, deren manifester Inhalt darauf hindeutet, »dass man im Traum etwas gewusst und erinnert hatte, was der Erinnerungsfähigkeit im Wachen entzogen war«. Freud meint, »jeder, der sich mit Träumen beschäftigt, wird es als ein sehr gewöhnliches Phäno-men anerkennen müssen, dass der Traum Zeugnis für Kenntnisse und Erinnerungen ablegt, welche der Wachende nicht zu besitzen vermeint«.

(Psychoanalytische Grundbegriffe. Eine Einführung in Sigmund Freuds Terminologie und Theoriebildung. Hg. Huberto Nagera. Frankfurt a. M.: Fischer-Tb. 1977, 272. © Ebd. Zitate aus Sigmund Freud: Die Traumdeutung [1900]. Frankfurt a. M.: Fischer-Tb. 1991)

V »Der Tod in Venedig« (1912)

Hartes Leben und weicher Tod – Psychologie, Erzählung und die Suche nach Form

Die weltberühmte Novelle um den alternden Schriftsteller Gustav von Aschenbach ist für junge Leserinnen und Leser keine leichte Kost. Die Verschränkung psychologischer und mythologischer Motive, die implizite Auseinandersetzung mit der ›Neuklassik‹, aber auch die Motivation der ›menschlichen Tragödie Aschenbach‹ stellen Momente dar, die ihrer Lebenswelt eher fern sind. Näher rückt die Erzählung, liest man den Text als Reflexion über die selbst auferlegte Härte gegenüber dem – vor allem sinnlichen – Begehren.

Das aufwendige Gepräge der Novelle, die Vielfalt, aber auch die Redundanz ihrer motivischen Spiegelungen und ihr Ästhetisierungsaufwand stören eine rein am Plot orientierte Lektüre. Wenn indes der in der Textgestalt manifestierte Kunstwille auf die verzweifelte Anstrengung des Protagonisten bezogen wird, Sinnlichkeit einzig als Rohstoff ästhetischer Veredlungsprozesse zuzulassen, wird das zunächst Irritierende klarer. Der Untergang des Protagonisten beleuchtet das Scheitern einer Vision, die glauben ließ, das Chaos der Triebe und ihrer Zeichen könne zugunsten der schlichten Reinheit antiker Unschuld ausgeblendet werden. Die Leichtigkeit der fantasierten griechischen Bilder erweist sich als trügerisch. Sichtbar wird die Gewalt als der Preis jener Härte, mit der der fiktive Dichter sein Leben ästhetisch diszipliniert. Diese Lehre über die Macht des Körpers, eingetaucht in Nietzsches Visionen des Apollinischen und Dionysischen aus *Die Geburt der Tragödie aus dem Geist der Musik*, fällt keineswegs eindeutig aus, denn Aschenbachs Tod ist immerhin ein schöner. Die Uneindeutigkeit aber gerade rettet die Novelle, wird durch sie doch der Blick auf eine historische wie allgemeine Orientierungskrise gelenkt. Was im historischen Kern der Décadence-Motive steht, wird auch Jugendlichen nicht ganz fremd sein: Verweichlichung und Verhärtung als gleichermaßen suspekte Formen eines Ichs, das nach dem eigenen Weg sucht. Dass in den entsprechenden Visionen des Harten und des Weichen soziale Geschlechterbilder aufgehoben sind, ist für den Unterricht ebenso wichtig wie die Tatsache, dass Mann seine Geschichte vom soldatischen Dichterfürsten im Vorfeld des Ersten Weltkriegs erzählt.

Entstehungsgeschichte und Umfeld

1909 erschien mit *Königliche Hoheit* Manns zweiter Roman. Den Tenor der meisten kritischen Reaktionen gibt der Autor im *Lebensabriß* von 1930 treffend wieder, wenn er davon spricht, der »Versuch eines Lustspiels in Romanform« sei »von der Kritik allgemein zu leicht befunden« worden (Üms, 120). Was bei *Buddenbrooks* an leitmotivischen Operationen noch geschätzt oder doch toleriert wurde, geriet nun bei einigen wichtigen Kritikern unter Trivialitätsverdacht. Auch das Debüt als Dramatiker gestaltete sich 1905 mit *Fiorenza* keineswegs erfreulich. Nach diesen Erfahrungen verfolgte Mann – seit 1905 hochbürgerlich verheiratet und rasch in die Rolle eines *pater familias* eingekehrt – verschiedene Pläne zu neuen Werken. Am weitesten fortgeschritten war die Arbeit an *Felix Krull*, aus dessen Manuskript er bereits 1910 las. Dass Mann dieses Projekt 1911 zurückstellte, begründete er in Briefen zunächst damit, von einem Venedig-Aufenthalt einen sonderbaren Stoff mitgebracht zu haben, den in eine eigentlich *unmögliche* kleine Novelle zu verwandeln er gute Lust verspüre. Und noch 1930 behauptet Mann, er habe die strapaziöse Arbeit mit einer kleinen und leichten Improvisationsübung in der Art eines »Simplicissimus«-Beitrags auflockern wollen (Üms, 124).

▶ Warum ein ›unmögliches Projekt‹?
Dass diese Darstellung eher ins Reich der Legendenbildung in eigener Sache zählt, gilt als ziemlich gewiss. Wenn der Autor 1920 an Carl Maria Weber schreibt, die Grundidee rühre eigentlich aus einem Goethe-Stoff, nämlich der Liebesaffäre des alten Goethe mit Ulrike von Levetzow (Br 1, 177), entspricht das der Version, die er 1940 im Vortrag *On myself* verbreitet. Doch auch daran bestehen Zweifel. Bereits 1905 gibt es Notizen zum Thema des Künstlers, der seinen Ruhm und dessen Folgen nicht zu bewältigen vermag. Diese Thematik könnte sich mit dem Goethe-Plan assoziiert haben, wie Hans R. Vaget vermutet (TMHb, 585). Mann spricht 1940 davon, es *damals* nicht gewagt zu haben, die Gestalt Goethes zu beschwören. Etwas intimer ist die Auskunft über die Hintergründe in dem Brief an Weber:

> »Was damals hinzukam, war ein persönlich-lyrisches Reiseerlebnis, das mich bestimmte, die Dinge durch die Einführung des Motivs der ›Verbotenen Liebe‹ auf die Spitze zu stellen«. (Br 1, 177)

Wenn die Verwandlung Goethes zur Aschenbach-Figur und die homoerotischen Aspekte auf eigenes Erleben zurückzuführen sind, dann ist auch evident, warum Mann so oft von einem *unmöglichen* Projekt sprach. Die Brief-Formulierung lässt jedenfalls vermuten, dass das »persönlich-lyrische Reiseerlebnis« mehr umfasste als das, was er später im *Lebensabriß* benannte:

»Ganz ebenso [wie in *Tonio Kröger*] ist im ›Tod in Venedig‹ nichts erfunden: Der Wanderer am Münchener Nordfriedhof, das düstere Polesaner Schiff, der greise Geck, der verdächtige Gondolier, Tadzio und die Seinen, die durch Gepackverwechslung mißglückte Abreise, die Cholera, der ehrliche Clerc im Reisebüro, der bösartige Bänkelsänger oder was sonst anzuführen wäre – alles war gegeben, war eigentlich nur einzustellen und erwies dabei aufs verwunderlichste seine kompositionelle Deutungsfähigkeit.« (Ess 3, 202 f.)

1964 gab sich übrigens mit dem damals 67-jährigen Baron Władysław Moes die Person zu erkennen, deren Knabenfigur und Matrosenanzug Mann mehr als fünfzig Jahre zuvor mit Wohlgefallen betrachtet hatte.

▶ Rehabilitation mit einem neuklassischen Meisterwerk?
Mindestens ebenso folgenreich wie dieses Erlebnis dürften Glaube und Wille gewesen sein, mit diesem Projekt den Misserfolg von *Königliche Hoheit* auszugleichen. Die venezianischen Erlebnisse, die Früchte des Goethe-Studiums und das Motiv der verletzten Künstlerwürde – das war mehr und von anderer Qualität als das Grundgerüst einer Fingerübung für »Simplicissimus«.

In dem 1911 in Venedig verfassten Essay *Auseinandersetzung mit Wagner* visioniert Mann das »Meisterwerk des Zwanzigsten Jahrhunderts« – »etwas Logisches, Formvolles und Klares« –, das sich vom »Wagnerschen sehr wesentlich unterscheidet« und »seine Schönheit nicht im Rausch«, sondern in »neue[r] Klassizität« und gesunder Geistigkeit suche (Ess 1, 152 f.). Er nähert sich damit einer *Neuklassik* an (↗S. 113), deren mehr verkündetes als eingelöstes Programm auf die Kreation eines neuen und nichtepigonalen Pathos zielt, durch das ethisch bedeutsame und keineswegs alltägliche Wahrheiten zur Wirkung kommen sollen. Natur- und sozialwissenschaftlichen Einflussnahmen auf die Kunst wird der Kampf angesagt und stattdessen eine Ästhetik der Härte und Kälte propagiert, die zu einer neuen Klarheit führen soll.

▶ Neurasthenie: eine ›Zeitkrankheit‹ als Kontext
Diese Obsession ist kaum ohne den Kontext des politisierten Diskurses um die Zeitkrankheit Neurasthenie zu verstehen. Innerhalb kürzester Zeit schlägt bei nicht wenigen Intellektuellen die Sympathie für die Krise der Nerven und ihre Psychologie in eine angewiderte Pose der Härte um. Reklamiert wird nun wieder ein heroischer Begriff von Kunst, ein Interesse an Idealität und nicht an einem relativistischen, da alles verstehenden Blick.

Den Übergang von einem weichen, für neuromantisch erklärten Impressionismus zu einer Klassizität der Härte verkörpert der Positionswechsel des Kritikers und Religionsphilosophen Samuel Lublinski (1868–1910) vom apologetischen Interpreten der impressionistischen Moderne zum Kämpfer gegen die organisierte Stillosigkeit und Hypersensibilität. Lublinski hatte als einer der ersten *Buddenbrooks* vorteilhaft rezensiert und Mann 1904 in seinem noch neuromantisch getönten Buch *Die Bilanz der Moderne* als bedeutendsten Romanautor der Gegenwart bezeichnet. Auch nach seiner Wende zur Neuklassik (*Der Ausgang der Moderne*, 1909) behandelte er Mann eher wohlwollend. 1910 wurde der Jude Lublinski Opfer eines Skandals, den Theodor Lessing (1872–1933), zu diesem Zeitpunkt Privatdozent für Philosophie in Hannover und freischaffender Publizist, selbst Jude und 1933 Mordopfer der Nazis, mit einer wüsten, antisemitisch ausgelegten Polemik anzettelte.

Den Anwürfen Lessings in der Zeitschrift »Die Schaubühne« parierten eine Reihe Autoren mit einer kollektiven öffentlichen Ehrenerklärung für Lublinski. Mann ging weiter und griff den ihm persönlich bekannten Lessing im »Literarischen Echo« heftig an (u. a. zieh er ihn ›weichlicher Unfähigkeit‹). Lessing reagierte mit einer telegrafischen Aufforderung zum Duell. Dem entzog sich der Autor zwar, der publizistische Zweikampf ging jedoch weiter. In diesem Zusammenhang steht die Idee, den Kontrahenten Lessing, ergänzt durch Züge des prominenten Kritikers Alfred Kerr (1867–1948), zum Vorbild einer Novellenfigur zu machen. Die Novelle sollte »Die Elenden« heißen, dieser Titel wird Teil von Gustav von Aschenbachs fiktivem Werk.

Dass die über Lublinski vermittelte Bindung an die Neuklassik nicht nur auf Manns Wagner-Beitrag von 1911 und die Notizen für den geplanten Essay »Geist und Kunst« einwirkte, sondern auch die Konzeption der Novelle prägte, ist vor allem in Hinsicht auf den Protagonisten unverkennbar. Gustav von Aschenbach bildet als Schriftstellerfigur die halb beobachtete, halb geahnte historische Entwicklung vom Décadent zum (Neu-)Klassiker ab.

Zum neuklassischen Gepräge zählt auch die Bedeutung von antiker Mythologie und Philosophie in und außerhalb der Perspektive des Protagonisten. Ähnliches gilt für die Orientierung am formalen Muster der Tragödie. Der Inhalt der Novelle widerspricht jedoch der 1911 noch erwarteten ›neuen Klassizität‹ des kommenden ›Meisterwerks‹. Die Hoffnung, in neuklassischem Gewande aus der Décadence-Literatur herauszugelangen, wird in der Arbeit an der Tragödie des neuklassischen Helden offensichtlich überwunden.

▶ Reaktionen der Kritik
Die Reaktionen auf die 1912 zunächst im Oktober- und Novemberheft der »Neuen Rundschau« und in einer bibliophilen Kleinauflage, im Februar 1913 dann als Fischer-Buch veröffentlichte Novelle bestätigten im Wesentlichen die Hoffnungen Manns. Der alte Gegner Alfred Kerr lieferte zwar eine bissige Satire in der Zeitschrift »Pan«, die in der nicht abwegigen Feststellung gipfelte, die Novelle mache Päderastie annehmbar für den gebildeten Mittelstand, doch überwogen positiv urteilende Stimmen. Auch der Buchabsatz entwickelte sich erfreulich.

Langfristig dürften aber auch die kritischen Stimmen günstig für den Autor gewesen sein. So stützte etwa das nicht nur in expressionistischen Kreisen artikulierte Unbehagen am Ausmaß des Komponierten, Stilisierten und auf den Ton Gebrachten indirekt sein Image als strenger Sprachkünstler. Auch die Bedenken gegenüber der Art, das Künstlerthema zu traktieren, festigten letzlich seinen Ruf als Autorität in Fragen des Künstlertums.

Verweichlichung und Verhärtung: ein Thema der Novelle als Schullektüre

Die berühmte venezianische Novelle scheint, wie ein Blick auf den Plot zeigt, nicht gerade ein Text zu sein, der den gegenwärtigen Lebens- und Imaginationswelten von Schülerinnen und Schülern nahe ist.

▶ Plot, salopp
Ein berühmter Schriftsteller, dessen interessantere Tage vorbei sind, macht sich umständlich und mit leicht wirren Ambitionen auf eine Reise, die ihn schließlich nach Venedig führt. Das Wetter dort ist schlecht und die Stimmung des preußischen Dichters auch. Glücklicherweise verguckt er sich in einen polnischen Knaben, den er lange Zeit als antike Statue sieht, bis der Voyeur endlich spürt, dass ihn eine ganz andere Leidenschaft als die für die schönen Künste ergriffen hat. Aus der endlich gewonnenen Gewissheit, den schönen Knaben erotisch zu begehren, folgt wenig, von einem merkwürdigen Traum abgesehen: kein Skandal, kein Verbrechen. Einzig die Cholera ereilt die Stadt, was aber im Interesse der Fremdenverkehrseinnahmen verschwiegen wird. Der Dichterfürst bekommt es trotzdem heraus, bleibt seines polnischen Lieblings wegen jedoch. Dessen Ferienzeit läuft aber bald ab und man fragt sich, was der inzwischen als alberner Gockel kostümierte Lüstling nun tun wird. Indes, die Spannung läuft leer, der Alte stirbt umgehend den Seuchentod ...
In solcher Lesart wirkt die Konstruktion des Plots wirklich verstaubt. Das Ungeheuerliche, das als inneres Ereignis den Helden zur fesselnden Figur machen könnte, scheint nach diversen sexuellen Revolutionen nicht ungeheuer genug zu sein, um den schicksalsschwangeren Tod am Strand zu rechtfertigen. Dass es in der Novelle von mythologischen Anspielungen und von pathetisch entrückten Reflexionen über die Sphären von Kunst und menschlicher Größe nur so wimmelt, wird auf zeitgenössischen Realismus abonnierte Leserinnen und Leser gleichfalls kaum fesseln.
Doch was sich in solcher am Plot orientierten Lektüre als eher fade zeigt,

gilt vielen in aller Welt als Hochgenuss: Goutiert werden die dramatische Komposition der Novelle, ihr Charakter als heimlicher Fünfakter, die leitmotivische Wucht, mit der Nietzsches dionysische und apollinische Prinzipien aufeinander prallen, die Einverleibung eines mythologischen Figurenarsenals, der markante Wetterparallelismus (vgl. Eberhard Lämmert: Bauformen des Erzählens. Stuttgart: Metzler 1955 u. ö., 52–59) und nicht zuletzt das reiche Material, auf das sich eine psychoanalytische Lektüre stützen kann, deren Richtung der Narziss-Vergleich im Text bereits vorgibt. Auch die geschmackvolle, ins Hochallgemeine verweisende Form gefällt, in der Mann das Thema eines päderastischen oder doch immerhin homoerotischen Begehrens geradezu auflöst.

Wie immer man zu *Der Tod in Venedig* steht – der Schriftsteller Yaak Karsunke sprach 1976 von »Perlen des *très kitsch*« –, richtig ist zweifellos eine Anmerkung Werner Deuses: Die Zusammenfassung des Handlungsverlaufs spart zwangsläufig fast alles aus, was die Novelle auszeichnet (Deuse, 41–62).

▶ Philologie als Voraussetzung lustvoller Lektüre?

Wenn das Ausgezeichnete der Novelle also in dem liegt, was sich nicht oder nur schwerlich nacherzählen lässt, ist angedeutet, dass eine beglückende Schullektüre des Textes eine besondere Lesedisposition voraussetzt. Nicht nur Liebe zum Detail ist gefragt, sondern auch höchstes Interesse für die verborgene Konstruktionsmaschinerie, mit der das gesammelte Material zu Verweisen verstrickt und verwandelt wird. Solches Interesse entfaltet sich wohl nur dem, der über den verborgenen Kontext in einer Weise verfügt, dass er nicht nur die Modifikation des antiken Materials erkennt, sondern in dieser Differenz auch einen Sinn identifiziert, für den er dann den idealen Autor verantwortlich macht. Doch eine solche philologische Lust am Text ist im Unterricht, zumal abseits altphilologischer Zweige, schwer zu vermitteln.

Betrachtet man das erhaltene Notizenmaterial zur Novelle (ediert von T. J. Reed, zugänglich in: Bahr 1991), wird deutlich, dass auch Mann sich mit dem antiken Material erst vertraut machen musste. Nahezu tadelnd urteilt Manfred Dierks über die mythologischen Kenntnisse des noch jungen Autors:

»Thomas Manns mythologische Kenntnisse sind sehr bescheiden, er hatte sich ja auch der humanistischen Zwangsausbildung am preußischen Gymnasium frühzeitig entzogen. Sein Zugriff auf mythologische Stoffe ist äußerst pragmatisch. Neben einem religionshistorischen Klassiker wie Erwin ROHDES *Psyche* konsultiert er Friedrich NÖSSELTS *Lehrbuch der griechischen und römischen Mythologie* für höhere Töchterschulen, das er von seiner Mutter hat.« (TMHb, 303)

Bescheidenheit der eingebrachten Kenntnisse muss also nicht im Widerspruch zu dem Vermögen stehen, mit ihren Objekten kreativ zu operieren. Dieser Hinweis mag Bedenken zerstreuen, *Tod in Venedig* mit in der griechischen Mythologie kaum bewanderten Schülerinnen und Schülern lesen zu wollen.

▶ Alternative Kontexte der Schullektüre

Doch welche Kontexte geben nicht nur die Qualität der Novelle zu erkennen, sondern können, wichtiger noch, in der Lektüre so entfaltet werden, dass sich umfassendere Erfahrungen bzw. Lernziele realisieren lassen?

Auch ein ›abgerüsteter‹ *Tod in Venedig* ist natürlich ein Text, der mit Gewinn nur langsam und buchstäblich zurückblätternd gelesen werden will. Dass eine betuliche, Details aufnehmende Lektüre in diesem Fall das oft zu hörende Urteil provoziert, ein Text werde widersinnig und zum Nachteil seiner Lektüre zerlegt, wird man jedenfalls kaum erwarten müssen (zumal, wenn man darauf verzichtet, in jeder einzelnen Antikisierung den intertextuellen Verweis aufzuspüren). Diese lesepädagogische Erfahrung an einem – auch im Hinblick auf die Erzählerhaltung – komplexen Text kann ergänzt werden durch den Einblick, den er in die intellektuelle Perspektive vermittelt, mit der nicht allein Thomas Mann dem Weltkrieg entgegenschreibt. Die Disposition, auf der die Fabel vom Staatsdichter Aschenbach basiert, zeugt gerade in ihren heterogenen, sich im Einzelnen widerstrebenden Motiven von einem Habitus, der zwischen asketischer Härte und nachgebender Weichheit changiert und letztlich beide Haltungen als Zusammenhang zu erkennen gibt.

Diese Konstellation beschreibt zum einen gewiss die individualpsychologische Problematik des Autors, nämlich sein auch in der bürgerlichen Ehe nicht abwesend zu machendes homoerotisches Begehren (vgl. Härle 1993). Ebenso nachhaltig geht die Disposition auch zurück auf die literaturpolitische Unsicherheit, sich aus dem jugendlichen Décadence-Komplex heraus- und in Klassizität hineinschreiben zu wollen, ohne von der neuen Richtung wirklich überzeugt zu sein. In dieser Hinsicht steht *Der Tod in Venedig* für das fiktive Versprechen (»Ich werde Besseres machen«; TK 73), das Tonio Kröger seiner Briefpartnerin in sehr abstrakter Form gibt (↗ S. 84). Doch die »anderthalb Seiten erlesener Prosa« (55), die der Dichter Aschenbach am Abgrund seiner Passionen für die Welt gewinnt, sind nicht in den Text montiert. Dass der Aufsatz *Auseinandersetzung mit Richard Wagner*, datiert »Lido-Venedig, Mai 1911« (Ess. 1, 152 f.), für das fehlende Produkt der »Eingebung« (55) einstehen soll, wie oft vermutet wird, ist zwar nicht von der Hand zu weisen, jedoch keine Antwort auf das poetische Orientierungsproblem. Wie in *Tonio Kröger* bleibt auch in *Tod in Venedig* das poetische Neue nur Versprechen.

Der Zusammenhang von Härte und Weichheit, bürgerlicher Identität und dekadent ausgelegter Sympathie mit dem Unbewussten berührt über Mann hinaus den erwähnten Krankheitskomplex der Neurasthenie. Diesen sozialgeschichtlichen Zusammenhang untersucht der Historiker Joachim Radkau in seiner quellenreichen Monografie *Das Zeitalter der Nervosität. Deutschland zwischen Bismarck und Hitler* (München: Hanser 1998). Aufschlussreich ist hier unter anderem das mit Blick auf den Ersten Weltkrieg ausgewertete Material über die Politisierung des Nervendiskurses (v. a. Eulenburg-Affäre).

▶ Aschenbach: ein Versuch, die Lust an der Schwäche zu überwinden?
Der politisierte Neurasthenie-Diskurs konturiert auch die Figur des Dichterfürsten Aschenbach, der zunächst als großer Überwinder auftritt. Nicht zufällig sind seine Züge als soldatische ausgewiesen. Sein Alter signalisiert zunächst eine vollzogene Entwicklung: Aschenbach scheint sich von den Anfechtungen der Jugend, dem Interesse für das Psychologische in zähem Kampf befreit zu haben. Als Staatsdichter hat er das weichliche Interesse am Selbst ausgeräumt und das eigene Leben der überpersönlichen Aufgabe der Kunst gewidmet. Blickt man auf *Tonio Kröger* zurück, so scheint dieser Künstlerprotagonist das realisiert zu haben, was Tonio Kröger lediglich als leeres Versprechen zu artikulieren vermag. Allerdings ist in dieser Präsentation der großen Künstlerfigur auch geopfert, was in der Lübecker Novelle leitmotivisch im Bild des lebendigen Herzens entfaltet wurde.

Als soldatischer Dichter ist von Aschenbach selbstverständlich kalt, ein Heroe der »elegante[n] Selbstbeherrschung« (16) und insofern vom imaginären Typus der »Helden des Zeitalters« (17). Und doch zeigt sich nicht erst mit seinem Sturz, dass weder die klassischen Formeln noch der Ruhm die Verstrickung in die nietzscheanische Décadence verhindern. Bereits das Soldatische, der Kultus der Härte und Disziplin, die Visionen der einsamen Kämpfe und des Schicksals bleiben zutiefst eingebunden in ein Modell und eine Sprache, die aus Nietzsches Besichtigung des Zeitalters stammen. Dass für Mann auch der soldatische Held auf dekadentem Boden wächst, wird im Dezember 1914 in dem für so manchen skandalösen »Abriß für den Tag und die Stunde« über Friedrich II. deutlich (Ess 1, 210–268). Auch die Stärken und Härten des Alten Fritz resultieren aus den Anstrengungen, jene Krankheiten und Schwächen zu kompensieren, die nicht zuletzt aus einer unglücklichen Sexualität resultieren. Die Sichtweise, dass die Härte nur eine Maske ist, die nicht auf Dauer vor den Gefährdungen des Selbst zu schützen vermag, entwickelt Mann in der venezianischen Novelle nicht zum ersten und nicht zum letzten Mal. Erzählt wird dies erneut in einem binären Zeichenmodell, das ebenfalls von Nietzsche stammt: *apollinisch* und *dionysisch* (↗S. 104–107). Mann legt dieses Modell nun als Schema eines fundamentalen inneren Kampfes aus, als Kampf zwischen *apollinischem Drang* und *dionysischem Trieb*.

Dieses psychologische Modell, das wesentliche Leitmotive der Novelle beeinflusst, eröffnet in Manns Indienstnahme zugleich ein ethisches Problem: Was ist die richtige Art zu leben, und welche Instanz richtet darüber?

▶ Wie führt man sein Leben richtig?

Die Erörterung dieses Themas kann für den Gegner der »Zivilisationsliteraten« (Betra, 45–60) Mann keine abstrakte sein. Vielmehr verlangt sie jenes konkrete unerhörte Ereignis, das die Novelle gattungsgerecht mit der brisanten Liebe zu dem 14-jährigen Knaben bietet. In den stärksten Momenten des Textes führt die Konfrontation mit dem Ereignis dazu, dass das Modell, mit dem das fiktive Geschehen beobachtet und erzählt wird, als ontologische Setzung porös wird, sodass auch eine Sprach- und Dichtungsskepsis durchschlägt, wie man sie beim Urheber des Modells, Nietzsche, findet.

Zum klassizistischen wie *mythopoetischen* Projekt der Novelle gehört allerdings ein Ästhetizismus, der zu Widersprüchen führt. Einerseits folgt sie der Psychologie Sigmund Freuds, indem sie die Mythologisierung seitens des Dichterhelden als Verdrängung entlarvt. Andererseits schildert sie, dass der Mythos ins Leben tritt, und operiert so selbst mit einem Wirklichkeitsmodell, das sie durch ihren Helden als Täuschung über das Leben bloßstellt.

Dieser Widerspruch zwischen moderner Entlarvung des mythologisierenden Blicks und der Indienstnahme des Mythos zur Herstellung einer narrativen und kunstsinnigen Ordnung mag als Hinweis dafür gelten, dass die Novelle trotz allen Bildungsgepräges jenem Typus des Alterswerks fern steht, das die fiktiven Schriften eines Aschenbach darstellen sollen. Gerade in dieser Hinsicht ist *Der Tod in Venedig* auch das Dokument einer Literatur der Jahrhundertwende, die nicht nur Vorkriegsliteratur ist, sondern ebenso Ausdruck von auch den Alltag prägenden Umbruchs- und Orientierungskrisen. Nicht zu vernachlässigen ist überdies, dass die Mythologisierung vor allem der Knabenfigur das Erzählte in seinen erotisch prekären Referenzen erheblich entschärft. So mag sich der sprichwörtlich gute Geschmack im geliebten Jüngling einzig – und natürlich tief symbolisch – die Hadesfigur erlesen. Auch wenn dies nicht gelingen sollte, bleibt doch immerhin die ästhetische Wahrnehmung, dass Knabenliebe zum griechischen Stoff ›passe‹.

Zwar lädt Aschenbach als Typus jüngere Leserinnen und Leser nicht unbedingt zur Identifikation ein, wie Tonio Kröger oder Hanno Buddenbrook, doch verrät die Konstruktion dieser Figur einen jungen Autor, der sich trotz aller Pose nicht sicher ist, ob er den harten oder den weichen Weg gehen wird. Deshalb könnte die Lektüre nicht nur die Erfahrungen im Umgang mit einem komplexen Text stärken und die Sensibilität für die fiktionale Bearbeitung einer intellektuellen und sozialpsychologischen Krisensituation befördern, sondern auch durch Anteilnahme motiviert werden.

Apollinischer Drang und dionysischer Trieb

Da die Konstruktion der Novelle und ihres Zeichenarsenals nicht unwesent-
lich auf eine Differenz zurückgeht, die Nietzsche im Rekurs auf den Gott der
Wissenschaften, *Apollon*, und den Gott der Ekstase, *Dionysos* (röm. Bacchus),
entfaltet hat, sollen dem eigentlichen Text- und Lektürekommentar einige
Worte der Erläuterung vorangestellt werden.

Schon weit vor Nietzsche entwickelte die Mythologie-Rezeption in der
bildenden Kunst einen Kontrast zwischen den beiden mythischen Götter-
figuren, dem sich Manns Novelle konnotativ anschließen kann: Während
Apoll, der Unrechtstaten der Menschen auch mit dem Ausbruch von Epide-
mien straft, als athletischer Typus dargestellt zu werden pflegt, ist Dionysos
bzw. Bacchus durch weichliche Züge geprägt – eine Interpretation, der die
neuzeitliche Kunstgeschichte vor allem durch das Exempel der Mamorstatue
Michelangelos (1475–1564) folgt. Der Identifikation des Dionysos als weich-
lich entsprechen auch die meisten literarischen Bezugnahmen. So klingt es
etwa in Goethes *Römischen Elegien XI.* sehr plastisch:

> Trocken schauet Minerva herab, und Hermes, der leichte,
> Wendet zur Seite den Blick, schalkisch und zärtlich zugleich.
> Aber nach Bacchus, dem weichen, dem träumenden, hebet Cythere
> Blicke der süßen Begier, selbst in dem Marmor noch feucht.
> (J. W. v. G.: Werke. Hamburger Ausgabe. Bd. 1. München: Beck ¹⁶1996, 164)

Und im *Faust* lautet die Formel ganz analog: »Bacchus [...], der Weichling«
(ebd., Bd. 3, 303). Entsprechend instruierte J. J. Winckelmann (1717–1768) in
seiner Abhandlung *Von der Grazie in Werken der Kunst* (1759):

> »Die Alten waren dergestalt auf den höchsten Wohlstand bedacht, daß nicht leicht Figuren mit
> einem Beine über das andere geschlagen stehen, es sei denn ein Bacchus in Marmor, ein Paris
> oder Nireus auf geschnittenen Steinen, zum Zeichen der Weichlichkeit.«
> (W.s Werke in einem Bd. Hg. H. Holtzhauer. Berlin/Weimar: Aufbau 1969 [BdK], 50)

Der Rückgriff auf das Modell von Apollo und Dionysos, den der junge Nietzsche mit seiner Schrift *Die Geburt der Tragödie aus dem Geist der Musik* (1872)
nimmt, ist in mancher Hinsicht eigenwillig und revolutionär. Seine Vision
eines griechischen Menschentypus weicht markant von den Vorstellungen
über antike Größe ab, wie sie den gelehrten Zeitgenossen durch die Schriften
Winckelmanns vertraut waren. Nicht »edle Einfalt«, sondern ein Miteinander von Abgründigem und Gemäßigtem, von Rausch und lebenspraktischer
Bescheidung glaubt er einer Kultur eigen, die die Tragödie hervorbrachte.
Das Finale dieser durchaus lebensethisch ausgelegten Größe sieht der junge
Deutsche mit dem Hervortreten des ›theoretischen Menschen‹ gekommen,
als dessen historische Inkarnation er Sokrates begreift (NieW 1, 99 ff.).

Nietzsches Rekurs auf vorsokratische Zeiten bezeichnet bestenfalls partiell eine Fluchtbewegung aus der Gegenwart. Nachhaltiger fällt die Erwartung aus, in Schopenhauers Philosophie und Wagners Musik die Vorboten einer Rückkehr des Dionysischen sehen zu können.

▶ Nietzsches Begriffspaar
Was meint Nietzsche, wenn er von »apollinisch« und »dionysisch« spricht? Für beide Kräfte benutzt er psychologische Begriffe: ›Drang‹ und ›Trieb‹.

Der apollinische Drang repräsentiert im Wesentlichen das Prinzip des Individuums. Es zielt auf die Herstellung eines Ichs, das dadurch zu einem individuellen wird, dass es sein Bewusstsein mobilisiert und sich von anderen abgrenzt. Es ist der Mensch, der sich auf den lichten Schein stützt, den taghellen Traum besinnt, dessen Tun sich auf Harmonie mit dem vorfindlichen Selbst richtet und der sich folgerichtig in der Tugend der Mäßigung übt.

Der dionysische Trieb, der ins Barbarische umschlagen kann, lebt in schlichtweg maßlosen Erfahrungszonen. Seine Szene ist der orgiastische Rausch, sein Erfahrungskern die Entgrenzung, das Einswerden mit der Natur und den anderen Menschen. Die im Rausch erfahrene Wahrheit übersteigt jeden Begriff. Das Leben ist in seiner Ethik immer eine Einheit, in der Schrecken, Schmerz, Abgründigkeit mit Wollust und Seligkeit liiert sind. Seine Einstellung ist die der großen Libertinage, des ›verzückten Ja-Sagens zum Gesamtcharakter des Lebens‹. Das Apollinische hingegen stellt die Freiheit unter das Gesetz, so eine Erläuterung des späten Nietzsche.

Apollinisch	Dionysisch
Individualitätsprinzip: Würde	Ich-Auflösung, Verschmelzung
Nüchternheit, Gesittung	Rausch, Ekstase
Form	Unform, Auflösung
Kultur	Natur
Augenblicklichkeit, Begrenzung des Raumes	Unendlichkeit, Weite, Ewigkeit
kausales Denken	fiebern, Wahn
sicher geglaubte Illusion	Wahrheit als Grausen
Askese, Einsamkeit	Sexualität, Sozialität, Intimität
Plastik, bildende Kunst	Musik
Traumbilder	Rauscherlebnis
usw.	usw.

Was Nietzsche im Feindbild des ›theoretischen Menschen‹ thematisiert, ist wesentlich die Negation der dionysischen Lebenswahrheit, die Ausklammerung des Abgründigen. In der erkenntnisoptimistischen Abwehr dionysischer Kräfte sieht er weniger den Ausdruck von Stärke als von Feigheit und im Ergebnis einen ›verzärtelten‹ Zustand. Von ›Tapferkeit‹ spricht er indes mit Blick auf den vorsokratischen Griechen, der die spannungsgeladene Synthese zwischen den Prinzipien aushält und zur Kunst – auch zur Lebenskunst – werden lässt. – Michel Foucaults Rekonstruktion des antiken Sexualitätsdiskurses demonstriert, wie der Kampf um die Lüste in diesem Sinn zum Kampf um ›Männlichkeit‹ formiert wurde (M. F.: Sexualität und Wahrheit. 2: Der Gebrauch der Lüste. Frankfurt a. M.: Suhrkamp 1989).

▶ Die Mitte als Ort der Spannung
Aus Nietzsches heroisch gewendeter Ethik eines Lebens und einer Kunst in Spannung gewinnt Mann ein Entwicklungsschema, das sich in seinen Ausfällen gegen die »Zivilisationsliteraten« oder in der Konstruktion des *Zauberberg* mit seinen asiatischen Versuchungen ebenso bewährt wie im republikanischen Insistieren auf eine Ästhetik und Politik der Mitte (↗S. 22, 83 f.). Die Rede von der Mitte indes signalisiert auch die strukturelle Affinität des Schemas zu konventionellen Vorstellungen und ihren Redensarten – ›goldene Mitte‹ usw. Ebenso lässt sich über die Strukturen des Schemas ein Pragmatismus artikulieren, wie er im Konzept des Kompromisses, des Pluralen oder der Balance (etwa: Ich-Identität) zum Ausdruck kommt. Solche Nachbarschaft mutet auf den ersten Blick eher langweilig an und für die literarische Produktion eher ungünstig. Interessant oder spektakulär wird der Rekurs auf das Schema erst, indem er das Moment der Spannung dominant setzt und die Existenz der Mitte in Bilder des gegebenenfalls desparaten Kampfes übersetzt. Bei Nietzsche ist dieser Zug bereits subversiv entfaltet, wenn seine Gegenwartsdiagnose darauf hinausläuft, dass die Rückkehr des im Zivilisationsprozess verbannten dionysischen Gottes bevorstehe (↗M 8).

Mann übernimmt aus dieser Vision nicht nur den dionysischen Tiger, sondern auch die Vorstellung vom dionysischen Zauber, der die tapfer gewahrte Haltung männlicher Formenstrenge auszuheben und angestrengte Identität zu vernichten vermag. Sieht man vom Frühwerk ab, gibt es kaum einen Text, der nicht Momente dieser Vorstellung ins Handlungsspiel bringt. Zunehmend konfrontiert mit Freud, kann Mann im Wesentlichen nur Zustimmung konstatieren: Was er bei Freud als Kampf von Es und Überich begreift, ist ihm die vertraute Anwendung des Schemas; die Wiederkehr des verdrängten Unbewussten und die Wiederkehr der Tragödie bedeuten seiner Lesart nach letztlich dasselbe.

Dass das anhaltende Interesse an den Schemata von Nietzsche und Freud wie die Gleichsetzung von Wahrheit und Bedrohung durch eigene Konflikte und Befindlichkeiten motiviert ist – durch die Spannung zwischen Homosexualität und bürgerlicher Rolle –, stellt zweifellos mehr als ein biografisches Aperçu dar. In diesem Zusammenhang gehört auch der narzisstische Effekt, sich bei den Größten selbst thematisiert zu sehen und sich wiederum in den eigenen Fiktionen thematisieren zu können. Dass die poetische Referenz auf die eigene Person (zum Glück des Lesers) nicht im Stile subjektivistischer Betroffenheitsliteratur verfahren kann, ist müßig zu erwähnen. Das Maskenspiel, das Manns Fiktionen stattdessen betreiben, ist weit kreativer und diffiziler. So ist es trotz aller biografischen Übereinstimmungen abwegig, Protagonist und Autor zu identifizieren, wie es abwegig wäre, Aschenbach als reine Erfindung zu nehmen. Der nietzscheanisch-romantische Glaube, die Künstlerpersönlichkeit sei für abgründige Lebenswahrheiten repräsentativ, erlaubte vielmehr plurale Masken, mit deren Hilfe – und geschützt durch die Ironie – der Autor Kämpfe imaginieren kann, deren Ausgang wiederum Fiktion bleibt.

Der Anfang und das Ende.
Zur Entwicklung der Tragödie Aschenbachs

Erstes Kapitel: Das Locken des dionysischen Tigers

Fasst man *Tod in Venedig*, Selbstkommentaren Manns folgend, als Tragödie auf und meint damit mehr, als dass es mit Aschenbach ein tragisches Ende nimmt, wird man auch die fünf Kapitel der Novelle in Analogie zum kanonischen Fünfakter der klassischen Tragödie setzen. Dann aber ist sofort eine Abweichung zu notieren: Erst im zweiten Kapitel – und nicht im ersten – erfolgt die Exposition der Figur. Stattdessen wird man bereits hier mit dem Grundmotiv der dionysischen Verlockung konfrontiert.

Aschenbachs Zustand – der ironische Erzähler fügt den amtlich attestierten Adelstitel nach – wird zunächst mit dem Repertoire neurasthenischer Symptomatik in Aktion geschildert: Der Schriftsteller sucht die gereizten Nerven durch einen Spaziergang im Englischen Garten zu beruhigen. Doch wo Entspannung in harmonischer Natur erwartet wird, herrscht Täuschung vor. Statt des kalendarischen Frühlings ist »ein falscher Hochsommer eingefallen« (7) und Gewitter droht. Am Endpunkt seines langen Spaziergangs will Aschenbach die Straßenbahn zurück in die Stadt nehmen, muss aber warten. In dieser Situation richten sich seine Blicke auf die menschenleeren Anlagen der den Nördlichen Friedhof umgebenden Steinmetzbetriebe sowie auf die (wie die Kathedrale von San Marco) im byzantinischen Stil gebaute Aussegnungshalle: Kreuze, Gräber, byzantinisches Bauwerk, apokalyptische Tiere – alle Objekte können bereits als vorausdeutende Symbole gelten.

Von zentralerer Bedeutung ist die Erscheinung des fremdländischen Mannes, die Aschenbach oberhalb der allegorischen Tierplastiken wahrnimmt. Nach dem Augenkontakt mit jener Figur, der ersten in der Reihe der merkwürdigen und skurrilen Gestalten, wird Aschenbach als plötzlich verändert geschildert: Wo eben noch nervlich aufgewühlte Zerknirschung dominierte, regiert jetzt ein »jugendlich durstiges Verlangen«, das der Erzähler als »Reiselust, nichts weiter« ausgibt (9).

▶ Eine gewöhnliche Reiselust?

Von simplem Verlangen nach Tapetenwechsel kann hier keine Rede sein, denn der Reiselustige gerät sogleich in einen Imaginationsrausch, der sich bis zur »Sinnestäuschung« (10) steigert: Die tropische Landschaft, die dem Halluzinierenden erscheint, trägt archaische Züge, und wer hier an Indien denkt, wird im fünften Kapitel bestätigt (74 f.). Die Landschaft und vor allem der Tiger im Bambus werden dort wieder aufgenommen und als Hort der indischen Cholera identifiziert. Der Tiger bildet den Höhepunkt der Halluzination; sein plötzliches Auftauchen entsetzt den sinnesgetäuschten Schriftsteller nicht nur, ihn durchzieht auch ein rätselhaftes Verlangen nach dem Tiger. Die Halluzinations-Szene ist unrealistisch genug, um auf allegorische Bedeutungen aufmerksam zu machen. Was hat es mit dem kauernden Tiger auf sich? In Korrespondenz zum fünften Kapitel kann zunächst geschlossen werden, dass von ihm Cholera und Tod ausgehen. Zugleich repräsentiert er eine Faszination, die stärker ist als die tödliche Gefahr, die er darstellt: Aschenbach missachtet die Warnung, die verseuchte Stadt zu verlassen. Ist damit eine Situation konnotiert, die auch ein nicht idealer Leser als Versuchung wider besseres Wissen kennen mag, so führt das Dionysos-Bild Nietzsches für den Kenner einen spezifischen Kontext ein: Der Tiger gehört (mit dem Panter) zum wiederkehrenden fremden Gott Dionysos.

▶ Wer ist der Fremde, dessen Anblick die Halluzination
des dionysischen Vorspiels auslöst?

Das Identifikationsangebot der meisten Interpreten lautet auf Hermes, Götterbote und Gott der Reisenden und der Hirten, dessen Aufgabe auch ist, die Seelen der Gestorbenen in die Unterwelt zu geleiten. Plausibel ist diese Zuschreibung durch ihren Effekt: Aschenbach wird durch diese Begegnung zu einer *Reise* verführt, die mit dem *Tod* endet. Zudem lassen sich Attribute ausmachen, die zum ikonografischen Arsenal der Hermes-Darstellungen gehören: vor allem Basthut und Stock. Sein Aussehen (bloßgelegte Zähne wie bei einem Skelett) und auch der Ort seines Auftauchens und Verschwindens verweisen auf den Tod bzw. auf Thanatos, die antike Personifikation des Todes. – Dass man im Fremden unter diesem Aspekt auch eine Satansfigur erkennen kann, korrigiert die Hermes-Identifikation nicht wirklich.

Etwas problematischer ist eine zweite These, der Fremde (fremder Gott) stelle Dionysos selbst dar und der Strohhut sei der gewissermaßen verweltlichte Efeukranz. Diese Sichtweise hat allerdings für sich, dass sie das Halluzinationserlebnis und den Tiger plausibilisiert.

Die Kommentare verschränkend, kann zu der Formel gegriffen werden, dass der Todesbote dionysisch gedeutet und reziprok auch die dionysische Verführung in der Novelle als todbringend interpretiert wird. So können im Fremden Züge von Hermes wie von Dionysos erkannt werden (vgl. Karl Kerényi: Die Mythologie der Griechen. Die Heroen-Geschichten. Frankfurt a. M.: dtv [16]1997, 22). – Dass mit der These des Psychoanalytikers Heinz Kohut, bereits der Fremde sei halluziniert und mit ihm der tote Vater wachgerufen, noch eine ganz andere Version existiert, sei hier nur angemerkt.

▶ Wie charakterisiert der Erzähler die Zentralfigur?

Im Nachklang der halluzinatorischen Visionen präsentiert der Erzähler eher nüchterne Reflexionen der Reise-Idee, die nach dem Ermattungshinweis zu Beginn weitere Gelegenheit geben, den Typus Aschenbach zu skizzieren. Im Mittelpunkt steht dabei die Schilderung der rigiden Arbeitsethik des Schriftstellers, deren Praktiken soldatische Disziplin zu erkennen geben. Allerdings ist der soldatische Dichter ein Solitär; wie dem militärischen Typus erscheinen ihm die der Sphäre der Normalen, der Zivilisten zugehörenden »Zerstreuungen der bunten Außenwelt« (10) als belanglos. Die wichtige Aufgabe, gestellt durch sein Ich und durch nichts weniger als »die europäische Seele« (10), muss der Dichter im Kampf mit sich selbst lösen. Das Schreiben ist Aschenbach demnach nicht genialische Lust, sondern »Alltagsstätte eines starren, kalten [vgl. *Tonio Kröger*] und leidenschaftlichen Dienstes« (11). Preußisch-militärisch geraten so auch die Kennzeichnungen der Arbeitsweise Aschenbachs: rascher »Handstreich« oder »Angriff« (11). Die Militärmetaphorik des ersten Kapitels wird im fünften in der Perspektive des Gefallenen, der seiner Vorfahren gedenkt, noch ausgebaut:

»Auch er hatte gedient, auch er war Soldat und Kriegsmann gewesen, gleich manchem von ihnen, – denn die Kunst war ein Krieg, ein aufreibender Kampf, für welchen man heute nicht lange taugte.« (66)

Dass Aschenbach, der wie Goethe dem touristischen Reisen als Augenscheinnahme einer durch Bilder und Texte ohnehin bekannten Welt skeptisch gegenübersteht, dennoch der Versuchung nachgibt, ist für den weiteren Verlauf aufschlussreich. Der pflichtethischen Disposition der Figur entspricht, dass Aschenbach zunächst seine Lust einem Räsonnement unterwirft, das das Pflichtgefühl stark macht. Dann aber fasst er die Reise als ein Therapeutikum auf, das der Arbeit förderlich sein könnte. In der Selbstanalyse, die diese Wendung möglich macht, fällt der entscheidende Begriff von der »geknechtete[n] Empfindung«, die sich rächen könnte (12). Das Risiko solcher Rache er-

wägt Aschenbach natürlich nicht im Hinblick auf privates Lebensglück, sondern er fürchtet eine Bedrohung des Werkes, dem die »Merkmale feurig spie-
lender Laune« (12) mangeln, wie er, anders als das gemeine Publikum, spürt.
Dass hier Projektion im Spiel ist, macht der Erzähler deutlich, indem er
den Tapferen nun entlarvt – Aschenbach »fürchtet« sich vor der Askese auf
dem Landsitz und den psychischen Wirkungen, die vom Anblick der vertrauten Bergwelt ausgehen. Das Räsonnement, das das mäßige Reisen als arbeits-
ethisch legitimiertes Therapeutikum absegnet, ist also bereits eine Selbsttäu-
schung. Täuschung sind auch die gesetzten Maße: »Nicht gar weit, nicht
gerade bis zu den Tigern« (12) will Aschenbach reisen, und doch wird er genau ihnen Einlass gewähren.

Zweites Kapitel: Auf Ruhm gestellt

Die hier nachgeholte Exposition vertieft vor allem die Skizze des soldatischen
Dichters – ein Bild, in dem wesensgemäß auch Züge des asketischen Priesters
auftauchen, wie ihn Nietzsche als Typus der Décadence entlarvt (↗Kap. III:
»Buddenbrooks«, S. 31). Das Kapitel setzt ein mit einem vielzeiligen Satz, der
die zum Werk gewordenen Leistungen des Autors aufreiht, um dann mit
einem knappen Hinweis auf die äußeren Geburtsumstände des Menschen
Aschenbach zu schließen. Diese symbolische Konstruktion enthält auch einen Befreiungsschlag des Autors: Die seiner Spielfigur als vollbracht anver-
trauten Werke sind seine eigenen, nicht erledigten Projekte.

Der familiäre Hintergrund Aschenbachs bestätigt das Bild vom solda-
tisch-priesterlichen Diener höherer Interessen; das spezifisch Künstlerische
wird in bewährter Décadence-Manier (z. B. *Tonio Kröger*) dem rascheren und
sinnlicheren Blut der böhmischen Mutter zugeschrieben.

► Unsterblicher Ruhm: eine Platon-Referenz
Die etwas bizarr anmutende Formulierung, Aschenbachs »ganzes Wesen« sei
»auf Ruhm gestellt«, verdankt sich Manns ausgesuchter Platon-Lektüre, wie
das Notizenmaterial zeigt. Bei Platon findet Mann eine Erklärung über das
Noble des Dichters, die er durch seinen Erzähler auf Aschenbach münzt.

Platon verbindet Ruhm als Ziel menschlichen Ehrgeizes mit *Unsterblich-
keit* und unterscheidet zwei Möglichkeiten unsterblich zu werden: Die gewöhnliche Variante besteht darin, zum Weibe zu ziehen und im Leibe zu zeugen, um sodann in den Kindern weiterzuleben. Die andere Variante beweist
sich hingegen in der besonderen Zeugung, welche die Dichtung in ihrer Wirkung auf Mit- und Nachwelt darstellt.

Das Bild des ruhmvollen Repräsentanten nimmt in mancher Hinsicht vorweg, was Mann später als Goethe-Bild und als Projektionsfolie der Selbstdarstellung entwickeln wird; den Hinweis auf die Pedanterie, mit der der eigene Ruhm verwaltet wird, mag man als selbstironische Anspielung nehmen. Nähe zum Goethe- und zum Selbstbild zeigt auch die Akzentuierung der körperlichen Schwächen und der sie kompensierenden Ethik, die in friederizianischer Analogie ausgelegt wird. Diese Akzentsetzungen entstammen ganz dem Décadence-Modell, das sich Mann in Anknüpfung an Nietzsche modelliert hat und dessen Gehalte ihm als wesentlich deutsch gelten. Der einsam feilende Dichter und Selbstüberwinder findet sich übrigens bereits in der Novelle *Schwere Stunde* (1905).

▶ Erzählerdistanz?

Die Bilanz der Produktionsphasen Aschenbachs ist ganz auf die Darstellung eines Reifungsprozesses gerichtet, wie er auch wieder aus kursierenden Goethe-Bildern bekannt ist. Höchst ambivalent erscheint bereits in der Schilderung des Erzählers die Klimax dieser Reifung, wenn im Aufstieg zur Würde alle »Hemmungen des Zweifels und der Ironie« (17) abgeworfen werden. Ebenso problematisch erscheint es, dass sich der Ekel »gegen den unanständigen Psychologismus der Zeit« (17 f.) in einer rigiden Strenge auflöst, die der bereits in *Tonio Kröger* thematisierten »Laxheit des Mitleidssatzes« (18) – »Alles verstehen hieße Alles verzeihen? Ich weiß doch nicht« (TK, 36) – in neuer Unbefangenheit eine neuklassizistische Absage erteilt (↗M 9). Spätestens an dieser Stelle geht der Erzähler auf Distanz zu seiner Figur und hinterlässt dem Leser einige Fragen, die zu stellen Aschenbach selbst nicht in der Lage ist. Dieser nämlich ist Produkt seines sozialen Schicksals, getragen zu werden vom »Massenzutrauen einer weiten Öffentlichkeit« (18). Dass Aschenbach zum Staatsdichter wird und dabei sein poetischer Stil ins Amtliche und Formelhafte verfällt, unterspült die zuvor geweckte Vorstellung individueller Stärke. Wenn der Erzähler über den Dichter nun vom Alternden spricht (19), zeigt er psychologisches Verständnis (also auch Laxheit) und hält fest, dass Aschenbach der Schicksal gewordenen Rolle mit Souveränität gegenübersteht. Dass er »die Würde des Geistes ausdrucksvoll wahrzunehmen sich gewöhnt und die Hofsitten einer Einsamkeit annimmt« (19), zeugt in ironischer Distanz des Erzählers von der Metamorphose des Dichters zum Staatsschauspieler und nennt mit dem Hinweis auf die eroberte »Macht« (19) auch das Ziel eines Willens, dessen Fragwürdigkeit zutage tritt. Hinter dem Willen zur Macht verblasst das Private: Der formelhaft als glücklich bezeichneten Ehe werden nicht einmal drei Zeilen gewidmet. Die Tochter wird mit dem Hinweis »schon Gattin« (19) noch rascher verabschiedet.

Das Porträt Aschenbachs schließt mit der Beschreibung seiner Physiogno-

3 Gustav Mahler (1860–1911), das Zeitungsfoto diente T. M. als Vorlage
für die Aschenbach-Figur

mie, wofür ein Zeitungsfoto Gustav Mahlers die Vorlage bildete (↗**Abb. 3**).
Gingen bei Tonio Kröger die frühen Zeichen einer Kräfteverzehrung auf
fleischliche Abenteuer und Schuldgefühle zurück, so ist das ins Karikaturhafte
gesteigerte Décadent-Gesicht Ergebnis rein geistiger Abenteuer.

▶ Neuklassik: literarhistorisches Hintergrundwissen

Die Lektüre des zweiten Kapitels ist keine leichte Übung, da hier Bilder und Anspielungen mobilisiert werden, die fremd sind. Ihnen in philologischer Kommentierung nachzugehen, kann rasch zur Qual werden, solange die Schülerinnen und Schüler nicht die Chance haben, Erkenntnisse selbstständig zu entwickeln. Dass sich in der Darstellung des jungen Aschenbach möglicherweise Hugo von Hofmannsthal erkennen lässt, hat Reiz für jene, die mit Hofmannsthal etwas vertraut sind. Einen Unbekannten zur Wiedererkennung vorgeführt zu bekommen, ist indes weder vergnüglich noch aufbauend. Man sollte auf dergleichen verzichten, zumal dadurch für das Verständnis der Novelle wenig bewirkt wird. Anders verhält es sich in Hinblick auf den literarhistorischen Kontext, der im zweiten Kapitel aufgegriffen und kommentiert wird: das wesentlich von Paul Ernst (1866–1933) entwickelte Programm einer *neuen Klassik* (auch Neuklassizismus; ↗S. 97).

Gegen Naturalismus und Décadence gewendet – also auch in Distanz zu allen modernen, vor allem frühexpressionistischen, aber auch impressionistischen und neuromantischen Strömungen –, repräsentiert es zwar keine durchschlagende Richtung, bleibt aber als angestrengte Gegenbewegung vor allem da relevant, wo im Zeichen schöner Einfalt das Psychologische bekämpft werden soll. Wenn Mann in *Bruder Hitler* 1938 davon spricht, dass *Der Tod in Venedig* manches von der »Absage an den Psychologismus der Zeit« wisse und er dieses Streben nach Vereinfachung zwanzig Jahre später als völkisches Gassengeschrei wiedererkenne (↗M 11, Zln. 67–71), zeigt er eine Kontinuität auf, die über eine literarhistorische Episode weit hinausreicht. Sie sollte durchaus genauer in den Blick genommen werden, wobei ein Vergleich mit der von den Nazis nicht als ›entartet‹ ausgewiesenen Kunst und Architektur hilfreich sein könnte (↗Abb. 4).

Die Auseinandersetzung mit der Attraktion der neuklassischen Poetik für Mann führt zu einem vertieften Verständnis der Novelle. Schließlich bildet die gefährliche Faszination neuklassischer Vereinfachungen den Hintergrund für die intellektuelle Parabel, die Aschenbachs Sturz im Weiteren als tragisches Ereignis erzählt (↗S. 124–126).

Drittes Kapitel: Das Schöne vor Augen

Nach dem Muster der Tragödie wird im längeren dritten Kapitel der Höhepunkt der aufsteigenden Linie erreicht. Es endet mit jener »gelassen aufnehmende[n] Gebärde« (49) des Protagonisten, die die im zweiten Kapitel erfolgte Charakterisierung des tapfer-sittlichen Aschenbach – ins Bild gesetzt durch die Pose der zur Faust gebildeten Hand (14) – aufnimmt und umkehrt.

Markiert wird auf diese Weise die Wende, die sich als Ergebnis des inneren Kampfes um Bleiben oder Abreisen entwickelt. Mit diesem Resultat sind konsequenterweise bereits entscheidende Zeichen auf Untergang gestellt.

Bevor es aber überhaupt zu dem Erlebnis kommt, das den Kern der Tragödie Aschenbachs ausmachen wird – die Liebe zu dem schönen Tadzio –, schickt ihn der Autor zunächst auf eine Reise, deren Verlauf weiteren Anlass bietet, Vorzeichen des Kommenden zu sehen oder zu negieren. Nach dem irrtümlichen Umweg über die istrische Insel treten dreimal Boten jener dem preußischen Dichter fremden Welt auf, deren Teil er kurz vor seinem Ende werden soll.

▶ Symbolische Verweise und realistische Wahrnehmung
Erstens ist da der geschwätzige Kartenverkäufer mit dem Ziegenbart, von dessen Bewegungen und Gerede »etwas Betäubendes« (22) ausgeht, das mit der grotesk anmutenden Sorge in Verbindung gebracht wird, die bereits auf dem Schiff nach Venedig Befindlichen könnten es sich noch einmal anders überlegen. Was sich dem realistischen Blick Aschenbachs als skurrile, bestenfalls zwielichtige Episode darbietet, gibt auf der Ebene der symbolischen Verweise die Gefahr zu erkennen, in die der Betäubte geraten wird.

Dem Kartenverkäufer folgt als Vorwegnahme des todgeweihten Aschenbach der geckenhafte Greis mit der roten Krawatte. Merkwürdig ist Aschenbach nicht der falsche Jüngling (22) als Einzelerscheinung, ihn irritiert vor allem, dass die jugendliche Umgebung des Alten Fälschung einfach ignoriert. Angesichts solcher Falschheit der Erscheinungen spürt er, wie eine »Entstellung der Welt ins Sonderbare um sich zu greifen« beginnt (23).

Die Empfindung, ins Schwimmen zu geraten, koppelt sich indes an die Realität des Augenblicks: Das Schiff hat abgelegt, der Kurs auf Venedig ist genommen. Die Fahrt verläuft unter einem Himmel, der bereits den dionysischen Raum absteckt: ungegliederte Leere. Die Auflösung der räumlichen Konturen überträgt sich auf das Zeitempfinden; alles wird maßlos bzw. »ungemessen« (24). Aschenbach fällt in ein Dämmern, das die sonderbaren Gestalten als Traumfiguren zurückholt, und schließlich in Schlaf. Die Erwartung, dass mit dem Erreichen des Zieles die Konturen glanzvoll zurückkehren und sich vom Meer her das Bild aufbaut, das dem Literaturkenner (aus *Sonette aus Venedig* [1825] von August von Platen [1796–1835]) vertraut ist, wird enttäuscht. Doch Aschenbachs Sehnen richtet sich – der Verse des »schwermütig-enthusiastischen Dichters« Platen eingedenk – auf die Erfahrung einer Irritation, auf »ein spätes Abenteuer des Gefühls« (24). Diese Irritation hat ihn eigentlich bereits ergriffen. In der zweifelhaften Gesellschaft des trunkenen Gecken zeigt sich dem Dichter die Welt ins »Sonderbare und

4   Arno Breker (1900–1991): Bereitschaft (Große Deutsche Kunstausstellung 1939)

Fratzenhafte« entstellt (25). Dieses Gefühl, dem er angesichts des nun auftau-
chenden Panoramas der Stadt nicht nachhängt, kehrt wieder, sobald sich die
äußeren Attraktionen zurückgezogen haben. In täuschender Ironie rationali-
siert der Erzähler jedoch die Irritation, indem er sie der Einsamkeit des Helden zuschreibt. Der kommunikativen Zerstreuung entzogen, beschäftigen
Aschenbach die wundersamen Beobachtungen »über Gebühr« (31). Dieser
Hinweis auf die Freuden und Risiken der Einsamkeit ist frappant, höhlt er
doch das Bild des erkalteten Staatsdichters aus. War also gelegentlich der
Schiffspassage in den lyrisch angeregten Reflexionen des Helden noch von
der Hoffnung auf »Gefühlsabenteuer« die Rede, so wird nun davon gesprochen, dass gerade dem Einsamen »Erlebnis, Abenteuer, Gefühl« (31) im Übermaß zufallen.

Angesichts dieser Diskrepanzen mag auch den Leser Irritation befallen:
Ist das Erlebte, zu dem als dritte Figur noch der wiederum kurznasige und
eigenwillige Gondolier tritt, tatsächlich so merkwürdig oder wird es das erst
in der verzerrten Wahrnehmung des Helden? Jedenfalls antizipiert die Auseinandersetzung mit dem Gondolier die späteren Entscheidungskämpfe.
Aschenbach gelingt es schon hier nicht, Identität durch den Selbstaufruf zu
»tätiger Abwehr« (29) zu bewahren. Scheinbar entführt, fällt er in den Bann
der Trägheit, obgleich ihn der – in symbolischer Konsequenz zutreffende –
Gedanke befällt, der Gondolier könne ihn ins »Haus des Aides« [Hades]
schicken (29). Wieder jedoch scheinen die äußeren Ereignisse die symbolischen Ahnungen zu dementieren, sodass der Protagonist selbst in die Rolle
eines unzuverlässigen Beobachters gerät.

▶ Tadzio: »das Schöne«, nicht der Schöne
Diese Konstellation bewährt sich, sobald Tadzio auftritt. Dessen Erscheinung
wird ganz in der Perspektive Aschenbachs geschildert, der, in der dionysischen Atmosphäre des Luxushotels als Einsamer unter den Gruppen auf die
inneren Erlebnisse des Betrachtens verwiesen, mit der Gestalt des langhaari-
gen Knaben »griechische Bildwerke aus edelster Zeit« (32) verbindet. Die
Assoziation – Tadzio als Bildwerk (39, 41, 53) oder als Statue (33, 36) – hat im
weiteren Verlauf des dritten und vierten Kapitels Bestand, bis es zum narzisstischen Blick des Jungen und dem schockartigen Eingeständnis Aschenbachs
(»Ich liebe dich!«, 61) kommt. Sie erlaubt es, den Knaben semantisch zu neu-
tralisieren – »das Schöne vor Augen« (33) oder »das Bewunderungswürdige«
(41) – und die problematische Faszination zu legitimieren. Dass der vermeintlich kontemplative Blick, der den polnischen Jungen zum antiken und
auch zum kostbaren Bildwerk der Natur (39) verwandelt, so interesselos
nicht ist, kann der Beobachter Aschenbachs schon bald ahnen. So geht bereits

des Voyeurs Aschenbach Spekulation über die »Schönheit schaffende Unge-
rechtigkeit« (33) trotz aller Betonung des intuitiven Künstlernaturells über
das hinaus, was man einem Bild angedeihen lässt.

Deutlicher noch zeigt sich das Unhaltbare im Kontakt mit den »eigentümlich dämmergrauen Augen« (34, 87) und in der nachfolgenden Selbstunter-
haltung über die Geheimnisse menschlicher Schönheit, die ironischerweise
als »abstrakte, ja transzendente Dinge« (35) bezeichnet werden. Dem Einsamen entgeht nicht, dass jene Dinge, die er sich beschwingt zusammengedacht
hat, bei wachem Blick besehen ohne Substanz sind. Am nächsten Morgen
erklärt Aschenbach die Existenz des Jungen als dafür verantwortlich, dass er
den Aufenthalt trotz der vertraut negativen Effekte der Wetterlage nicht
abgebrochen habe. Dies geschieht noch in der Pose des Kunstenthusiasten,
deren Kalkuliertheit durch die ironische Schilderung des Erzählers bloßgelegt wird, etwa wenn die Rede ist von der »fachmännisch kühlen Billigung, in
welche Künstler zuweilen einem Meisterwerk gegenüber ihr Entzücken, ihre
Hingerissenheit kleiden« (37).

▶ Im schweifend-unscharfen Nirwana-Blick
Am Strand wird dann die ganze morbide Disposition der verdeckten Liebesaffäre szenisch: Dies geschieht zunächst, indem die träumerische Hingabe
Aschenbachs zum Meer geschildert und kommentiert wird. Wie bereits aus
Buddenbrooks motivisch bekannt, hat das Meer nicht nur alle Züge des
dionysischen Raumes – maßlos und ungegliedert –, sondern transportiert
auch die romantisch-dekadente Sehnsucht nach Schlaf und einem Tod ganz
im Schopenhauer-Verständnis Thomas Buddenbrooks. Das »Nichts« (38)
macht dem Zwang zu Zucht und Identität ein Ende und verspricht nichts
weniger als Auf- und schließlich Erlösung.

In diesen schweifend-unscharfen Nirwana-Blick Aschenbachs blendet
sich, zunächst weich gezeichnet, die Gestalt des begehrten Knaben ein, der
den Ufersaum abschreitet. Während dem Leser so die todesbringende Rolle
Tadzios nahe gebracht wird, verrät sich der einsame Dichter ein weiteres Mal.
Als »das Schöne« mit Namen angerufen wird, horcht der Mann der Zucht
»mit einer gewissen Neugier« (39); den gedehnten (39) und süßen (41) »u-
Laut« findet er »dem Gegenstande [!] angemessen« (39), sodass ihn still
wiederholt – und im orgiastischen Traum wiederhören wird (79).

Der pflichtbewusste Staatsdichter gibt den Versuch, seine Korrespondenz
zu erledigen, bereits nach fünfzehn Minuten wieder auf, um »die Situation,
die genießenswerteste, die er kannte« – die Beobachtung Tadzios –, »nicht
durch diese gleichgültige Tätigkeit zu versäumen« (39). Als er sieht, wie Tadzio von seinem Freund geküsst wird, liegt ihm ein interessantes Zitat aus

Xenophons *Erinnerungen an Sokrates* auf der Zunge: »Dir aber rat' ich, Kritobulos« (40). – Auf Reisen gehen soll Kritobulos, weil er den Sohn des Alkibia-
des geküsst hat und die Wunde des verbotenen Kusses geheilt werden müsse.
Reise – oder besser: Abreise – wäre geboten, würde Aschenbach seine
antike Lektion beherzigen. Doch die Zeichen sind auf Sinnlichkeit gestellt,
wie »große, vollreife [im fünften Kapitel »überreife«, 83] Erdbeeren« (40)
demonstrieren, die der Züchtige bei einem Händler für sein Frühstück am
Strand ersteht. Immer kräftiger geraten dem Beobachter die »mythischen
Vorstellungen«, sodass gar in seinem Inneren »Gesang« antönt (41).

Dieses große Behagen besitzt deutlich narzisstische Qualitäten. Die Ver-
bundenheit mit dem Schönen erlebt Aschenbach als väterliche Verwandtschaft. Ins Spiel gebracht ist hier wieder das Motiv des auf Ruhm eingestellten
Dichters als Zeuger des Schönen (41). Konsequenterweise eilt Aschenbach
nach dieser Selbstbetrachtung zum Spiegel im Hotelzimmer und denkt im
Anblick seines müden Gesichts an den Ruhm (42).

▶ Kennt Aschenbach Tadzios Zukunft?
Aschenbachs nächste Wahrnehmung gibt bei Tadzio ein Detail preis, das
man von Mann allzu gut kennt: Der Schöne hat schlechte Zähne. Aschenbach
weiß mit Genugtuung, dass man damit meist nicht alt wird. Im fünften Kapitel wird die Idee von der Morbidität Tadzios in analoger Formulierung noch
einmal aus- und auf eine Sachlichkeit zurückgeführt, die aus der Emanzipa-
tion von »Rausch und Sehnsucht« resultiert (73).

Der Hintergrund dieser seltsam anmutenden Genese des Wissens um die
Zukunft erhellt sich intertextuell über Platons *Phaidros*: Sokrates verweist in
seiner Hymne auf die Liebe als ein von den Göttern geschenkter ›Wahnsinn‹
und auf die Affinität des Wahnsinnigen zur Wahrsagekunst (mantiken), die
von den Alten treffender Wahrsagekunst (maniken) genannt worden sei.

▶ Tempuswechsel
Die folgenden Abschnitte bewirken eine Retardierung der Handlung. Die
leitmotivische Schwülheit führt nun doch zum Beschluss der Abreise. Der
bewirkt aber keine psychische Entlastung, sondern versetzt Aschenbach umgehend in Reue. Bis es sich fügt (45), dass Tadzio für einen lieblichen Augen-
aufschlag in den Frühstücksraum kommt, verharrt Aschenbach im Hotel.
Dann folgt die Leidensfahrt zum Bahnhof. Die energische Entscheidung des
Vortages betrachtet der zu Tränen Bewegte nun als voreiliges Einwilligen in
eine schmähliche Niederlage des Alters. Gesteigert wird die ohnehin schon
die Grenzen des Glaubwürdigen strapazierende Dramatik der Stimmung
durch einen Tempuswechsel ins Präsens (»Unterdessen nähert sich«, 46), der

die Atmosphäre gedrängter Zeit forciert. Dann schlägt mit dem wundersam fehlgeleiteten Koffer das Schicksal zu und Aschenbachs Panik löst sich in manische Heiterkeit. Mit der Rückkehr ist bald die »Wahrheit seines Herzens« (49) erkannt: Nicht Venedig, sondern Tadzio durfte nicht verlassen werden. Diesem Eingeständnis folgt die wähnte permissive Handgebärde (49).

► Die Lektüre verzögern

Das dritte Kapitel ist wegen der Dynamik, die sich aus dem druckvollen Zusammenspiel dionysischer und apollinischer Motive ergibt, auch dann spannend, wenn man die intertextuellen Verweise nicht aufzulösen vermag. – Voraussetzung für ein Einlassen auf die im Wesentlichen psychischen Geschehnisse ist allerdings, dass die Aschenbach-Figur den Lesenden überhaupt interessiert. Erst wenn man sich des Zwanghaften seiner Disposition versichert hat und ihn nicht als komischen Kauz abtut, können Mythologisierung und Antikisierung als Mechanismen erkannt werden, die die illegitime Faszination legitimieren sollen.

Angesichts dieser Risiken kann ein Verzögern der Lektüre sinnvoll sein, das den Schülerinnen und Schülern Gelegenheit zu subjektiven Antizipationen der Handlungskonsequenzen bietet. Daran knüpfen zumeist erörternde Diskussionen über Handlungswahrscheinlichkeiten an, die den widersprüchlichen Aktionsmöglichkeiten der Zentralfigur in den Einschränkungen der Situation gelten. Dabei gerät neben den in der Novelle aufgebauten antizipierenden Motiven auch die Zuverlässigkeit im Zusammenspiel von Erzählerperspektive und innerer Rede in den Blick. Dies schließt eine wertende Betrachtung der Redemittel ein, des bekannten ›hohen‹ Tons der Novelle.

Viertes Kapitel: Antikisierungen

Dieses den Stolz des Autors besonders befriedigende Kapitel ist in Hinsicht auf die hier ins Spiel genommenen Fremdtexte, aber auch auf seine Funktion innerhalb der Dramaturgie der Novelle kein leichter Teil – wie auch die kontroversen Lesarten belegen. Bernhard Böschenstein etwa sieht darin einen Zwischentext, der sich mit fremden Federn schmücke, und glaubt das in ihm zur Sprache Kommende insgesamt der apollinischen Welt zugehörig (in: Hansen [Hg.] 1993, 106). Hermann Kurzke hingegen betont in Analogie zum Strukturprinzip der Tragödie im vierten Kapitel (Akt) die abfallende Tendenz: Aschenbachs Liebe im freien Lauf (Kurzke 1991, 121). Auch Helmut Jendreieck erkennt im vierten Kapitel die Auflösung einer anfangs ästhetisch-kontemplativen Faszination »zu einem alle sittliche Formen und Kontrollen sprengenden dionysischen Rausch sinnlicher Begierde« (Jendreieck, 242).

▶ Wie lassen sich die Unterschiede in der Lokalisierung des Kapitels zwischen den Polen ›dionysisch‹ und ›apollinisch‹ erklären? Das Kapitel endet mit dem berühmt-berüchtigten »Ich liebe dich!« (61). Für Ehrhard Bahr ist mit diesem Satz »ein gewagtes Thema« angesprochen. Folgerichtig liefert er Informationen zum Thema Homosexualität im wilhelminischen Staat (Bahr, 54 ff.). Für ihn handelt es sich beim Schlusssatz dieses Kapitels um ein homosexuelles *Outing* Aschenbachs. Damit wäre auch die Funktion des Kapitels innerhalb der tragischen Handlungsstruktur eindeutig festgelegt. Alles scheint für diese Zuordnung zu sprechen, man denke nur an den dionysischen Traum des fünften Kapitels. Böschenstein hingegen behauptet, dass dieser Satz auch ein eingespielter Text sei: ein Zitat aus Platons *Phaidros*. Man kann nach Prüfung der Quelle darüber streiten, ob sich hier wirklich von einem ›abgewandelten‹ Zitat sprechen lässt. In jedem Fall wäre, worauf auch Böschenstein hinweist, der Kontext in *Phaidros* ein anderer.

Was aber ist der motivierende Kontext, der zum Flüstern der Sehnsuchtsformel führt? Es ist das »Lächeln des Narziß«, das Aschenbach wie ein »verhängnisvolles Geschenk« in seine Fluchtstätte mitnimmt und das ihn im »nächtlichen Duft der Pflanzen« überwältigt (61). Böschenstein kommentiert dies, indem er vorsichtig von der Möglichkeit einer »Liebe des Narziss zum Narziss« spricht und aus dieser Lesart die Konsequenz erwägt, alles Selbstinszenierte der Schriftstellerfigur als eine Manifestation dieses Narzissmus zu begreifen.

Für die Sichtweise, die klassizistischen Sublimationen Aschenbachs – und so auch die »anderthalb Seiten erlesener Prosa« (55) – als narzisstische Schöpfungen zu nehmen, spricht durchaus einiges. Gleichwohl bleibt auch mit Blick auf das vierte Kapitel die Frage nach der Qualität des Erotischen, das mit dem breit ausgeführten Umschlag in den Rausch verbunden ist.

▶ Sokrates und Phaidros
Eingeführt wird die Rauschthematik in einem tadelnden Erzählerkommentar im Anschluss an Aschenbachs autosuggestiven Versuch, die Verklärung Tadzios auf die Spitze zu treiben und ihn zum »Standbild und Spiegel geistiger Schönheit« (53) zu deklarieren. Auch dies folgt einem narzisstischen Muster, insofern sich der die Vollkommenheit Erkennende in der Schönheit Tadzios zu spiegeln vermag. Was den ›Enthusiasmierten‹ (53) intellektuell und sinnlich bezaubert, zerschmilzt unter den Sonnenstrahlen in die Szenerie des Dialogs zwischen Sokrates und Phaidros aus Platons *Phaidros*.

Platon schildert hier, wie der schöne junge Phaidros, vom Redner Lysias kommend, auf Sokrates stößt, dem er enthusiastisch von der Rede berichtet, die vom Verhalten gegenüber einem nichtverliebten Liebhaber handelte. Der

Alte und der Junge wandeln zu einem lauschigen Plätzchen im Schatten einer Platane. An diesem Locus amœnus trägt Phaidros dem Sokrates die bewunderte Rede des Lysias vor. Sokrates hingegen verzückt vor allem der Glanz auf dem ›göttlichen Haupt‹ des schönen Jungen. So lässt er sich zu zwei enthusiastischen Reden hinreißen, eine im Sinne Lysias' und eine Gegenrede. Thema der zweiten Rede ist die Liebe als ein von den Göttern geschenkter ›Wahnsinn‹. Dieser erotische Wahnsinn sei nach dem Zeugnis der Alten edler als die Besonnenheit, lasse er die Menschen doch die Wahrheit und die unsterbliche Seele wiederfinden.

Aschenbachs Imagination der Platanen-Szene und Sokrates' Rede (54) vereindeutigt die erinnerte Schrift und passt sie dem eigenen Erlebnis an. Wiederum passend dazu versetzt sich der Dichter in die Lage, die Produktivität seines erotisch beseelten Körpers zu jener geistigen Zeugung zu nutzen, die die »anderthalb Seiten erlesener Prosa« darstellen. Nach der Produktion aber zeigt sich, dass die sokratischen Verwandlungsgesetze von Schönheit und Geistigkeit trügen. Die Novelle wechselt mitten im Absatz wieder ins Präsens, um die Dramatik der inneren Anspannung Aschenbachs zu pointieren. Den geistigen Zeuger des Vortages drängt es – sein Herz schlägt »wie ein Hammer« (56) –, Verbindung mit dem Sehnsuchtsobjekt aufzunehmen. Das scheitert jedoch an der Fassungslosigkeit des Liebenden. Nicht Beflügelung (57) ist das Geschenk des Eros, sondern Lähmung und Lächerlichkeit.

Streng kommentiert der Erzähler den Haltungsverlust: »Schon überwachte er nicht mehr«. (57) Dem Liebenden ist die Ökonomie des Handelns entglitten, der frühere Arbeitsethiker kennt nur das eine Ziel: »Rausch und Empfindung« (57). Der Rausch lässt den ohnehin schon hohen Erzählton noch steigen: Die mythologischen Zitate massieren sich, ohne Subtexte zu formieren. Der hohe und feierliche Ton kontrastiert mit dem eher kleinlichen Kalkül, in dem Aschenbach eine Annäherung des Geliebten registrieren will. Und der Ton versagt völlig, als es zur ›teuren Erscheinung‹ kommt: »Er war schöner, als es sich sagen läßt« (60). Das als narzisstisch gedeutete Lächeln, das dem Entgeisterten nun scheinbar plötzlich als verhängnisvolles Geschenk offeriert wird, mag erahnt worden sein. Schon beim ersten Anblick Tadzios assoziierte Aschenbach die antike Statue *Der Dornauszieher*, und ebendiese schmuggelte bereits Kleist in *Über das Marionettentheater* (1810) in eine Parabel ein, deren Thema die Selbstzerstörung des Narziss ist.

▶ Weichenstellungen des Textverständnisses
Wie aber steht es nun um die oben erwähnten kontroversen Deutungen dieses Kapitels in seiner Funktion für die Tragödie Aschenbachs? Was die Entscheidung schwierig macht, ist die Ökonomie des Textes selbst. Werden Vor-

ausdeutungen derart früh und breit gestreut, ist der Umschlag zu einer Tendenz im Text schwer zu verorten. So kann man sich, um nur das letzte Beispiel für einen intertextuellen Verweis aufzugreifen, darauf kaprizieren, dass bereits mit der Narzissmus-Konnotation des Bildes vom Dornauszieher *alles* gesagt sei. Ebenso könnte man darauf hinweisen, dass dieser Vergleich allenfalls Aschenbachs heilig gehaltene Vorstellungswelten illustriert, die Kleist-Analogie aber das Ergebnis eines typisch philologischen Hineinlesens ist.

Für das Verständnis des Kapitels weit erheblicher ist, was man aus den *Phaidros*-Passagen und aus dem »anderthalb Seiten erlesener Prosa« machen will, über deren Inhalt der Text wohlweislich keine Auskunft gibt. Heikel ist zudem die Bewertung des feierlichen Tons. Drückt sich hier die Ironie des Erzählers gegenüber einer Figur aus, die zu keiner Selbstironie imstande ist? Oder soll tatsächlich ein Hochkulturrausch ins Bild gesetzt werden?

Fragen wie diese rühren rasch am Problem unfreiwilliger Komik. Man vergegenwärtige sich nur, wie massiert die Zeichen physischer Ergriffenheit Aschenbachs auftreten. Würde die Handlung mit Monologen in ein szenisches Spiel umgesetzt, käme unweigerlich eine komische Vorstellung zustande.

Fünftes Kapitel: Cholera und dionysischer Tiger

Von den Fragen, die das letzte Kapitel dem Textverständnis aufgibt, ist die nach dem Zusammenhang zwischen Dionysos und Cholera sicher zentral. Gibt es zwischen beiden Motiven überhaupt eine Verbindung, abgesehen von der Funktion, den Helden exekutieren und die Novelle tragisch enden lassen zu können?

▶ In welcher Beziehung steht das Cholera-Ereignis zur dionysischen Ergriffenheit des Helden?
Eine erste Parallele kann darin gesehen werden, dass sich dionysische Macht und Seuche in einer Weise verbreiten, der man, einmal infiziert, ausgeliefert ist. – Diese Akzentuierung arbeitet Mann jedenfalls in den Exzerpten zu Jakob Burckhardts *Griechischer Kulturgeschichte* (1898/1902) heraus, die Teil der Notizen zu *Der Tod in Venedig* sind. Eine zweite Parallele ist mit der bereits erwähnten indischen Herkunft der Cholera verbunden; mit Indien in Verbindung steht Dionysos' ›Festzug‹ bei Nietzsche (↗M 8) – ein Bild, das auf Dionysos-Sagen zurückgeht (vgl. Karl Kerényi: Die Mythologie der Griechen. Die Götter- und Menschheitsgeschichten. Frankfurt a. M.: dtv [19]1998, 211).

Die Thematik der Cholera-Verbreitung war dem zeitgenössischen Publikum vertraut, eine Referenz auf eigene Erfahrungen mit der Epidemie hätte sich also angeboten. Hans Joachim Sandberg weist darauf hin, dass sich der

Einsatz der Cholera als Todesursache eigne, da die Seuche die von ihr Betroffenen tiefster Entwürdigung aussetze (Sandberg, 106 f.).

Solche Überlegungen sind in umfassende Interpretationsentscheidungen eingebunden. Sie sind konsequent, wenn man Aschenbachs Tod als eine Straflektion betrachtet, die in letzter Instanz auch dem Verführer Nietzsche gilt. Eindeutig ist dies jedoch nicht. Sandbergs Hinweis, dass Tod durch die Cholera ein besonders würdeloses Sterben bedeute, macht entgegen der Intention des Arguments geradezu auffällig, dass genau dies für die Fiktion Aschenbach nicht gilt, vollzieht sich sein Sterben (87) doch sanft und geradezu schön: in Parallele zu den dionysischen Meeresträumereien des dritten Kapitels (38) und in friedlicher Verschmelzung mit dem Geliebten, der in der Rolle des »ins Verheißungsvoll-Ungeheure« vorausschwärmenden »Psychagogen« [Seelenführer, als Umschreibung von Hermes/Merkur] auftritt (85). Der Wetterparallelismus – »Herbstlichkeit, Überlebtheit schien über dem […] fast verlassenen Lustorte zu liegen« (ebd.) – evoziert über die Perspektive Aschenbachs hinaus ein geradezu harmonisches Todesbild.

Die Tragödie Aschenbachs durch den dionysischen Tod ist in solcher Tönung nicht frei von Faszination, sodass es schwer fällt, von einer eindeutigen Absage zugunsten des apollinischen bzw. sokratischen Motivs zu sprechen. Wenn für die Liebe zum verbotenen Schönen mit dem Tod bezahlt werden muss, der aber schön gerät, wäre wohl eher von der Schwebe zu sprechen, in der auch der Schluss der Novelle die beiden Triebkräfte hinterlässt.

▶ Wieso warnt Aschenbach den Geliebten nicht?
Für die Handlungs- und Motivkonstellation bietet das Epidemie-Ereignis allerdings noch weitere Parallelen:

> »[…] – dieses schlimme Geheimnis der Stadt, das mit seinem eigensten Geheimnis verschmolz, und an dessen Bewahrung auch ihm so sehr gelegen war. Denn der Verliebte besorgte nichts, als daß Tadzio abreisen könnte, und erkannte nicht ohne Entsetzen, daß er nicht mehr zu leben wissen werde, wenn das geschähe.« (63)

Das Verschweige-Gebot, mit dem sich Aschenbach erregt dem venezianischen Umgang mit dem »Abenteuer« (63) anschließt, macht ihn, der durch seine Passionen – dem Kriminellen ähnlich – zum Feind der Ordnung wurde (63), zu Verbrechen fähig. Die Geheimnistuerei, mit der er sein Voyeurtum ausdehnt, entspricht seinen Recherchen über das Geheimnis Venedigs. Zu den Nachforschungen über jenes »Abenteuer der Außenwelt, das mit dem seines Herzens dunkel zusammenfloß und seine Leidenschaft mit unbestimmten, gesetzlosen Hoffnungen nährte« (67), kommt es zum einen aus der vagen und letztlich zutreffenden Idee, mit dem fatale eigenen Abenteuer in das größere der Außenwelt aufgehen zu können: Wie für sich wittert

Aschenbach auch für die Stadt, dass sie ihr Innerstes und zugleich Gefähr-
lichstes verbirgt. Diese (dionysische) Witterung der Abgründe hinter der ge-
fälschten Erscheinung leitet zum anderen auch die Straffantasien Aschenbachs um. Statt sich zu strafen, quält er die anderen, die Ähnliches auf dem
Gewissen haben. So empfindet er eine »bizarre Genugtuung«, als er den
Hotel-Geschäftsführer zu Rede und Lüge zwingt (67 f.). In Schwierigkeiten
bringt Aschenbach auch den letzten skurrilen Todesboten, den stumpfnasi-
gen Gitarristen, der so schlüpfrig mit der Zunge spielt wie der greise Geck
vom Fährschiff (70). Auf ihn werfen sich nach der Befragung durch Aschenbach zwei Hotelangestellte und veranstalten ein »geflüstertes Kreuzverhör«
(72). Den Gitarristen ficht dies jedoch nicht an. Was er unverschämt als
Hohngelächter der Hotelgesellschaft vorschluchzt, ist nicht nur der voraus-
geschickte Jubel des Todes über seine Opfer, sondern auch Vorgriff auf den
schrecklichen dionysischen Traum Aschenbachs. Dazu gehört, dass des Gitarristen dionysisches Lachen und Schreien die gesamte Gesellschaft infiziert: »und endlich lachte dann alles im Garten und auf der Veranda« (73).

Als Aschenbach durch den Clerk präzise Aufklärung über das gewitterte
Geheimnis erhält, gibt ihm das die Gelegenheit, selbst zum Verbrecher zu
werden. Der nahe liegende Gedanke, zumindest Tadzios Familie zu warnen
und sich mit dieser guten Tat gereinigt aus dem »Sumpfe« zu ziehen (77), löst
nicht mehr die zuvor im Erzählpräsens entfalteten Entscheidungskrisen aus.
Die Reise kann für Aschenbach nicht mehr zurück zu »Mühsal und Meisterschaft« (77) gehen, vielmehr »berauschte« ihn das »Bewußtsein seiner Mit-
wisserschaft« und der Eintritt in ein transzendentales »Chaos« – »die Vernunft überschreitend«, »Kunst und Tugend« übertreffend (78).

▶ Worin besteht die seltsame Logik des dionysischen Traumes?
Die Intensität dieser Berauschung beschreibt der Erzähler mit einem Vergleich: »wie geringe Mengen Weines ein müdes Hirn berauschen« (78). Damit stellt er eine Verbindung zwischen dem aktuellen Aschenbach und dem
betrunkenen Gecken des Fährschiffes her. Diese Verbindung wird im Anschluss an den dionysischen Traum weiter ausgebaut: Aschenbach lässt sich
vom Friseur zur Kopie des vormals mit Ekel betrachteten alten Gecken
modellieren. Diesen formellen Positionswechsel ins zwielichtige Lager beglaubigt schließlich noch die rote Krawatte, die nicht nur vom Hals des betrunkenen Alten leuchtete, sondern in Schleifenform auch als weit sichtbares
Erkennungszeichen Tadzios funktioniert.

Vor dieser Verwandlung wird Aschenbach von dem »furchtbaren Traum«
(78) heimgesucht, der ihn »kraftlos dem Dämon verfallen« (80) lässt. Der
Traum führt ihn an die Stätte einer dionysischen Orgie. Prägend für die Stim-

mung der Traumfiguren ist ›mania‹, eine ununterscheidbare Liebes- und Zorneswut, Folge einer Infektion durch den »fremde[n] Gott« (78). Diesen Traum sehen viele Interpreten als Kontrast zum heiter-sanften *Phaidros*-Traum. Doch sollte nicht übersehen werden, dass beide Imaginationen auch einen Zusammenhang bilden. Was bei Platons Sokrates so schön klingt, dass es Aschenbach zu Spiegelung und Sublimation verführt, erweist sich, wie sein Fall demonstriert, als unhaltbar und mithin ebenso abgründig. Die zum apokalyptischen Szenario – »Raserei des Unterganges« (80) – gesteigerte Orgie bildet so den Untergrund der antiken Platanen-Welt. In dieser Konsequenz liegt es, dass Mann seinen Helden noch einmal den Sokrates in der Anrede Phaidros' evozieren lässt (84 f.). Was in dieser letzten Evokation des platonischen Sokrates zur Sprache kommt, charakterisiert der Erzähler vorweg skeptisch und unverständig als Frucht »seltsamer Traumlogik« (84).

Fundamentaler gerät die Skepsis der Traumfrucht selbst: Dem heiteren Geplauder der Platanen-Szene wird der Glaube aufgekündigt. Aschenbach weiß nun, die zarte Formel der geistigen Zeugung geht nicht auf: Bedarf der Dichter zur Zeugung des Schönen (und des Ruhms) jenes Wahnsinns, den das erotische Abenteuer hervorruft, wandele er immer am »Abgrund« (85). Der Umschlag von Eros in Pädagogik ist Illusion und auch das Kunstschöne stets Gefährdung. Die fundamentalisierte Skepsis dieser späten Einsicht des Dichters fällt nicht nur ein Urteil über seinen dionysischen oder venezianischen Lebensabschnitt, sie denunziert auch die Kunst des Klassikers Aschenbach.

Die Urteilsbegründung zeichnet einen Entwicklungsprozess nach, um ihn als illusionär zu analysieren: Die Entwicklung setzt ein im zweiten Kapitel mit der neuklassischen Überwindung des laxen Mitleid-Satzes, der Verstehen als Verzeihen begreift (↗auch M 9), und der Negation psychologischer Erkenntnis. Motiv dieses Überwindungsversuchs war das Projekt, gegen den rationalen Zeitgeist die Tugenden von Würde und Form zu rehabilitieren, um moralische Instanzen wieder zu gewinnen, die den Weg zum Abgrund verbauen. Wird *Moralität* nun nach Kriterien von Schönheit und nicht von laxer Erkenntnis eingerichtet, gelangt sie in die Abhängigkeit von der belebten Seele, wie es beim Meister Platon heißt. Entsprechend führte Aschenbach im ersten Kapitel das Missbehagen an der eigenen Produktion auf den Mangel an Gefühl und Abenteuer zurück. Dass er den Verlockungen des Fremden vom Friedhof folgte, war demnach nur konsequent. Als illusionär erwies sich jedoch die Idee, die Abenteuer moderat halten zu können und »nicht gerade bis zu den Tigern« zu reisen (12). Das Auftanken der Dichterseele mit Gefühl und Erregung bzw. erotischem Wahnsinn ließ sich eben nicht dosieren. Illusion war auch die klassische Vorstellung, die erotisch geweckte Energie nach dem platonischen Vorbild ins Geistige umlenken zu können.

▶ »Der Tod in Venedig« ein Kommentar zu »Tonio Kröger«?
Was stattdessen eintrat, war die Beständigkeit des Rauschzustandes, also eine
Sucht, und mithin der gänzliche Verlust an Identität und Haltung. Solche
Auflösung des ethischen Ichs stellt aber genau den Zustand dar, dem Figur
und Autor auf neuklassischem Weg begegnen wollten.

Wenn Sokrates alias Aschenbach seinem Phaidros mit diesen Gedanken
die Wahrheit anvertraut, zieht seine Rede ein Resümee der kunstessayisti-
schen oder literaturpolitischen Aspekte der Novelle. Als ein solches steht sie
natürlich in Kontakt mit anderen Texten Manns, besonders mit *Tonio Kröger*.
Dem leeren Optimismus der Schlussformeln dieser Novelle begegnet *Der
Tod in Venedig* in Aschenbachs Traumrede mit tiefer Skepsis.

Dies festzustellen heißt nicht, die oben als falsch kritisierte Identifikation
von Figur und Autor durch die Hintertür wieder einzuführen. Doch auch
wenn Aschenbachs Tragödie parodistisch nur eine Perspektive durchspielt,
die für Mann durchaus Attraktion besitzt, wie sein Wagner-Beitrag von 1911
dokumentiert, spiegelt sie doch eine Krise, die der Autor nicht nur an anderen, etwa an Gerhart Hauptmann, beobachtet.

Dass mit dem in der Novelle am fiktiven Modell entwickelten Reflexions-
beitrag die neuklassische Perspektive als Programm begraben werde, ist eine
verbreitete Auffassung. Ihr soll nicht grundsätzlich widersprochen werden.
Doch verliert die Novelle ihr klassizistisches Gewand bereits dadurch, dass
dieses erkennbar Spielcharakter hat? Wenn Mann erklärt, das »Bildungs-
Griechentum« und die »hieratische Atmosphäre‹« stellten »nichts als mimi-
cry« dar, ein »Hilfsmittel«, durch das die Perspektive Aschenbachs und keinesfalls die eigene ins Bild gesetzt werde (T. M. an Paul Amman, 10. 9. 1915; zit.
nach: Bahr, 125), darf man fragen, warum der Untergang unter Einschluss der
äußerlichen Welt so schön und harmonisch gestaltet ist. Mit der Anpassung
an das Meistertum Aschenbachs jedenfalls ist der Aufwand an Parallelismen
kaum zu begründen, den der Autor zum Ausweis seiner Meisterschaft betreibt.

Vorschläge für die Behandlung im Unterricht

Mediale Adaptionen von »Der Tod in Venedig«
Als Film   I 1970 (Morte a Venezia, dt. Tod in Venedig; Regie: Luchino Vis-
    conti).
Als Hörbuch   T. M.: Der Tod in Venedig. Ungek. Ausgabe. Sprecher Gert
    Westphal (3 Toncass. od. 3 CDs). Litatron 1995; dass. Sprecher Will Quad-
    flieg (2 CDs). Polygram 1998.

S II   *Texterschließung. Module*

Aspekte	Möglichkeiten zur Vertiefung, Kontextualisierung		
Fokus: Weichheit und Härte	Cluster-Arbeit: Assoziationen zu ›weich‹ und ›hart‹ als Kennzeichen von Menschen und menschlichen Praktiken; Rollenbilder (*Softie* usw.)	Collagen-Arbeit mit Fotomaterial aus Zeitungen: Welches Personenfoto konnotiert Härte und Selbstdisziplin, welches Hingabe und Weichheit?	Eigene Schemata wahrnehmen: in Gruppenarbeit eine Liste mit Berufen erstellen, in denen es entweder auf Härte oder auf Einfühlsamkeit ankommt; Ergebnisse aushängen, unter dem Aspekt ›Geschlechterbilder und Macht‹ thematisieren
Strukturanalogie: Drama/Tragödie, 5 Akte	Dramatik: offene und geschlossene Formen wiederholen	Kontext Neuklassik über **M 9** und LV: Kategorie des Tragischen; Absage an Psychologie	Kontext Nietzsche: Die Wiedergeburt der Tragödie, ↗**M 8**
Aschenbachs Erschöpfungszustand; Ordnung und Unordnung; ›Spurenlesen‹: Symbolstruktur in Kap. 1 und 5 (der Fremde und die Tiger; Bericht des Clerks, S. 74 f.)	Mythologie und Symbole wahrnehmen (evtl. durch Verarbeitungen in der bildenden Kunst veranschaulichen)	Erzählperspektiven bestimmen, personales und auktoriales Erzählen unterscheiden	Parallellektüre: Tiger und Dionysos bei Nietzsche, ↗**M 8**
Aschenbach als Künstlertypus; Verhältnis Erzähler – Aschenbach; ›Askese‹ als Habitus	Kontextualisieren: Neuklassik vs. Naturalismus, Décadence, ↗**M 9**; T. M.: *Auseinandersetzung mit Wagner* (Ess. 1, 152 f.), (*Tonio Kröger*): »Laxheitssatz«, ↗**M 9**	Kontextualisieren: Unsterblichkeit und Ruhm: Platon (↗S. 110 f.)	Historische Kontexte einführen: Politisierung des Neurasthenie-Diskurses (↗S. 97 f., 101 f.; 🖙¹); Décadence (Schülerreferat; fachübergreifend: Geschichte); Klassizismus in Architektur, bildender Kunst; klassische Anleihen der Nazi-Ästhetik vs. »entartete Kunst«, ↗**Abb. 4** (fachübergreifend: Kunst); T. M.: *Bruder Hitler*, ↗**M 11**

Mythologische Boten (vgl. 1. Kap.: Der Fremde); Passivität und dionysischer Raum: Meer, Wetter; Tadzio – Bildwerk: neutralisierender Effekt; Symbolik: Erdbeeren, Zähne; Tempuswechsel; Vergleich der Gebärden (14, 49)	Kontext Nietzsche erschließen: apollinischer Drang und dionysischer Trieb, ↗M 8	Bedeutung des Schauplatzes erörtern; eigene Assoziationen zu Venedig sammeln / Image einer Stadt: ›morbider Charme‹, ›Liebe in Venedig‹ (bildträchtiges Beispiel: Conrad Ferdinand Meyer: Venedigs erster Tag) 📖²	Kontext Psychoanalyse erschließen: ›Verdrängung‹, ›Sublimation‹; Schülerreferat zu Sigmund Freud 📖³
Phaidros-Traum und geistige Zeugung; Rauschbilder; Narziss-Motiv und Liebesformel; Erzählton	Parallellektüren: Hölderlin: Sokrates und Alcibiades (Gedichte 1784–1800) 📖⁴; Kleist: Über das Marionettentheater (Parabel vom Dornauszieher)	Homosexualität und soziales Tabu; antike Knabenliebe; Foucault 📖⁵	Mythologie und Psychoanalyse: Narzissmus; Kontext: Narkissos als Sagengestalt (Hinweise in: Moormann, ↗ 📖⁷, 468–471); Sigmund Freud ↗📖³, 19–42)
Zusammenbruch der Sublimationen; Cholera: Innen- und Außenwelt; dionysischer Traum (vgl. Phaidros-Traum); Sokrates-Evokation: Prozesslogik des Ausweglosen; Entwicklung als Illusion; Todesharmonie	Literarhistorische Fundierung: Poetik der Décadence (Quellenmaterial, ↗📖⁶)	Mythologie erläutern lassen, Rechercheauftrag: Dionysos-Kult 📖⁷	Politische Kontexte erschließen: intellektuelle Orientierungskrisen, Künstler und Weltkrieg (fachübergreifend: Geschichte), Rechercheauftrag: Wie verhielten sich T. M. und Heinrich M. vor und während des Ersten Weltkriegs?

📖 1　Joachim Radkau: Das Zeitalter der Nervosität. Deutschland zwischen Bismarck und Hitler. München: Hanser 1998.

2　Conrad Ferdinand Meyer: Sämtl. Werke in 2 Bdn. München: Winkler 1968. Bd. 2, 81–85. *Weitere Beispiele:* Georg Trakl: *In Venedig; Vorhölle,* aus: *Sebastian im Traum.* In: G. T.: Das dichter. Werk. München: dtv 1972, 72 f.; Rainer Maria Rilke: *Spätherbst in Venedig,* aus: *Der neuen Gedichte anderer Teil.* In: R. M. R.: Sämtl. Werke. 6 Bde. Bd. 1. Wiesbaden/Frankfurt a. M.: Insel 1955/66, 609.

3　Sigmund Freud: Das Ich und das Es und andere metapsychologische Schriften. Franfurt a. M.: Fischer-Tb. 1978 u. ö.

4　Friedrich Hölderlin: Sämtl. Werke. Hg. F. Beissner. Bd. 1. Stuttgart: Cotta 1944/62.

5　Interpretierend und zusammenfassend: Wilhelm Schmid: Die Geburt der Philosophie im Garten der Lüste. Frankfurt a. M.: Athenäum 1987, bes. 44–56.

6　Jahrhundertwende. Manifeste und Dokumente zur dt. Literatur 1890–1910. Hg. E. Ruprecht/D. Bänsch. Stuttgart: Metzler 1981, 300–320.

7　Eric M. Moormann/Wilfried Uitterhoeve: Lexikon der antiken Gestalten. Mit ihrem Fortleben in Kunst, Dichtung und Musik. Stuttgart: Kröner 1995, 240–246.

Vorschläge für Anschlusslektüren

→ Wolfgang Koeppen: Der Tod in Rom. Roman (1954). Frankfurt a. M.: Suhr-kamp-Tb. 1975 ff. – Parodistische Fortschreibung; Ersatz der Künstlerfigur Aschenbach durch den Typus des auch 1945 ungebrochenen Faschisten Gottlieb Judejahn

→ Heinrich Mann: Der Untertan. Roman (1916). Frankfurt a. M.: Fischer-Tb. 1997. – Themenvariante: aufgesetzte Härte als Mentalität wilhelminischer Untertaneneliten

→ Georg Büchner: Lenz. Erzählung (1839). Stuttgart: Reclam 1998. – Kritik an der Vertaubung durch das Denken, Kunstgespräch

→ Peter Handke: Nachmittag eines Schriftstellers. Erzählung (1987). Frank-furt a. M.: Suhrkamp-Tb. 1989. – Themenvariante: Schriftstellererzählung

→ John Updike: Henry Bech. Erzählung (1970/82; dt. 1984): Reinbek: Ro-wohlt-Tb. 1984. – Satiren auf den Schriftstellerruhm und seine Verwaltung

»Tod in Venedig« – Luchino Viscontis Verfilmung

Viscontis Film (Morte a Venezia, I 1970) gilt als Kardinalbeispiel für die Mög-lichkeiten, einen literarischen Stoff im filmischen Medium produktiv zu adaptieren. Zu den produktiven Varianten des Films zählt zunächst die Transformation Aschenbachs zum Musiker und hier zum Abbild des Kom-ponisten Gustav Mahler.

Wichtig sind zudem die Modifikationen, die aus dem virtuosen Einsatz von Rückblenden resultieren. Für die Rückblenden wird als eine der zusätz-lichen Figuren Aschenbachs Freund Alfried erfunden, der als Gesprächspart-ner fungiert.

Für den Vergleich von Filmsprache und Novelle sind die visuellen und musikalischen Leitmotive aufschlussreich. Ebenso interessant sind die sub-jektiven Einstellungen, über die die mythologisierende Wahrnehmungspers-pektive Aschenbachs in eine eigene Bilderwelt übersetzt wird.

Rolf G. Renner fasst seine Analyse von Tod in Venedig mit Worten zusam-men, die auch einer schulischen Beschäftigung mit dem Film und mit grund-legenden Fragen der Literaturverfilmung als Inspiration dienen könnten:

»Ohne Frage setzt Viscontis filmische Interpretation gerade durch ihre Eigenwilligkeit Maß-stäbe. Vor allem durch sie wird die Entscheidung zwischen filmischer Nacherzählung und filmi-scher Interpretation in neuer Schärfe herausgefordert; durch sie auch werden die Eigenheiten, Grenzen und besonderen Möglichkeiten des Mediums gegenüber der Eigenständigkeit des Tex-tes ins Recht gesetzt.« (TMHb, 808)

📖 Werner Kamp/Manfred Rüsel: Vom Umgang mit Film. Berlin: Volk und Wissen 1998, 38 ff.,
123 ff. – Enthält detailliertere Anregungen zum Thema Film und Literaturverfilmung.
Peter Zander: Geschaute Erzählung. Dissertationsschrift. Berlin: Humboldt-Universität
1999. – Umfassende Darstellung über T. M. und den Film, differenziert auch zur Visconti-
Bearbeitung und ihrer Wirkungsgeschichte für das Genre Literaturverfilmung.

Produktive Verfahren

Nachschreiben

Um den ›hohen Ton‹ der Novelle genauer fassen zu können, bieten sich vor-
bereitende Nachschreibeprojekte an. Ein Abschnitt (etwa 56 f.), wird bei ge-
schlossenen Büchern zweimal vorgelesen. Im Anschluss sollen die Schülerinnen und Schüler das Gehörte aus dem Gedächtnis nachschreiben. Auf diese
Aufgabe sollte bereits vor dem Vorlesen hingewiesen werden. Die Texte werden ausgehängt, kopiert oder auf Folie gezogen und mit dem Original verglichen. Möglich ist es auch, die Nachschreibungen einzusammeln und an
Arbeitsgruppen zur Analyse weiterzugeben.

Textsortenwechsel

Nach dem Tod des berühmten Schriftstellers recherchieren deutsche Journa-
listen die letzten Tage Aschenbachs. Aus dieser Situationsvorgabe lassen sich
unterschiedliche Fortschreibungsprojekte ableiten:
→ Interviews mit dem Hotelpersonal, dem Clerk, dem Gondolier usw.
→ Zeitungsreportage
→ Expertisen über die Cholera, die Politik der Stadt usw.
→ Radio-Feature
→ Streitgespräch/Anhörung: Wer trägt die Schuld am Tode Aschenbachs?

Würdigungen

In unterschiedlichen Simulationen kann das Thema ›Staatsdichter‹ durchge-
spielt werden:
→ Initiative für ein Aschenbach-Denkmal (Gestaltung, Standort)
→ Anträge auf Benennungen von Schulen, Straßen, Plätzen nach Aschen-
bach; Gegenanträge usw.
→ Aschenbach-Hymnen (↗oben)
→ Nachrufe

Material

⁄1 8   Friedrich Nietzsche   *Die Geburt der Tragödie aus dem Geist der Musik* (1872)

Der Einfluss Friedrich Nietzsches (1844–1900) auf Thomas Mann war enorm und kann nicht allein an der studierten Primärliteratur gemessen werden, da Nietzsches Positionen das intellektuelle Milieu insgesamt prägten. (Zur Ausstattung der Bibliothek Manns mit Nietzsche-Editionen vgl. Christoph Schmidt: »Ehrfurcht und Erbarmen«. T. M.s Nietzsche-Rezeption 1914–1917. Trier: Wissenschaftl. Verlag 1997, 31–38.)

[…] / »Titanenhaft« und »barbarisch« dünkte dem apollinischen Griechen auch die Wirkung, die das *Dionysische* erregte: ohne dabei sich verhehlen zu können, daß er selbst doch zugleich auch innerlich mit jenen gestürzten Titanen und Heroen verwandt sei. Ja er mußte noch mehr empfinden: sein ganzes Dasein, mit aller Schönheit und Mäßigung, ruhte auf einem verhüllten
5   Untergrunde des Leidens und der Erkenntnis, der ihm wieder durch jenes Dionysische aufgedeckt wurde. Und siehe! Apollo konnte nicht ohne Dionysus leben! Das »Titanische« und das »Barbarische« war zuletzt eine eben solche Notwendigkeit wie das Apollinische! Und nun denken wir uns, wie in diese auf den Schein und die Mäßigung gebaute und künstlich gedämmte Welt der ekstatische Ton der Dionysusfeier in immer lockenderen Zauberweisen hineinklang,
10   wie in diesen das ganze *Übermaß* der Natur in Lust, Leid und Erkenntnis, bis zum durchdringenden Schrei, laut wurde: denken wir uns, was diesem dämonischen Volksgesange gegenüber der psalmodierende Künstler mit dem gespensterhaften Harfenklange, bedeuten konnte! Die Musen der Künste des »Scheins« verblaßten vor einer Kunst, die in ihrem Rausche die Wahrheit sprach, die Weisheit des Silen rief Wehe! Wehe! aus gegen die heiteren Olympier.
15   Das Individuum, mit allen seinen Grenzen und Maßen, ging hier in der Selbstvergessenheit der dionysischen Zustände unter und vergaß die apollinischen Satzungen. Das *Übermaß* enthüllte sich als Wahrheit, der Widerspruch, die aus Schmerzen geborene Wonne sprach von sich aus dem Herzen der Natur heraus. / […]
      Aber wie verändert sich plötzlich jene eben so düster geschilderte Wildnis unserer ermüde-
20   ten Kultur, wenn sie der dionysische Zauber berührt! Ein Sturmwind packt alles Abgelebte, Morsche, Zerbrochne, Verkümmerte, hüllt es wirbelnd in eine rote Staubwolke und trägt es wie ein Geier in die Lüfte. Verwirrt suchen unsere Blicke nach dem Entschwundenen: denn was sie sehen, ist wie aus einer Versenkung ans goldne Licht gestiegen, so voll und grün, so üppig lebendig, so sehnsuchtsvoll unermeßlich. Die Tragödie sitzt inmitten dieses Überflusses an Leben,
25   Leid und Lust, in erhabener Entzückung, sie horcht einem fernen schwermütigen Gesange – er erzählt von den Müttern des Seins, deren Namen lauten: Wahn, Wille, Wehe. – Ja, meine Freunde, glaubt mit mir an das dionysische Leben und an die Wiedergeburt der Tragödie. Die Zeit des sokratischen Menschen ist vorüber: kränzt euch mit Epheu, nehmt den Thyrsusstab zur Hand und wundert euch nicht, wenn Tiger und Panther sich schmeichelnd zu euren Knien nie-
30   derlegen. Jetzt wagt es nur, tragische Menschen zu sein: denn ihr sollt erlöst werden. Ihr sollt den dionysischen Festzug von Indien nach Griechenland geleiten! Rüstet euch zu hartem Streite, aber glaubt an die Wunder eures Gottes!
      (F. N.: Werke in 3 Bdn. Bd. 1. Hg. K. Schlechta. Wiesbaden: Wissenschaftl. Buchgesellschaft 1997, 34 u. 113)

Weisheit des Silen – der Silen (griech. Seilenos), einer der Erzieher des Dionysos, dickbäuchig, alt und glatzköpfig dargestellt, nach manchen Überlieferungen weissagend; Silenen im Dionysos-Gefolge: lüsterne Waldgeister, ähnlich den Satyrn; *Epheu* und *Thyrsusstab* – Stab und Erkennungszeichen des Dionysos, mit Efeu und Weinlaub umwunden, endend in einem Pinienzapfen

M 9   Paul Ernst   *Laxheit des Verstehens* (1899)

Bevor sich der Erzähler, Dramatiker und Essayist (Karl Friedrich) Paul Ernst (1866–1933) zu einem der stimmgewaltigsten Fürsprecher der ›Neuklassik‹ und zum Konservativen entwickelte, stand er dem Naturalismus und dem linksradikalen Flügel der Sozialdemokratie nahe. Nach 1933 gehörte er – trotz seiner kurz vor seinem Tod ausgesprochenen Distanzierung vom NS-Regime – zu den meistgespielten Autoren.

[…] Wir sind ja heute schon so weit, daß selbst Rechtsgelehrte, diese vorsichtigen Leute, erklären, der freie Wille sei eine bloße Setzung; freilich fügen sie immerhin noch verständigerweise hinzu: eine für ihre bestimmte Tätigkeit nötige Setzung. Was einem solchen Richter sein Gewissen sagt, wenn er das Verbrechen sich lediglich sozial erklärt oder aus verbrecherischer

5   Anlage, und den Mann doch verurteilt, das bleibt sein Geheimnis, ebenso wie es das Geheimnis der heutigen Theologie bleibt, welche die moderne Bibelkritik annimmt und das Gegenteil davon predigt, um das »Gemeindebewußtsein« zu schonen. Der Dichter hat den Ausweg der Unehrlichkeit nicht; er muß Farbe bekennen. Auf manchen Gebieten hat man noch die alte Anschauung beibehalten. Wenn im Kriege ein Soldat auf einen Posten gestellt wird, und er reißt

10 aus, weil ihm die Sache gefährlich scheint, so erschießt man ihn. Man wird ihm aufs Wort glauben, daß er Angst gehabt hat, und daß er hat Angst haben müssen, weil geschossen wurde, und weil seine Nerven so beschaffen sind, und weil bereits sein Großvater kein mutiger Mann gewesen ist. Das rohe Militär kennt noch nicht das Schlußwort unserer sittlichen Verfeinerung: Tout comprendre, c'est tout pardonner [Alles verstehen heißt alles verzeihen]; es sagt einfach: Du bist

15 ein Schuft, weil du deine Pflicht verletzt hast.
    Wir haben an die Stelle der Pflicht die Nerven gesetzt, an die Stelle des Sollens das Erkennen, wir denken vom Menschen wie vom Tier, denn das Tier, das keine ewigen Werte erkennen und erstreben kann, unterliegt allerdings lediglich der Notwendigkeit; und so haben wir Religion, Sittlichkeit und Kunst verloren und sind wirklich das geworden, was uns als das Ideal erschienen

20 ist: das höchst entwickelte Tier. Einen Unterschied des Wesens haben wir nicht mehr gegen das Tierreich aufzuweisen, sondern nur einen des Maßes.
    […] Der schlimmste Feind alles Tragischen aber ist die Ansicht von der Bedingtheit aller Sittlichkeit. Als Euripides den Satz aufstellte, daß dieselbe Handlung gut und böse sein könne, je nach der Person und den Umständen, da war die griechische Tragödie zu Ende. Denn wenn es

25 keine objektiven, allgemeinen und unter allen Umständen gültigen Regeln der Sittlichkeit gibt, mögen diese auch die freie Schöpfung einzelner hoher Geister sein, dann gibt es keinen sittlichen Kampf mehr; dann gibt es eben nur noch ein Verstehen. Die Sophisten haben das antike Drama zerstört durch ihre Lehre von der Relativität aller Begriffe; das naturalistische Drama der Gegenwart, welches kein Drama ist, hat bezeichnend genug die engsten Verbindungen mit dem

30 soziologischen und positivistischen Zuge; die heutigen Positivisten sind die wahren Abkömmlinge der alten Sophisten. […]

(P. E.: Das Drama und die moderne Weltanschauung. Zuerst in: Ethische Kultur, 7 [1899], Nr. 22, 170–172, u. Nr. 23, 180–183. Zit. nach: Jahrhundertwende. Manifeste und Dokumente zur dt. Literatur 1890–1910. Hg. E. Ruprecht/D. Bänsch. Stuttgart: Metzler 1981, 424–435. © Ebd.)

* Titel von der Redaktion

VI »Mario und der Zauberer« (1930)

Der »Choc« und seine Vorzeichen im Erzählerbericht – Künstlernovelle oder politische Allegorie? Deutungen im historischen Prozess

Im Unterricht wird *Mario und der Zauberer* gemeinhin unter dem Aspekt der Auseinandersetzung mit dem Faschismus gelesen. Dass der italienische Zauberer und Hypnotiseur Cipolla faschistische Verführungskraft personifiziere und die Erzählung indirekt von Verführungsbereitschaft handele, ist eine Lesart, die der Autor erst in den späten Selbstkommentaren nahe legte. Genauere Textbetrachtung zeigt: Eine derartige Deutung ist nur bedingt zu halten, denn die Figur des schrecklichen Zauberers bleibt in ihrer Attraktivität für den Erzähler – wie auch das Motiv des Dämonischen – durchgehend ambivalent. Die Geschichte von Cipollas tödlichem Auftritt ist trotz aller Referenzen auf das Italien Mussolinis die Geschichte eines Kleinkünstlers, der sich okkulter Kräfte und keineswegs nur demagogischer Tricks bedient. Cipollas Kampf um das Publikum wird vom erzählenden Augenzeugen als auf Wirkung zielende künstlerische Anstrengung durchaus gelobt. Zugleich aber rückt auch das Gefährliche solchen Künstlertums ins Bild: die Haltlosigkeit im Willen zum Triumph, die Risiken, die daraus resultieren, dass die selbst auferlegten Fesseln durch die Anstrengung zur Wirkung aufgerieben werden. Dass dies eher Motive einer ›tragischen‹ Künstlernovelle sind, ist gerade mit Blick auf das Gesamtwerk schwerlich zu verkennen. Doch ebenso erweist sich, dass die Künstlerthematik auch einen Schlüssel für Manns Faschismusverständnis darstellt. Sein Essay *Bruder Hitler* (1939) zeigt, dass Cipolla und Hitler für ihn zwar nicht gleichzusetzen sind, jedoch durchaus Verwandtschaften aufweisen (↗M 11). Indem nach derartigen Affinitäten offen gefragt und ihre mögliche Reichweite kritisch sondiert wird, zielt der Unterricht auf Auseinandersetzung mit dem Thema Faschismus/Nationalsozialismus und konfrontiert die Lernenden mit der nicht immer unproblematischen Vorstellungswelt des Zeitanalytikers Mann.

Entstehungsgeschichte und Erwartungshorizont

Sichtet man die Dokumente zur Genese des Textes, entsteht der Eindruck, die Novelle spiegele eher private Erfahrungen und verarbeite ein verdrießliches Urlaubserlebnis des Ehepaars Mann und ihrer beiden jüngsten Kinder im

mittelitalienischen Badeort Forte dei Marmi. Die Familie erfuhr hier im
Spätsommer 1926 an Kränkungen und Schikanen vieles von dem, was dem
Ich-Erzähler in seinem Rückblick auf das fiktive Torre di Venere [Venus-
turm] Grund zur Klage gibt: Zurücksetzung im Hotel, schlechtes Essen,
Ärger mit dem nicht ausgeheilten Keuchhusten der Kinder.

Dass der prominente Autor die eigene Familie zum Stoff einer Erzählung
macht, war dem literarischen Publikum der dreißiger Jahre seit der Idylle
Herr und Hund (1918) und der Novelle *Unordnung und frühes Leid* (1926) vertraut. Auch autobiografische Reiseberichte gab es von ihm schon.

Als ein liebenswürdiges Büchlein, in dem der *pater familias* – ganz ohne
Maske – unter den Seinen weilt, charakterisiert Viktor Mann (1890–1949) die
Novelle noch 1949 und reiht sie so eher in die humorigen *Home-Stories* des
Bruders ein (V. M.: Wir waren fünf. Bildnis der Familie Mann. Berlin: Morgen 1961, 326). Ähnlich nahmen auch die meisten Rezensenten im Mai 1930
den aufwendig gestalteten und in 30 000 Exemplaren gedruckten Band des
frischgekürten Nobelpreisträgers auf. Zu diesem Verständnis mag, neben
dem charmanten Erzählerduktus, auch der Untertitel der Zeitschriften- und
ersten Buchveröffentlichung beigetragen haben: »Tragisches Reiseerlebnis«.
Der späteren politischen Lesart widerspricht ebenso die Schilderung, die
Mann in dem 1930 in »Die neue Rundschau« publizierten *Lebensabriß* lieferte:

»Einmütig gewöhnt, keinen Sommer ohne einen Aufenthalt am Meere vorübergehen zu lassen,
verbrachten wir, meine Frau und ich, mit den jüngsten Kindern im Jahre 1929 den August in dem
samländischen Ostseebad Rauschen [...]. Auf dieser bequemen, aber weitläufigen Reise das
angeschwollene Material, das unabgeschriebene Manuskript des ›Joseph‹ mitzunehmen, emp-
fahl sich nicht sehr. Da ich mich aber auf beschäftigungslose ›Erholung‹ durchaus nicht verstehe
und eher Nachteil als Nutzen davon erfahre, beschloß ich meine Vormittage mit der leichten
Ausführung einer Anekdote zu füllen, deren Idee auf eine frühere Ferienreise [...] und dort
empfangene Eindrücke zurückging: mit einer Arbeit also, zu der es keines Apparates bedurfte
und die im bequemsten Sinne des Wortes ›aus der Luft gegriffen‹ werden konnte. [...] Ich ließ
mich bereden, meine Schreiberei an den Strand zu verlegen. Ich rückte den Korb nah an den
Saum des Wassers, das voll von Badenden war, und so, auf den Knien kritzelnd, den offenen
Horizont vor Augen [...], mitten unter genießenden Menschen, besucht von nackten Kindern,
die nach Bleistiften griffen, ließ ich es geschehen, daß mir aus der Anekdote die Fabel, aus locke-
rer Mitteilsamkeit die geistige Erzählung, aus dem Privaten das Ethisch-Symbolische [in Üms,
141: *Ethnisch*-Symbolische] unversehens erwuchs, – während immerfort ein glückliches Stau-
nen darüber mich erfüllte, wie doch das Meer jede menschliche Störung zu absorbieren und in
seine geliebte Ungeheuerlichkeit aufzulösen vermag.« (Ess 3, 217; ↗**Abb. 1, 2.** Umschlagseite)

Auch wenn Mann hier davon spricht, im Schreibprozess sei aus der beiläufi-
gen Anekdote eine über das rein Private hinausgehende Fabel geworden, entsteht kaum der Eindruck, dass von einer Erzählung die Rede ist, in der die
Verführungskräfte des Faschismus analysiert und warnend bloßgelegt werden sollen. Dazu erklärt Mann den Text erst zehn Jahre später in der Vorlesung *On myself*:

»Und so entstand die Erzählung ›Mario und der Zauberer‹ [...], die Geschichte von dem Hypnotiseur, den sein Opfer zuletzt erschießt. Die politisch-moralistische Anspielung, in Worten nirgends ausgesprochen, wurde damals in Deutschland, lange vor 1933, recht wohl verstanden: mit Sympathie oder Ärger verstanden, die Warnung vor der Vergewaltigung durch das diktatorische Wesen, die in der menschlichen Befreiungskatastrophe des Schlusses überwunden und zunichte wird.« (Üms, 89)

▶ Politische Satire?

Wenn der exilierte Autor seinen studentischen Zuhörern 1940 darlegen will, die Novelle sei in der Absicht geschrieben, vor der »Vergewaltigung durch das diktatorische Wesen« zu warnen, muss verwundern, wie sehr er das deutsche Publikum 1930 an der Nase herumgeführt hat. Wird jemand, der eine derartige Warnung aussprechen will, den Text, der solch eine Warnung enthalten soll, in so anschaulicher und amüsanter Weise als Frucht einer heiteren Ferienbeschäftigung am Ostseestrand präsentieren? Zu konzedieren ist sicherlich, dass Mann zu kaum einer Zeit – und schon gar nicht vor 1933 – daran gelegen war, als politischer Satiriker zu gelten. Noch im April 1932 heißt es in einem Brief:

»Was ›Mario und der Zauberer‹ betrifft, so sehe ich es nicht gern, wenn man diese Erzählung als eine politische Satire betrachtet. Ich will nicht leugnen, daß kleine politische Glanzlichter und Anspielungen aktueller Art darin angebracht sind, aber das Politische ist ein weiter Begriff, der ohne scharfe Grenze ins Problem und Gebiet des Ethischen übergeht, und ich möchte die Bedeutung der kleinen Geschichte, vom Künstlerischen abgesehen, doch lieber im Ethischen als Politischen sehen.« (Br 1, 315)

Der Ärger darüber, als Urheber einer politischen Satire zu gelten, lässt Mann erkennbar auf jener alten Distinktion von Dichtung und Politik beharren, mit der er als junger Autor symbolisch gegen den Bruder Heinrich als »Zivilisationsliteraten« zu Felde zog. Auch mag man darin die nicht abwegige Furcht des Nobelpreisträgers erkennen, sein künstlerisches Kapital durch die politisch kontroversen Auftritte für die Träger der Weimarer Demokratie verspielt zu haben. Doch absurd wäre es wohl, aus solcher Beobachtung zu schließen, der Autor habe 1930 die eigentliche Wirkungsabsicht seiner Novelle zu kaschieren gesucht.

Ausgangsfragen der Schullektüre

Anerkennung als politisch-visionärer Text, als eine Vorausdeutung der deutschen »Vergewaltigung« findet die Novelle beim Autor und beim Publikum erst durch die Erfahrung mit dem deutschen Faschismus. In welchem Maße solche Rezeption dem Text gerecht wird, ist bis heute umstritten. Gleichwohl ist *Mario und der Zauberer* insbesondere durch die politische bzw. sozialpsychologische Lesart in den Rang eines Hauptwerks gerückt worden. Auch der schulkanonische Status gründet darauf, glaubte man doch eine Lektüre vorzufinden, die zur Auseinandersetzung mit den massenpsychologischen Verführungen der Nazi-Bewegung und des totalitären Führerstaates anregt.

▶ Kontroverse offen lassen

Trotz der Affinität zwischen antifaschistischer Interpretation der Novelle und allgemeinen Aufklärungszielen der Schule möchte ich mit den folgenden Textbeobachtungen dafür plädieren, die Schullektüre nicht vorschnell im Sinne der politischen Allegorie festzulegen, sondern die kontroverse Frage im Unterricht offen zu verhandeln und als Motivation für eine intensivere Auseinandersetzung mit dem Text zu nutzen. Dies setzt voraus, dass die Schülerinnen und Schüler frühzeitig auf die sich wandelnde Interpretation durch den Autor und auf die anhaltend divergierenden Deutungen aufmerksam gemacht werden.

Dieser vergleichsweise offene und in kulturgeschichtlicher Perspektive an der Entstehung und der Entwicklung paradigmatischer Lesarten interessierte Ansatz schließt eine Auseinandersetzung mit dem Thema ›Psychologie des Faschismus‹ keineswegs aus, im Gegenteil. Gerade wenn die Zentralfrage darin besteht, ob die fiktive Episode vom Zauberer und seinem Publikum kritische Aufklärung über die Psychologie der faschistischen »Vergewaltigung« bietet, werden Geschichte des deutschen und des italienischen Faschismus wie Faschismustheorien eine Rolle spielen müssen. Die Offenheit der Fragestellung lässt auch Raum zur Realisierung der Momente des Textes, in denen sich ein anderer Sinn zu artikulieren scheint.

Der Text. Spurensuche

Vorzeichen: Politisierung des Strandlebens

Bereits im ersten Teil der Novelle wird deutlich, dass die Erzählerfamilie ein Land besucht, das ganz im Zeichen des Mussolini-Faschismus steht. Die Unliebsamkeiten des Aufenthaltsortes charakterisiert der Ich-Erzähler im eröffnenden Kommentar als Vorzeichen zu jenem »Ende mit Schrecken«, das im »Wesen der Dinge« liege (74). Allerdings zeigt er dabei eine psychologisch kontrollierte Unsicherheit, wenn er zugibt, dass ihnen die Vorbestimmtheit des bösen Ausgangs erst im Nachhinein klar geworden sei.

Mit diesem Beginn ist die Spannung auf das unerhörte Ereignis »mit diesem schrecklichen Cipolla« (74) aufgebaut. Zugleich wird demonstriert, dass der Erzähler mit den Ereignissen noch nicht abgeschlossen hat. Die daraus resultierende Einladung an den Leser, ein eigenes Urteil zu fällen, wird ergänzt, indem sich der Erzähler nicht nur als Zeuge der zu schildernden Ereignisse andient, sondern sich als ethische Person, nämlich als Vater, selbst in die Verantwortung nimmt. Unterstrichen wird solch einladende Leseransprache durch den folgenden sachlichen Berichtsstil; dem Risiko, durch die reisejournalistisch anmutende Annäherung an die Atmosphäre von Torre di Venere einen Spannungsverlust zu bewirken, begegnet der Erzähler durch die zweite Vorwegnahme des eigentlichen Erzählanlasses mit der Erwähnung Marios, »von dem ich dann gleich erzählen werde!« (76).

Was zu erfahren ist, klingt zunächst harmlos: Der Ort ist überlaufen, in heiße Sonne getaucht, seine Plätze sind von unwirtlicher Kakophonie erfüllt. Doch wird das angeschlagene Lamento über Nachteile des Reisens in der Hochsaison in eine andere Richtung gelenkt, wenn der Erzähler von den ersten kommunikativen Auftritten am Ort berichtet. Der Wunsch der deutschen Familie nach einem Tisch mit Meerblick wird vom Personal des Grand Hotels mit dem verlegenen Bescheid verweigert, die Veranda sei »ai nostri clienti« [unserer Kundschaft] – das heißt: dem römischen Adel – vorbehalten. Die mit dieser rigorosen Praxis verbundene Diskriminierung der ausländischen Gäste nimmt das deutsche Ehepaar ohne öffentlichen Protest hin.

Mit diesem Detail ist – neben der Ausländerfeindlichkeit der Italiener – ein zweites Thema eröffnet, das die Novelle und die Rolle ihres Erzählers durchzieht: Warum werden Unrecht, empörende Zustände und Missgeschick hingenommen?

▶ Was zwingt oder motiviert zum Bleiben in unbehaglicher Lage?
Bevor sich der Erzähler diese Frage stellen wird, berichtet er von einer kleinen Lösung. Vom »Byzantinismus« des servilen Hoteliers empört, verlässt man immerhin das Grand Hotel, um in die angenehmere Pensione Eleonora der Signora Angiolieri zu ziehen.

Was diese Unterkunft in ein besseres Licht taucht, ist rein sachlich die freundlichere und qualitätsvollere Bewirtung. Die Wirtin verkörpert zudem einen italienischen Typus, den der Erzähler mit sympathischer Anteilnahme schildert. Motivisch nicht unbedeutend ist aber auch, dass Signora Angiolieri sich den Gästen als einstige Vertraute von Eleonora Duse präsentiert, die wiederum als sinnliche Muse Gabriele d'Annunzios (1863–1938) gilt – jenes Autors, den Mann seit Betrachtungen zu Distanzierungszwecken als Exponent eines erotisch aufgeladenen Décadence-Ästhetizismus zitiert. Der ›Dichtersoldat‹ d'Annunzio gilt als Vorläufer einer Ästhetik faschistischer Machtausübung und hat zum Erzählzeitpunkt den Rang eines Nationalpoeten.

Wenn Cipolla in seiner Vorstellung das heilige Gedächtnis der Sofronia Angiolieri vorführt, geschieht auch dies, in Parallele zum Kultstatus d'Annunzios, mit den rhetorischen Mitteln eines vereinnahmenden Nationalpathos:

»Ist es nötig, Ihnen den Namen zu nennen, dessen Ruhm sich längst mit dem des Vaterlandes verbunden hat und mit ihm unsterblich ist?« (109)

Während Cipollas Rekurs auf die große Vergangenheit der Duse den hysterisch anmutenden Nationalstolz seines autochthonen Publikums mobilisiert, ist, wie der Erzähler beobachtet, die Instrumentalisierung der Vergangenheit im Kult des Erinnerns bei der Pensionschefin zivilerer Art. Hier registriert er lediglich das ungefährliche Bemühen, durch die museale Präsenz der prominenten Toten die Attraktionskraft des Wirtsgeschäftes zu steigern. Vorteilhaft geschildert wird auch das untere Personal des Grand Hotels; sehr bewusst fällt hier das Wort von der gut italienischen Art der Kinderliebe (79).

▶ Faszination des Merkwürdigen: merkwürdige Faszination?

Die Natürlichkeit der Ortsansässigen steht nicht nur im Kontrast zu der übersteigerten Mütterlichkeit der Fürstin (77), sondern auch zu dem Verhalten des bürgerlichen Strandpublikums. Hervorgehoben wird mit dem zwölfjährigen Jungen Fuggièro zunächst die Figur eines bösartigen Décadents, dessen Hauptcharakteristika in einer Verbindung von ungezügelter Aggressivität und hypochondrischer Wehleidigkeit liegen. Die Genese dieses hässlichen Kleintyranns wird in der Episode vom zwickenden Taschenkrebs (81) pädagogisch erläutert: Wieder – wie schon im Falle der Keuchhustenintervention der Fürstin – bleibt die naturwissenschaftliche Rationalität des Arztes folgenlos. Seiner Therapie, sich angesichts der Harmlosigkeit der Verletzung ganz natürlich zu verhalten, widersetzen sich die Eltern und inszenieren stattdessen das Schauspiel eines gefährlichen Badeunfalls.

Den allgemeinen Einzug des Unnatürlichen demonstriert im Weiteren die Beobachtung, dass die – nach romantischer Sicht – natürliche Weltrepublik der spielenden Kinder durch das von den Erwachsenen eingestreute Gift des Politischen nicht mehr funktioniert. Dem Muster dekadenter Aversion gegen Natürlichkeit entspricht dann auch der Höhepunkt der Strandskandale: Der Furor des patriotischen Protests ergießt sich über die kindliche Schamlosigkeit der kleinen nackten Deutschen und steigert sich in die Empfindung, Ehre und Stolz der Nation verteidigen zu müssen. Die unausgesprochen bleibenden Entgegnungen des deutschen Paares auf solche Anwürfe können zum Teil auch als Erklärungsversuche betrachtet werden. Dies gilt insbesondere für den dialektisch formulierten Verdacht, dass diese Prüderie Resultat einer allgemeinen moralischen Verwahrlosung Italiens sei (84) – eine Konsequenz, die wiederum das bekannte Modell der Décadence bemüht.

Dass die Privatheit des Vorfalls auch von der staatlichen Autorität missachtet und die Öffentlichkeit des Vergehens – »molto grave« (84) – durch eine Geldstrafe betont wird, bietet für den retrospektiv argumentierenden Erzähler erneut Anlass, mit dem fiktiven Leser über die Frage zu diskutieren, warum die Familie trotz alledem am Ort geblieben sei. Neben anderen Motiven verweist er auf eine Maxime, die seinen intellektuellen und künstlerischen Habitus in Analogie zur Rolle eines teilnehmenden Beobachters setzt:

»Wir blieben auch deshalb, weil der Aufenthalt uns merkwürdig geworden, und weil Merkwürdigkeit ja in sich selbst einen Wert bedeutet, unabhängig von Behagen und Unbehagen. [...] Soll man ›abreisen‹, wenn das Leben sich ein bißchen unheimlich, nicht ganz geheuer oder etwas peinlich und kränkend anläßt? Nein doch, man soll bleiben und sich dem aussetzen, gerade dabei gibt es vielleicht etwas zu lernen.« (85)

Indem er auf die Faszination des Merkwürdigen verweist, gibt er eine Disposition zu erkennen, von der wenig später Cipolla profitieren wird. Auch hier geht es ja um den Bann des Merkwürdigen und des Unheimlichen, um die Vorführung eines Vermögens, das sich der Erklärung zu entziehen scheint.

Das Faszinosum Cipolla

Motivisch eingeleitet wird der Cipolla-Teil durch einen Wetterumschwung: Die Naivität des hellen Sonnenlichts (80) verschwindet, die Atmosphäre wird schwül. Gleichzeitig reisen die römischen Familien ab und die Novelle kann sich ganz auf das schon mehrfach angekündigte Cipolla-Ereignis konzentrieren. Der Erzähler wird in der Rolle eines skrupulösen Erziehers in dieses Ereignis einbezogen. Es sind die Kinder, die der Reklame des Zauberers verfallen sind und deren Wünschen die Eltern nachgeben, obgleich sie wegen der späten Zeit Bedenken haben.

Diese Ausgangssituation ist insofern wichtig, als sie die Reflexion des Erzählers entscheidend bestimmen wird. Er ist nämlich nicht nur passiver Zeuge der Geschehnisse, sondern steht unter dem pädagogischen Druck, für das Wohl seiner Kinder Sorge zu tragen. Dass dieses, abgesehen vom Zeitfaktor, nicht gefährdet scheint, solange Cipolla nur als Zauberer agiert, wird in der Einleitung zum szenischen Bericht festgehalten. Als sich herausstellt, dass er anderes zu bieten hat als harmlose Taschenspielertricks, muss der Erzähler seine Einschätzung korrigieren:

»Und doch war klar, dass dieser Bucklige nicht zauberte, wenigstens nicht im Sinne der Geschicklichkeit, und daß dies gar nichts für Kinder war.« (103)

Mit dieser Feststellung wird eine ethische Frage aufgeworfen, die bereits den ersten Teil der Novelle bestimmte: Warum verlässt der Erzähler als fürsorgender Vater den gefährlichen Ort nicht? Jede Lesart, die den Dämon Cipolla als Symbolfigur faschistischer Verführung zu betrachten sucht, wird auch diese Frage verarbeiten müssen, um zu sondieren, wie umfassend die magnetisierende Wirkung des Zauberers ist.

▶ Was spricht dafür, in der Cipolla-Figur das Modell eines faschistischen Verführers zu sehen?

In textimmanenter Perspektive bleibt die Rolle, die der Kleinkünstler in der erzählten Welt spielt, zunächst uneindeutig. Im Vergleich zu den chauvinistischen Gästen des Grand Hotels ist sein Auftreten eher plebejischer Natur: Seine Wirkungsstätte ist keineswegs exklusiv. Ganz Torre di Venere zählt zu seinem Publikum, also auch die ›guten‹, kinderfreundlichen Italiener (88). Die Bühne ist auffallend schlicht dekoriert, die Beleuchtung kommt ohne Effekte aus. Cipollas eigene Erscheinung unterstreicht den Eindruck des Plebejischen: Zwar ist er in einer »Art von komplizierter Abendstraßeneleganz« (90) kostümiert und mit einer Schärpe ausgestattet, die in den Augen einiger Zuschauer die windige Selbstbetitelung als »Cavaliere« beglaubigt (91). Doch sein Auftreten, der schlechte Sitz seiner Kleidung, das ostentative Rauchen der billigsten Zigaretten, die leicht asthmatische Stimme und der schlechte Zustand seiner Physis konterkarieren jeden Eindruck italienischer Würde, an dem dem Strandpublikum so gelegen war. Mehr noch: Cipollas erste Aktion richtet sich gegen den jungen Mann Giovanotto, den der Erzähler mit den Hinweis auf die »Modefrisur des erweckten Vaterlandes« (92) beschreibt.

Giovanotto, der neben der sitzenden Erzählerfamilie (92) im Seitengang steht (119), also zum proletarischen Teil des Publikums gehört (97), wird von Cipolla unter Hypnose dazu gebracht, die hochgehaltenen Gebote seiner guten Erziehung zu verletzen und dem Publikum die Zunge herauszustrecken. Nicht zu vernachlässigen ist, wie Cipolla das Spiel mit dem stolzen Italiener einleitet und abschließt. Vor der Hypnose spielt er ironisch auf die identitätsstiftende und idealistische Ethik einer Einheit von Willen und Tun an, um eine Lockerung dieses Verhältnisses als amüsante Erfahrung anzukündigen: »[...] es müßte bequem und lustig sein, nicht immer so den ganzen Kerl zu spielen«. (92)

Die Perspektive, den Willen als Instanz der für sein Tun verantwortlichen Person an einen anderen abzutreten, formuliert Cipolla in dem Witz über das amerikanische System der Arbeitsteilung. Wenn er seinen Probanden nach erfolgreicher Manipulation wieder entlässt, geschieht dies mit der parodistischen Wiederholung des stolzen Geständnisses »Bè ... das war ich« (93). Die Parodie geht zwar auf Kosten Giovanottos, sie ist aber auch aufklärend. Indem Cipolla sich für den Publikumsaffront verantwortlich erklärt, stellt er

schließlich die wirklichen Verhältnisse klar. Dies bleibt allerdings doppelbödig: Einerseits rettet der Zauberer die Integrität seines Rivalen, andererseits
dekonstruiert sein Experiment die Basis der stolzen Persönlichkeit, indem es
den sicheren Glauben an die Kontrolle des eigenen Willens als Fiktion ent-
hüllt.

▶ Cipolla: ein gewöhnlicher Zauberer?

Eigentlich zeigt schon der erste Auftritt des Hypnotiseurs, dass die Erwartung auf konventionelle Zauberei trügt. Dass der Erzähler gleichwohl konstatiert, der Mann habe noch nichts geleistet (95), deutet an, wie gering die
Souveränität ist, mit der er den vergangenen Ereignissen gegenübersteht.
Vom Bann, in den der Auftritt den deutschen Zuschauer zieht, kündet bereits
die Erinnerung, unwillkürlich mit den Lippen das Geräusch der knallenden
Peitsche nachgeahmt zu haben (93).

Auch die nachfolgende Selbstdarstellung Cipollas zeichnet eher das Bild
eines Künstlertypus, wie er aus anderen Texten des Autors bekannt ist. Basis dieser Künstlerschaft ist, getreu dem Décadence-Modell, eine erhebliche
Beschädigung der physischen Vitalität, die zu einer Konzentration auf die
Sphären von Seele und Geist führt (94) und sich auch als sexuelle Entbeh-
rung auswirkt, wie der Blick des Erzählers »auf die Körperlichkeit« (95) verrät. Gleichermaßen vertraut ist aus dem Nietzsche-Komplex die Gefährdung
des Künstlers durch Gefall- und Erfolgssucht, bei Cipolla ausgedrückt durch
die reklameartige Selbstpreisung (94 f.). Ebenso wenig wie der Hypnotiseur
seine Verantwortlichkeit verschweigt, kaschiert er seine körperlichen Gebrechen. Die Reaktion auf solche Offenheit passt wenig in das Faschismus-Bild
einschlägiger Interpretationen:

»Übrigens war der Unzuträglichkeit durch ihre Erwähnung gleichwohl die Spitze abgebrochen
worden, und zivilisiertes Feingefühl beherrschte angesichts ihrer spürbar den Saal.« (96)

Der Kontrast, der zwischen dieser Freimütigkeit und dem Skandal am Strand
besteht, ist kaum zu verkennen. Er verdeutlicht noch einmal die Differenz,
die zwischen dem Typus Cipolla und der römischen High society gezogen
wird. Ebenso wenig zu übersehen ist, dass die Pointen, in die die Witzeleien
des Künstlers münden, größtenteils jenen heroischen Kultus der Stärke ironisieren, der für den Faschismus und seine Ästhetik so kennzeichnend ist.
Wenn Cipolla »sein« Rom provokativ gegen die Provinzialität des kleinen
Badeortes ausspielt, geschieht dies auch im Namen von Aufklärung und
Fortschritt – und ausdrücklich gegen die Kräfte der Finsternis, wie vor allem
der Zornesausbruch gegen den Analphabetismus demonstriert (98). Obgleich die patriotischen Reden und die dekadente Reizbarkeit Cipollas den

Erzähler irritieren (103), fügt er mit Bedacht an, der Künstler habe selbst dafür gesorgt, »daß der Charakter seiner Künste jedem irgendwie Wissenden unzweifelhaft wurde« (104).

So ganz klar bleibt dieser Hinweis auf die Transparenz dieser Künste allerdings nicht, wenn man bedenkt, dass der Erzähler selbst in der Retrospektive nicht genau zu fassen vermag, worin Cipollas Methode in den Zahlenexperimenten bestanden hat. Dies zeigt sich besonders im Bericht über den Versuch des jungen Italieners mit »stolz geschnittenem Gesicht« (105), seinen Willen gegen die Manipulationskraft des Zauberers durchzusetzen. Diese Charakterisierung ist kaum zufällig, reproduziert sie doch die spöttische Optik Cipollas. Dass der dem jugendlichen Herausforderer eine Lektion über die nihilistische Tendenz eines Strebens nach Willensfreiheit erteilt –

»Die Freiheit existiert, und auch der Wille existiert; aber die Willensfreiheit existiert nicht, denn ein Wille, der sich auf seine Freiheit richtet, stößt ins Leere« (105) –

registriert der Erzähler zunächst namentlich mit Blick auf die »seelische Verwirrung«, die die gut gewählten Worte auf den jungen Mann ausüben. Angesichts der Niederlage des Jungen schließt er sich dem Spott der Cipolla-Lektion an, indem er den Zornigen höhnisch als »Freiheitskämpfer« (105) tituliert.

▶ Wie beurteilt der Erzähler die Künste des Zauberers?

Dass Cipolla, obgleich kein »Simpatico« (96), immer deutlicher die Bewunderung des Publikums zu spüren bekommt, wird hingegen als gerecht bezeichnet, als »Sieg sachlicher Gerechtigkeit über Antipathie und stille Empörung« (105).

Höchst ambivalent zeigt sich der Erzählerkommentar auch nach dem raffenden Bericht über weitere Experimente. Über die okkulten Kräfte fallen zwar Worte wie »unsauber« und »zweideutig«, doch legt der Erzähler auch Wert darauf, die »Echtheit« mancher ihrer »Bestandteile« (106) zu attestieren. Und wenn er hinzufügt, dass »alle Verhältnisse natürlich sich verstärken, wenn ein Cipolla Leiter und Hauptakteur des dunklen Spiels ist« (106), bezieht das auch dessen Echtheit ein und beweist nichts anderes als Bewunderung. Ähnlich ambivalent gerät die spätere Kennzeichnung der okkulten Vorstellung als »natürlich-unheimliche[s] Feld« (112).

Des Künstlers Lektion über das Leerlaufen eines auf Freiheit gerichteten Willens trifft die Gedankenwelt des Erzählers, wie sich später noch mehrfach zeigt. So erklärt der Erzähler sich selbst, wieso der breit gebaute »Herr militärischen Ansehens« es nicht vermag, die Kräfte des Zauberers zu brechen und den Arm zu heben:

»Er schien zu wollen und nicht zu können; aber er konnte wohl nur nicht wollen, und es waltete da jene die Freiheit lähmende Verstrickung des Willens in sich selbst, die unser Bändiger vorhin schon dem römischen Herrn höhnisch vorausgesagt hatte.« (114)

Das Bild des Armes, den sein starker Herr nicht heben kann, lässt sich als satirische Verspottung des Kultus faschistischer Armgrüße lesen – und es wäre dann Cipolla, dem die Rolle des Regisseurs eines solch anarchischen Slapsticks zukäme. Er selbst entwertet den »römischen Gruß« (121), wenn er ihn zur Begleitchoreografie seiner sarkastischen Lobpreisung des vaterländisch antiken Eigennamens Mario werden lässt.

Auch in einem weiteren »Fall« (118) geht es um Cipollas Sieg über einen renitenten Zuschauer, der, wie es in dem leicht spöttischen Erzählton heißt, »die Ehre des Menschengeschlechtes heraushauen will« (117). Nun analysiert der Erzähler in Cipollas Begriffen, was die Niederlage des Römers verursachte:

»Wahrscheinlich kann man vom Nichtwollen seelisch nicht leben; eine Sache nicht tun zu wollen, das ist auf die Dauer kein Lebensinhalt; etwas nicht wollen und überhaupt nicht mehr wollen, als das Geforderte dennoch tun, das liegt vielleicht zu benachbart, als daß nicht die Freiheitsidee dazwischen ins Gedränge geraten müßte, und in dieser Richtung bewegten sich dann auch die Zureden, die der Cavaliere zwischen Peitschenhiebe und Befehle einflocht, indem er Einwirkungen, die sein Geheimnis waren, mit verwirrend psychologischen mischte.« (118)

Eine derartige Erklärung der Kraftlosigkeit des Nichtwollens liegt durchaus auf der Linie der republikanischen Reden Manns. Umso aufschlussreicher ist es in textimmanenter Perspektive, dass Cipolla derjenige ist, der das Lehrstück und die Begriffe zu seiner Interpretation liefert. Der Erzähler nimmt kritisch wahr, wie Cipolla sein Opfer unter Kontrolle bringt und das »Gesicht des Unterworfenen« auf der Bühne »veröffentlicht« (118). Dass das Opfer nicht leidet, sondern »daß ihm offenbar wohler war jetzt als zur Zeit seines Stolzes ...« (ebd.), ist ihm allerdings auch eine Bemerkung wert.

▶ Cipolla: »die Personifikation« des Übels von Torre di Venere?
Resümiert man die zusammengetragenen Beobachtungen, scheint es textnaher Lektüre unmöglich, in Cipolla die Symbolgestalt eines faschistischen Verführers zu sehen. Wenn der erste Teil der Novelle die Infektion der Alltagswelt durch den faschistischen Bazillus in Szene setzen soll – und dafür spricht nicht wenig –, kann der Auftritt Cipollas, zumindest bis zum Augenblick seines absoluten Triumphes, kaum als verdichtete Fortführung dieser Studie gelesen werden. Indes, spricht nicht der Erzähler selbst davon, Cipolla sei »die Personifikation von alldem« (111), was den Aufenthalt in Torre bestimmt habe? In der Tat erklärt er dies – allerdings mit der unsicheren Eröffnung: »dünkte uns«. Beachtlich ist auch der Kontext: Wieder geht es um Gründe,

die die Verletzung des elterlichen Pflichtgefühls erklären. Dass die gefundene Legitimation den mit sich hadernden Vater selbst nicht sonderlich überzeugt, gibt der ironische Nachsatz zu erkennen:

»Nehmen Sie das als Erklärung unserer Seßhaftigkeit an oder nicht! Etwas Besseres weiß ich einfach nicht hervorzubringen. – « (111)

Und wenn er wenige Sätze zuvor konstatiert hatte, dass »unsere Gefühle für Cavaliere Cipolla [...] höchst gemischter Natur« waren (110), dann unterstreicht das nur seine Fasziniertheit, seinen Wunsch, wissen zu wollen, wie die Sache ausgeht – und was sie eigentlich darstellt. Tatsächlich porträtiert der Bericht über die Nacht mit dem Zauberer eine ›gemischte Natur‹. Cipolla spielt zweifellos auf den Tasten des grassierenden Faschismus; und wenn er die Dialektik von Herr und Knecht, von Befehl und Gehorsam in der Führerideologie personifiziert (107), agiert er ganz im Vokabular der politischen Macht. Jedoch präsentiert er sich über weite Teile auch als satirischer Entlarver der angespannt stolzen Söhne des Vaterlandes.

Marios befreiender Auftritt: Schlüsselszene der politischen Allegorie?

Mit der Verzauberung des widerspenstigen Herrn aus Rom erreicht Cipollas Vorstellung ihren Höhepunkt. Das Publikum ist aus der Reserve gelockt und suhlt sich, wie der Fall der tanzenden Angelsächsin überdeutlich zeigt, in einer nervösen Haltungslosigkeit. Der Erzähler spricht streng von einer »allgemeine[n] Fahrlässigkeit [...], von der zu dieser Nachtstunde auch wir ergriffen waren« (119).

Bedenkt man die dramaturgische Raffinesse, die Cipolla bislang an den Tag gelegt hat, scheint nun der Zeitpunkt gekommen, den Abgang vorzubereiten. Tatsächlich nimmt sich der Meister zunächst auch zurück und beschränkt seine Aktivität darauf, die Tanzenden und Zappelnden mit der Peitsche in Bewegung zu halten. Doch zeigt er angesichts seines Triumphes auch nachlassende Selbstkontrolle, die für einen Schauspieler bedenklich ist. Mag die Lässigkeit und Arroganz noch zu Cipollas Dramaturgie gehören, die auf Wirkung aus ist, trifft das für die nächste Beobachtung des Erzählers kaum zu. Als Mario bereits auf der Bühne ist, registriert er im Gehabe Cipollas »etwas Sattes und Paschahaftes, etwas von Räkelei und Übermut« (121) und bringt dies mit dessen Alkoholkonsum in Verbindung. Dieser Hinweis erinnert an die zuvor gelieferten, das Neurasthenie-Motiv bedienenden Erklärungen, wonach der Verkrüppelte stimulierender Hilfsmittel bedarf, um seine stark beanspruchte Spannkraft zu erhalten und zu erneuern (106).

► Exposition der Mario-Figur

Dass Mario eine handlungsbestimmende Rolle spielen wird, war bereits früh signalisiert worden (76). Die Exposition der Figur geschieht allerdings erst jetzt, mit Antritt der angekündigten Rolle. Wenn der Erzähler davon spricht, wie sie den Kellner des »Esquisito« wahrgenommen haben, führt er vornehmlich Attribute auf, die sich bereits als Kennzeichen der guten, naturwüchsigen Italiener bewährten. Die träumerische Friedfertigkeit, die »primitive Schwermut« (120) und Introvertiertheit des kinderlieben Kellners heben sich deutlich ab von der aufbrausenden Aggressivität der italienischen Mittelklasse, und auch die unschmeichlerische Art, seinen Dienst auszuüben, rückt die Figur als Sympathieträger in Kontrast zum »Byzantinismus« der Grand-Hotel-Führung. Marios öffentliches Auftreten unterscheidet sich aber auch erheblich von dem Giovanottos, an dessen Seite er bislang der Vorstellung beigewohnt hatte: Mario spricht leise, nähert sich dem fordernden Dämon eher zögerlich. Giovanotto, der durch eine rohe und höhnische Reaktion auffällt, die seine zur Schau gestellte Würde endgültig demaskiert, wird von Cipolla vorübergehend mit ins böse Spiel gezogen, um Mario die Intimität seiner Ansprache zu suggerieren: »Um den da kümmern wir uns nicht« (122).

Zur Psychostrategie dieser Ansprache gehört zunächst eine vermeintlich Respekt erweisende Geste: Cipolla rühmt den antiken Ursprung des Namens Mario und preist die heroische Tradition, die durch solche Namen dem Vaterland wach gehalten werde. Die völlige Überzeichnung dieses Kompliments demonstriert Cipolla selbst durch den begleitenden römischen Gruß (122). Diese Form der Einvernahme entspricht dem vom Erzähler zuvor in Hinsicht auf die arithmetischen Experimente Kommentierten: »[...] diese Komplimente hatten etwas Höhnisches und Entwürdigendes« (104). Dass hier nicht nur die auf die Bühne zitierte Person entwürdigt, sondern auch das faschistische Pathos lächerlich gemacht wird, unterstreicht noch einmal das Problematische einer Lesart von Cipolla als Typus des Faschisten-Führers.

► Wie ist die Anrede ›Ganymed‹ zu bewerten?

Ganz auf der Linie brachialer Instrumentalisierung antiker Aura scheint auch eine weitere Assoziation des Zauberers zu liegen. Wenn er den Kellner Mario ›Ganymed‹ nennt, spielt er zunächst mit einer Metonymie. Der Mythos von dem trojanischen Prinzen und späteren Mundschenk eignet sich zunächst, um das spöttische Spiel mit der großen Tradition des großen Vaterlandes weiterzutreiben. Was vordergründig als Überhöhung des profanen Kellnerberufes erscheint, erweist sich bei genauerer Betrachtung der Mythos-Geschichte als doppelbödig. Cipolla nutzt das antike Zeichenmaterial zu erotischen Konnotaten; dieses Verfahren hat er bereits angewandt, als er Giovanotto, den stolzen Verteidiger von Torre di Venere, zum »Türmer der Venus« ernannte. Die Titulierung ›Ganymed‹ antizipiert die homoerotischen Dimensionen der späteren ›Behandlung‹ Marios.

Die Sage von dem göttlichen Helden, »welcher der allerschönste von den sterblichen Menschen« (*Ilias*, 20/230), hat bereits bei Homer eindeutig homoerotische Züge, insofern Ganymedes zu Zeus' Bettgenossen wird. In der bildenden Kunst boten Ganymedes-Darstellungen früh die Möglichkeit, homoerotisches Verlangen auszudrücken. Abwertend spricht der Aufklärer Pierre Bayle (1647–1706) dann 1683 auch vom »schönen Ganymedes«, den Zeus »geraubt hatte, um die schändliche Liebe, die er zu ihm trug, zu sättigen« (P. B.: Verschiedene einem Doktor der Sorbonne mitgeteilte Gedanken [...]. Leipzig: Reclam 1975, 266). Die parallele Rezeption der Humanisten, die Ganymedes als Allegorie über den Aufstieg des Menschen zu Gott bzw. zum Göttlichen fassten, kehrt in Goethes *Ganymed*-Gedicht von 1774 wieder (↗M 10). Hier verdoppeln sich die Richtungen des Begehrens: Die Vereinigung des Ganymed-Ich mit der Gott-Natur ist von beiden Seiten motiviert – eine den erotischen Konnotationen entgegenkommende Version.

Der homoerotische Bezug in der Analogie von Kellnerberuf und mythischem Mundschenk ist ganz offen. Nicht sofort offenbar wird er in dem folgenden Spiel Cipollas mit seinem Opfer. Ihm gelingt es, das unterdrückte heterosexuelle Begehren Marios zu mobilisieren. Dessen Leidenschaft ›beseligt‹ Cipolla in ›wahnhafter‹ Manier (125), indem er Mario psychologisch ›überwältigt‹ und in die Figur der geliebten Silvestra schlüpft, die Mario dann küsst. Der Dämon befreit die eingekerkerten Sehnsüchte des schüchternen Jungen damit in einer Weise, die den Begehrenden nicht nur als zur Schau gestellte Person schädigt, sondern auch die Intimität seiner Liebe zerstört. Wenn der Erzähler von Marios »missbrauchten Lippen« (126) spricht, deutet dies zudem auch an, wie Cipolla sich der »Wulstlippen« (120) des Jungen sinnlich bedient. Mario, gedemütigt auch durch sexuellen Missbrauch, beendet Cipollas Vorstellung und Leben durch zwei Schüsse aus seinem Revolver.

Wer widersteht Cipolla? Zwei Antworten und ihre Schwächen

Diese Konsequenz ist mit Blick auf die vermeintlichen faschismustheoretischen Implikationen der Novelle ausgiebig diskutiert worden. Für einen Unterricht, in dem das offene Problem der politischen Referenz von *Mario und der Zauberer* im Mittelpunkt steht, spielt die Frage nach der Symbolik der befreienden Schüsse eine gewichtige Rolle.

Die Frage lautet: Wenn Cipollas Triumph über das Publikum als Analogie zum Erfolg der faschistischen Massenverführung gelesen werden kann, wer ist dann die widerstehende Kraft? Zu dieser Frage lassen sich aus den Reihen der grundsätzlichen Befürworter mit den Antworten von Inge Diersen und Helmut Koopmann zwei kontroverse Positionen ausmachen, die wiederum verschiedene politische Deutungsmuster im Unterricht charakterisieren.

► Mario: Repräsentant des Volkes?

Inge Diersen, maßgebende Thomas-Mann-Forscherin in der DDR, die durchaus konzediert, dass Marios Tat nicht als politische gelten kann, aber dennoch »die Frage: Wie kann man Widerstand leisten, was kann man tun?« ins »Zentrum der Novelle« gerückt sieht, hält folgende Feststellung für wichtig:

> »Der befreiende Täter kommt aus den Reihen derer, die an der faschistischen Prägung des öffentlichen Lebens keinen Anteil haben, aus den Reihen des Volkes. Hinter der Tat steht kein Widerstandskonzept, ›nur‹ der Wille, den Angriff auf die Menschenwürde zurückzuweisen, und die Entschlossenheit und Fähigkeit zur notfalls gewaltsamen Tat. Zu ihr bekennt sich Thomas Mann in seiner Novelle.« (Diersen, 187)

Zu dieser Interpretation gelangt Diersen, indem sie wie andere Interpreten auch Manns Text mit Fragen konfrontiert, die aus der Analogisierung von Cipolla und faschistischem Führer hervorgehen. Unter der Prämisse dieser Gleichsetzung und mit Blick auf den zeitgeschichtlichen Horizont der Novelle ergibt sich die Schwierigkeit, eine Perspektive auszumachen, von der aus der Bann des Magiers gebrochen werden kann. Gibt es die nicht, kann *Mario und der Zauberer* kaum als ein Text gelten, der die manipulativen Praktiken der faschistischen Führer als bösen Zauber bloßstellt. Vielmehr müsste dann ganz im Gegenteil von einer Dämonisierung jener Prozesse gesprochen werden, die Mann in *On myself* wenig glücklich als »Vergewaltigung durch das diktatorische Wesen« charakterisierte (↗S. 135). – Dass eine solche Dämonisierung die ethische Frage nach der individuellen Schuld der Verführten außerordentlich entschärft, wäre ein Aspekt, der mit Blick auf die Wirkungsgeschichte der Novelle nach 1945 zu aufschlussreichen Fragen führen kann.

Diersen muss, um den geschichtsphilosophisch aufgeladenen Versuch, hinter der Mario-Figur ein Modell zu erkennen, das »im Ganzen der Novelle« (Diersen, 187) angibt, durch wen der Triumph der faschistischen Manipulatoren verhindert werden kann, zunächst die soziologische Markierung Marios als Mann des Volkes extrem akzentuieren und das Individualistische seiner spontanen Befreiungstat herunterspielen. Dieser hermeneutische Kraftakt opfert nicht nur den genauen Blick auf das Besondere in der Begegnung zwischen Mario und Cipolla. Im Dienst der weltanschaulichen These von den sozialen Gruppen, »die an der faschistischen Prägung des öffentlichen Lebens keinen Anteil haben« (ebd.), muss zudem der plebejische Teil des Publikums als politisch und ethisch homogen wahrgenommen werden. Dies ist aber nur zum Preis weiterer Verkürzungen möglich.

Zutreffend ist zwar die Feststellung, Giovanotto sei ein Exponent der billigen Plätze und begehre als solcher gegen Cipolla auf, doch lässt dies kaum auf antifaschistische Resistenz schließen, im Gegenteil: Sein naiver Heimatstolz liefert genau das ideologische Material, das Cipollas triumphale Interaktionen erst ermöglicht. Dass Giovanotto in der entscheidenden Szene zum Antipoden Marios wird, geht zweifellos im Arrangement des Zauberers auf. Doch auch wenn man seine Spitzen gegen Mario auf Manipulation zurückführte, bleibt nicht zu verkennen, wie empfänglich auch das Publikum der Stehplätze für den Zauberer ist. Dass Mann eine klassenkämpferische Option im Kampf gegen den Faschismus ins Bild setzt, kann also beim besten Willen nicht behauptet werden. Damit lockert sich auch die von Diersen herausgestellte Differenz zwischen dem Herrn aus Rom und dem Kellner Mario. In der durch den Erzähler kommentierten Hilflosigkeit des vornehmen Skeptikers (↗S. 143) spiegelt sich für Diersen das Problem des »bürgerlichen Widerstands gegen den Faschismus«, dem es an »einer klaren Zukunftskonzeption« mangele.

▶ Der Erzähler: Repräsentant intellektueller Unverführbarkeit?
Nicht minder problematisch und ebenfalls weltanschaulich geprägt ist die Interpretation Helmut Koopmanns. Der renommierte Augsburger Thomas-Mann-Forscher zielt ebenfalls auf die These ab, dass die Konstruktion der Parabel eine Instanz vorsehe, die vor der Dämonie geschützt sei. Für ihn ist dies einzig die Figur des Erzählers:

»Nicht weil der Erzähler Ausländer ist, bleibt er frei von den Bedrückungen des Zauberabends, sondern weil er Intellektueller ist und den faulen Zauber durchschaut, bei aller Bewunderung für das Erreichte, und seine kühle Distanz niemals aufgibt.« (In: Hansen [Hg.] 1993, 173)

Dass des Erzählers Haltung durchgehend »kühle Distanz« sei, mag ein Wunsch sein, den ein intellektueller Leser der Novelle selbstbezüglich aufbaut. Vom Gegenteil aber handelt die Erzählstimme des Textes. Zwar macht der Erzähler sich zu verschiedenen Zeitpunkten über das Zusammenspiel zwischen Cipolla und Publikum Gedanken, doch seiner retrospektiven Reflexion, die das »Wir« in Kontrast zum übrigen Publikum wie zu Cipolla rückt, gelingt es eben nicht, die Rolle des unberührten Beobachters zu stabilisieren. Zweifellos gibt es gute Gründe dafür, im Erzähler den Künstler zu erkennen, der einen anderen Künstler in seinem Schaffen beobachtet. Dies heißt aber nicht, dass er »den faulen Zauber durchschaut«. Ganz im Gegenteil: Des Erzählers Bemerkung, schon bald nach Vorstellungsbeginn das Peitschengeräusch nachgeahmt zu haben, ist zugleich Eingeständnis des Distanzverlusts. Zwar fehlt in der Handlungskonstruktion der Novelle eine Szene, in der sich die Intellektualität der Erzählerfigur in direkter Konfrontation mit Cipolla zu bewähren hätte, doch mit der Sorge um die Kinder ist ihr ein Motiv eigen, über das auch der Erzähler in der Verantwortung für sein Tun steht. Dass seine Frau und er es geboten finden, der Kinder wegen aufzubrechen, dies aber nicht schaffen, steht in markanter Parallele zu den Willensexperimenten, die der Meister auf der Bühne veranstaltet.

Die Behauptung Koopmanns, der Erzähler habe den »faulen Zauber« des Magiers durchschaut, widerspricht auch den Bezeugungen des Erzählers. Diesem ist frühzeitig klar, dass es sich bei Cipollas Show nicht um die Vorführung harmloser Zaubertricks, sondern um die Demonstration eines meisterhaften Hypnotiseurs handelt (112). Dessen dämonische Kunstfertigkeit nennt er aber ausdrücklich nicht einen faulen Zauber, sondern er spricht von einem »natürlich-unheimliche[n] Feld« (112), von »dämonische[n] Mächte[n]« (116) oder dem »unentwirrbaren Charakter des Okkulten« (106) – alles Charakterisierungen, die deutlich machen, dass der Erzähler gar nicht ›durchschauen‹ kann.

Paralleltexte

Angesichts der Frage nach den Hintergründen für die Passivität des Erzählers liegt es nahe, im Unterricht noch andere Texte des Autors heranzuziehen.

Okkultismus in zwei anderen Texten Manns

Im Abschnitt »Fragwürdigstes« aus dem Roman *Der Zauberberg* (1924) erscheint Hans Castorp auf einer okkultistischen Sitzung mit Dr. Krokowski und auf ›Vermittlung‹ des Mediums Ellen Brand der tote Joachim Ziemßen. Als er aufgefordert wird, das Wort an seinen militärischen Cousin zu richten, steht er auf, geht zur Tür des abgeschlossenen Raumes und schaltet das Licht an: Der Sessel, auf dem Joachim im Dunkeln noch zu ›sehen‹ war, ist leer. Vom protestierenden Parapsychologen Krokowski lässt sich Castorp zornig den Schlüssel aushändigen und verlässt die Veranstaltung.

Im Vortrag *Okkulte Erlebnisse* (1923) plaudert Mann über okkultistische Sitzungen mit dem Hypnoseforscher und Parapsychologen Albert Freiherr von Schrenck-Notzing (1862–1929), in denen er selbst einiges zu sehen bekam (Ess 2, 179–215). Entschieden verneint er hier, fasziniertes Opfer eines faulen Zaubers geworden zu sein, auch wenn er wie sein Erzähler in *Mario und der Zauberer* einräumt, es sei menschlich verständlich, würden die natürlichen Kräfte mit Tricks aufpoliert. Trotz dieser Ehrenerklärung für den umstrittenen Freiherrn verspricht er, nicht mehr zu solchen Sitzungen zu gehen:

»Es führt zu nichts oder zu nichts Gutem. Ich liebe das, was ich die sittliche Oberwelt nannte, ich
liebe das menschliche Gedicht, den klaren und humanen Gedanken. Ich verabscheue die Hirnverrenkung und den geistigen Pfuhl.« (Ess 2, 214)

Ironisch bricht er dann die Klarheit dieser Absage und kommt noch einmal
auf seine Faszination zu sprechen. Den Vortrag beschließt die Beteuerung:

»Ich will nichts weiter, als einmal noch das Taschentuch vor meinen Augen ins Rotlicht aufsteigen sehen. Das ist mir ins Blut gegangen, ich kann's nicht vergessen. Noch einmal möchte ich,
gereckten Halses, die Magennerven angerührt von Absurdität, das Unmögliche sehen, das dennoch geschieht.« (Ebd., 215)

Beide Schilderungen bieten kaum Anhaltspunkte dafür, dass der Autor an
der *Natürlichkeit* der Erscheinungen oder Wahrnehmungen zweifelt, und in
beiden Fällen geht es dennoch um das Bewusstsein, die Sache nicht zu weit
treiben zu dürfen. Castorps Griff zum Lichtschalter ist zwar ein Spiel mit aufklärerischen Motiven, letztlich aber besteht seine Tat einzig darin, sich okkulten Erfahrungen durch Abwesenheit zu entziehen. Dieselbe Strategie schlägt
auch sein Autor ein, wenn er sich selbst weitere Teilnahmen verbieten will.

In *Mario und der Zauberer* indes gelingt es dem Erzähler nicht, den Bann
der Faszination zu brechen und mit seiner Familie den Saal zu verlassen.
Dies aber wäre die einzige, Autor wie Erzähler entsprechende Konsequenz.
Doch steht solch Entziehen weder für intellektuelle Resistenz noch für antifaschistische Intervention. Was dies anbelangt, wären die spontanen Pistolenschüsse Marios von weit größerer Konsequenz.

Bruder Cipolla: ein dritter Paralleltext

Dass der Autor mit seiner Novelle die gewaltsame Verteidigung der Menschenwürde gebilligt habe, wie Inge Diersen meint, ist eine Schlussfolgerung,
die sich allein auf den letzten Satz des Ich-Erzählers berufen kann. Doch auch
dieser Kommentar ist im Textgefüge weit ambivalenter. Setzt man den letzten
Satz mit dem antizipierenden Eröffnungssatz (74) des Erzählers in Beziehung, relativiert sich die Vorstellung eines Befreiungsgefühls. Zwar ist hier
vom »Choc mit diesem schrecklichen Cipolla« die Rede, aber das an und mit
ihm Erlebte wird auch »verhängnishaft« genannt und eine »menschlich sehr
eindrucksvolle Weise« betont (74). Man muss diese Worte nicht überinterpretieren, um ihnen den Hinweis auf eine anhaltende Faszination zu entnehmen, die das Gefühl der Befreiung zwar nicht völlig dementiert, aber doch in
eine Perspektive rückt, die mit einer politischen Allegorie über den Tyrannenmord nur schwer vereinbar zu sein scheint.

Dass Faszination und Polemik zusammengehen können, zeigt ein weiterer Paralleltext Manns. Er stammt aber bereits aus der Zeit, in der sich der Selbstkommentar zu *Mario und der Zauberer* umdreht. Die Rede ist von dem 1938 im Exil entstandenen Essay *Bruder Hitler* (1939; ↗M 11).

Der Autor beginnt mit dem mutigen Eingeständnis, vom »Lebensphänomen« Hitlers gefesselt zu sein und sogleich das Objekt des Interesses zu hassen – eine Pflicht, die das Gewissen gebiete. Moralischer als dieses Gebot sei es allerdings, sich in gewissen Zügen des katastrophalen Burschen wieder zu erkennen. Solche frappante Identifikation des Exilierten mit dem Verbrecher geschieht in zwei miteinander zusammenhängenden Perspektiven.

Von Interesse für den an Nietzsche und Freud geschulten Psychologen ist der Mensch Hitler als Typus des Zukurzgekommenen und klassischen Verlierers. In dieser Perspektive ist Hitler einer, der nichts von dem kann, was ein Mann können sollte, »nicht einmal ein Kind zeugen« (M 11, Zle. 20). Aus dem realistischen Gefühl kompletter Minderwertigkeit erwachse zum einen die »Unersättlichkeit« seines »Kompensations- und Selbstverherrlichungstriebes« (M 11, Zln. 51 f.); zum anderen würden die persönlichen Erniedrigungserlebnisse auch in die Rhetorik projiziert, mit der der Führer die Massen bewege, indem er auch ihnen als Nation verletzten Stolz suggeriere.

In solcher Wahrnehmung erscheint Hitler zunächst als Bruder Mensch, fern jeder Dämonisierung. Doch darin geht Manns Bruderschaft nicht auf. Indem er in Hitler den Typus des Décadent wiedererkennt und in seiner Wirkung auf die Massen den Typus des gefährlichen Künstlers am Werke sieht, schließt er an einen Diskurs an, der sein Werk von Anbeginn bestimmt hat: Nietzsches Bilder der Décadence und dessen in der Entlarvung Richard Wagners gewonnene Sicht auf den gefährlichen und faszinierenden Künstler. Als in ›verhunzter‹ Weise wagnerisch charakterisiert er die Darstellungskünste Hitlers und betrachtet dessen Erfolg im Kontext eines kulturellen Bewusstseins, in das sich die abgesunkenen Märchenbilder der Romantik eingeschrieben haben. Indem er für den jungen Hitler das Porträt eines modernen Taugenichts liefert, schlägt er ihn der ›sozialen und seelischen Boheme‹ zu. Wie Tonio Kröger weiß dieser Bohemien nicht, wo er hingehört. Doch ist er hochmütig von der Ahnung beseelt, für Höchstes prädestiniert zu sein. Dass seine von unersättlichem Kompensationstrieb angeheizten Verführungskünste schließlich im Massenerfolg fruchten, ist für Mann ein europäisches Kulturphänomen. Den Boden dafür habe ein ästhetischer Antiintellektualismus bereitet, wie er im Kult des Primitiven nicht zuletzt von der Literatur und der politisierten Geisteswissenschaft gegen Psychologie und Ironie geprägt worden sei.

▶ Hitler und Cipolla: Décadence und Verführung

Manns Kennzeichnungen für Hitlers Kunst und ihre Wirkungen lauten »schwarze Magie«, »geistig unkontrollierte Kunst«, »vollkommene Trance«. Dies sind Zuschreibungen, die an *Mario und der Zauberer* denken lassen. Nicht zu verkennen ist zudem die Nähe dieser Novelle zu seinen ersten Erzählungen, in denen gleichfalls dekadente Künstler gestaltet werden. So besitzt Cipolla, wie erwähnt, alle Merkmale, die Manns Décadents ausmachen: Er hat ein Gebrechen, das nicht nur äußerlich an den armen *kleinen Herrn Friedemann* erinnert. Wie das Leben dieses unglücklichen Dilettanten und auch das des schließlich auf Einfachheit eingeschwenkten Aschenbach endet Cipollas Leben in einer Katastrophe, die in engem Zusammenhang mit einem sexuellen ›Vergehen‹ steht. Macht Friedemann, verführt durch die Musik, den Fehler, die Aussichtslosigkeit seines erotischen Verlangens zu negieren, so wird Cipolla im Rausch des Triumphes zum Verhängnis, dass er mit dem Missbrauch seines ›Ganymed‹ zu weit geht. Dass er zudem noch die schlechten Zähne besitzt, die jeden Décadent Manns von weitem zu erkennen geben, dass er die Defizite seines sinnlichen Lebens, wozu neben der Sexualität auch der Kriegsdienst [!] gehört (94), durch Konzentration auf eine Artistik kompensiert, deren Leistungen wiederum die kompensatorische Gefallsucht befriedigen – dies alles ist so überdeutlich ausgelegt, dass man auch in *Mario und der Zauberer* zuallererst eine Künstlernovelle erkennen muss.

Die Wirkungen des Künstlers Cipolla sind untrennbar verknüpft mit Faszination, die der intellektuelle Erzähler artikuliert. Cipollas Lehrstück handelt in dessen Bericht vornehmlich von der Begrenztheit jener geistigen Kräfte, mit denen der Einzelne seine Natur (würdevoll) unter Kontrolle zu bringen sucht. Was die gewissermaßen anarchische Qualität der Lektion des Zauberers ausmacht, ist die Entlarvung falscher und in peinlichem Stolz aufgehobener Sicherheiten. Doch was bei Mann in der bekannten Figur jener *Ironie* aufgehoben ist, die das Bewusstsein von der Schwäche des Geistes gegenüber dem Leben – dem Schopenhauer'schen Willen und dem Freud'schen Unterbewussten – kultiviert, trägt bei Cipolla aggressive Züge, die in Selbstzerstörung umschlagen.

In *Bruder Hitler* wird die Bereitschaft zur Selbstzerstörung schließlich als kollektives Phänomen begriffen. Anders als Cipolla ist der Hitler des Essays trotz des zugesprochenen Künstlertums kein Entlarver. Und anders als der Dämon in der Novelle hat er keinen Widerstand zu brechen, sondern kann sich als »Exzedent des Unbewussten« (↗ M 11, Zln. 75 f.) parasitär einem Kollektivbewusstsein anschließen, das nicht mehr auf Stolz, sondern eben auf Trance aus ist.

Vorschläge für die Behandlung im Unterricht

Mediale Adaptionen von »Mario und der Zauberer«
Als Ballettoper   1965, Vertonung I. Lang.
Als Hörbuch   T. M.: Mario u.d. Zauberer. Ein trag. Reiseerlebnis. Sprecher Gert
Westphal (2 Toncass., 125 Min., od. 2 CDs). Litatron 1992/96; dass. Ungek.
Ausgabe. Sprecher Will Quadflieg (2 Toncass. od. 2 CDs). Polygram 1996.

S I   *Texterschließung*

Eine Lektüre der Novelle in der Sekundarstufe I wird sich zwar auch mit der
Frage nach der Faschismus-Parabel beschäftigen, jedoch kaum die wichtigen
dekadenz- und kunsttheoretischen Implikationen des Autors reflektieren
können. Sofern die Frage nach der politischen Anspielung zu einem eher
peripheren Thema wird, kann alternativ und textimmanent die Frage nach
der schuldhaften Verantwortung Marios für Cipollas Tod angesprochen werden. Dabei wird unweigerlich eine bekannte Konstruktionsschwäche der Novelle offenbar: Wieso trägt der Zuschauer Mario eine Pistole mit sich herum?
Ergänzend kann folgenden Fragen nachgegangen werden:
→ Manipulative Techniken der Publikumsansprache
    Um die heuristische Funktion einer Analogisierung von Manipulation des
    Publikums durch den Zauberer und modernen Techniken der Publikums-
    ansprache ausschöpfen zu können, darf das für *Mario und der Zauberer* so
    wichtige Motiv des Kampfes mit dem Publikum nicht unterschlagen wer-
    den. Will man die nahe liegende Parallele zu inszenierter Massenfaszina-
    tion und -hysterie in Pop-Konzerten etc. herstellen, wäre also danach zu
    fragen, ob hier nicht bei den Fans vorab der ›Wille zur Trance‹ – also Be-
    reitschaft zur Hingabe – vorliegt.
    Werden die Differenzen zwischen Cipollas Publikum und einem auf eks-
    tatische Erlebnisse eingestellten Fan-Publikum entsprechend beachtet,
    kann ebenfalls auf die Differenz zwischen dem Novellen-Ereignis und
    dem präfaschistischen Primitivitätskult eingegangen werden, von dem
    Mann in *Bruder Hitler* (↗M 11) handelt.
→ Manipulation und audiovisuelle Medien
    Ein lohnender Unterrichtsversuch wäre, die Inszenierung Cipollas, die
    Rolle seiner ›Probanden‹ und des zuschauenden, dazwischenrufenden
    Publikums mit Fernseh-Talk-Shows vor allem der Vor- und Nachmittags-
    programme privater Anbieter zu vergleichen. Unter anderem dürfte hier-
    bei herauszuarbeiten sein, wie die medienspezifische Eloquenz des Profis
    und die Bereitschaft der Amateure zu einer Selbstentblößung vor der Ka-

mera führt, die dicht an die ›Verführung‹ des fiktiven Magiers heranreicht. In jedem Fall lässt sich medienkritisch die Frage erörtern, welche Chance diese und andere Sendeformate einem ungeschulten ›Gast‹ oder Interviewpartner lassen, seinen ›Willen‹ gegen die ›Show‹ durchzusetzen.

S II Texterschließung. Module

Aspekte	Möglichkeiten zur Vertiefung, Kontextualisierung		
Fokussierung: kontroverse Deutungen der zeitgeschichtlichen Anspielungen	Erwartungshaltungen sondieren, Aspekt: ›Warnung vor faschistischer Verführung‹	Interpretationen der Novelle durch den Autor (↗S. 134 f.)	Grundfiguren der Deutungskontroverse (Beispiel: Diersen – Koopmann)
Vorzeichen: Politisierung des Strandlebens; Soziologie der autochthonen Figuren (Natürlichkeit vs. Künstlichkeit)	Mussolini-Faschismus, Gabriele d'Annunzio (fachübergreifend: Geschichte)	Italien-Tourismus in den zwanziger Jahren (vgl. Joseph Roth: Das vierte Italien [Reportagen]) 📖¹; Italienbilder bei T. M.	Leseransprache durch Erzählerfigur: Rechtfertigungsversuche und retrospektive Reflexion, Rolle der ›Vorankündigungen‹
Cipolla: Erscheinung und Ereignis	Cipolla als Décadent; Kunst/Magie als Kompensation	Soziologische Kennzeichnung des Publikums, Skizze der Räumlichkeiten	Erzähler in der Auseinandersetzung mit seiner Vaterrolle problematisieren
Cipollas Dramaturgie als Kampf mit dem Publikum; Erzählerkommentare; Selbstbeobachtung	Antikisierung und Faschismus (↗Der Tod in Venedig)	Die Kategorie des Willens bei Schopenhauer und Nietzsche (fachübergreifend: Philosophie oder Schülerreferat) 📖²	Die Kategorie des Unbewussten bei S. Freud 📖³; Lexikoneinträge zu Trance und Hypnose sammeln und auswerten
Klimax: Marios Auftritt	Mario-Figur in der Widerstandsperspektive: Mario als Typus	Ganymedes: Mythologie und Überlieferung, ↗M 10; Homoerotik und Cipolla	Befreiungsgefühle des Erzählers: Infektion des Intellektuellen oder Resistenz
Mario und der Zauberer im Kontext von Bruder Hitler, ↗M 11	Hitler als Künstler, Bohemien und Décadent: Aggression und Kompensation	T. M. im Exil (Schülerreferate; Gruppenreferat)	Faschismustheorien (fachübergreifend: v. a. Geschichte)

📖 1 Joseph Roth: Werke. Bd. 2. Hg. K. Westermann. Köln: Kiepenheuer & Witsch 1990, 976–992.
2 Handbücher, Lexika sowie – allerdings voraussetzungsreich –: John H. Smith [↗Anhang], 114–133.
3 Sigmund Freud: Das Unbewusste (1915). In: S. F.: Das Ich und das Es u. a. metapsychologische Schriften. Frankfurt a. M.: Fischer-Tb. 1978 u. ö., 73–104; Psychoanalytische Grundbegriffe. Eine Einführung in S. F.s Terminologie und Theoriebildung. Hg. H. Nagera. Frankfurt a. M.: Fischer-Tb. 1991.

Vorschläge für Anschlusslektüren

→ Klaus Mann: Mephisto. Roman einer Karriere (1936). Reinbek: Rowohlt-Tb. 1998. – Der bekannteste Roman des Autors wirft ein anderes Licht auf die Verführbarkeit von Künstlern im Faschismus.

→ Peter Schneider: Der große und der kleine Bruder. Erzählung (1978). In: P. S.: Die Wette. Berlin: Rotbuch 1978, 77–97. – Geschichte zweier zaubernder Brüder, die um professionellen Ruhm konkurrieren; der Schluss zeigt eine strukturelle Analogie zu *Mario und der Zauberer*.

→ Michael Schneider: Das Spiegelkabinett. Novelle (1980). Köln: Kiepenheuer & Witsch-Tb. 1995. – Geschichte vom Zaubern und vom Verführen der Massen

→ Gert Hofmann: Auf dem Turm. Roman (1982). München: dtv 1993. – Ein deutsches Urlauber-Paar lässt sich in einer italienischen Kleinstadt zur Teilnahme an einer mörderischen Vorstellung verführen.

→ Ernst Weiß: Ich – der Augenzeuge. Roman (1938). Frankfurt a. M.: Suhrkamp-Tb. 1982 u. ö. – Fiktive Autobiografie, geschrieben im Pariser Exil, in der sich der Ich-Erzähler um eine Analyse Hitlers als Typus bemüht.

Produktive Verfahren

Textsortenwechsel

Der Tod des Zauberers löst Pressewirbel in Rom aus. Reporter reisen an die Stätte des Geschehens und recherchieren, was passiert ist. Aus dieser Situationsvorgabe lassen sich unterschiedliche Fortschreibungsprojekte ableiten:

→ Interviews mit Zeugen, z. B. Giovanotto

→ Korrespondentenbericht über die Geschehnisse und ihre Hintergründe

→ Nachruf auf Cipolla

Planspiel/Rollenspiel

Unter ähnlicher Situationsvorgabe ist auch ein Plan- oder Rollenspiel möglich, etwa als Gerichtsverfahren. Für dieses Spiel lassen sich Handlungsrollen und Aufgaben definieren, die in Gruppenarbeit erledigt werden können (z. B. Staatsanwaltschaft: Zeugenbefragung, Plädoyers, Gutachten). Das natürlich nur bedingt realistische Prozedere der Verhandlung wäre unter Maßgabe eines Zeitrahmens vorab in der Lerngruppe zu besprechen und festzulegen. Dabei ist darauf zu achten, dass möglichst alle Lernenden zu Vorbereitungsaufgaben herangezogen werden. So können jene, die die Rolle von Zeugen spielen, ihr eigenes (polizeiliches) Vernehmungsprotokoll schreiben.

Material

M 10 Johann Wolfgang Goethe
Ganymed (1774/77)

Wie im Morgenglanze
Du rings mich anglühst,
Frühling, Geliebter!
Mit tausendfacher Liebeswonne
5 Sich an mein Herz drängt
Deiner ewigen Wärme
Heilig Gefühl,
Unendliche Schöne!

Daß ich dich fassen möcht
10 In diesen Arm!

Ach, an deinem Busen
Lieg ich, schmachte,
Und deine Blumen, dein Gras
Drängen sich an mein Herz.
15 Du kühlst den brennenden
Durst meines Busens,
Lieblicher Morgenwind!
Ruft drein die Nachtigall
Liebend nach mir aus dem Nebeltal.

20 Ich komm, ich komme!
Wohin? Ach, wohin?
Hinauf! Hinauf strebt's.
Es schweben die Wolken
Abwärts, die Wolken
25 Neigen sich der sehnenden Liebe.
Mir! Mir!
In euerm Schoße
Aufwärts!
Umfangend umfangen!
30 Aufwärts an deinen Busen,
All-liebender Vater!

(J. W. v. G.: Gedichte. Ausgabe letzter Hand (1827).
In: G.s Werke. Hamburger Ausgabe in 14 Bdn.
Textkrit. durchges. u. mit Anmerkungen versehen
v. Erich Trunz. Bd. 1. München: Beck [16]1996, 46 f.)

M 11 Thomas Mann   *Bruder Hitler* (1939)

Ohne die entsetzlichen Opfer, welche unausgesetzt dem fatalen Seelenleben dieses Menschen
fallen, ohne die umfassenden moralischen Verwüstungen, die davon ausgehen, fiele es leichter,
zu gestehen, daß man sein Lebensphänomen fesselnd findet. Man kann nicht umhin, das zu tun:
niemand ist der Beschäftigung mit seiner trüben Figur überhoben – das liegt in der grob effekt-
5 vollen und verstärkenden (amplifizierenden) Natur der Politik, des Handwerks also, das er nun
einmal gewählt hat – man weiß, wie sehr nur eben in Ermanglung der Fähigkeit zu irgendeinem
anderen. Desto schlimmer für uns, desto beschämender für das hilflose Europa von heute, das er
fasziniert, worin er den Mann des Schicksals, den Allbezwinger spielen darf und dank einer Ver-
kettung phantastisch glücklicher – das heißt unglückseliger – Umstände, [...] von einem Siege
10 über das Nichts, über die vollendete Widerstandslosigkeit, zum anderen getragen wird.
   [...] Der Bursche ist eine Katastrophe; das ist kein Grund, ihn als Charakter und Schicksal
nicht interessant zu finden. Wie die Umstände es fügen, daß das unergründliche Ressentiment,
die tief schwörende Rachsucht des Untauglichen, Unmöglichen, zehnfach Gescheiterten, des
extrem faulen, zu keiner Arbeit fähigen Dauer-Asylisten und abgewiesenen Viertelskünstlers,
15 des ganz und gar Schlechtweggekommenen sich mit den (viel weniger berechtigten) Minder-
wertigkeitsgefühlen eines geschlagenen Volkes verbindet, welches mit seiner Niederlage das
Rechte nicht anzufangen weiß und nur auf die Wiederherstellung seiner »Ehre« sinnt; wie er, der
nichts gelernt hat, aus vagem und störrischem Hochmut nie etwas hat lernen wollen, der auch
rein technisch und physisch nichts kann, was Männer können, kein Pferd reiten, kein Automobil
20 oder Flugzeug lenken, nicht einmal ein Kind zeugen, das Eine ausbildet, was nottut, um jene Verbindung herzustellen: eine unsäglich inferiore [minderwertige], aber massenwirksame Bered-

samkeit, dies platt hysterisch und komödiantisch geartete Werkzeug, womit er in der Wunde des
Volkes wühlt, es durch die Verkündigung seiner beleidigten Größe rührt, es mit Verheißungen
betäubt und aus dem nationalen Gemütsleiden das Vehikel seiner Größe, seines Aufstiegs zu
25 traumhaften Höhen, zu unumschränkter Macht, zu ungeheueren Genugtuungen und Ober-
Genugtuungen macht, – zu solcher Glorie und schrecklichen Heiligkeit, daß jeder, der sich
früher einmal an dem Geringen, dem Unscheinbaren, dem Unerkannten versündigt, ein Kind
des Todes, und zwar eines möglichst scheußlichen, erniedrigenden Todes, ein Kind der Hölle
ist ... Wie er aus dem nationalen Maß ins europäische wächst, dieselben Fiktionen, hysterischen
30 Lügen und lähmenden Seelengriffe, die ihm zur internen Größe verhalfen, im weiteren Rahmen
zu übernehmen lernt; wie er im Ausbeuten der Mattigkeiten und kritischen Ängste des Erdteils, im
Erpressen seiner Kriegsfurcht sich als Meister erweist, über die Köpfe der Regierungen hinweg
die Völker zu agacieren [in Erregung versetzen] und große Teile davon zu gewinnen, zu sich
hinüberzuziehen weiß; wie das Glück sich ihm fügt, Mauern lautlos vor ihm niedersinken und
35 der trübselige Nichtsnutz von einst, weil er – aus Vaterlandsliebe, soviel er weiß – die Politik
erlernte, nun im Begriffe scheint, sich Europa, Gott weiß es, vielleicht die Welt zu unterwerfen:
das alles ist durchaus einmalig, dem Maßstabe nach neu und eindrucksvoll; man kann unmöglich umhin, der Erscheinung eine gewisse angewiderte Bewunderung entgegenzubringen.
   [...] Künstlertum ... Ich sprach von moralischer Kasteiung, aber muß man nicht, ob man
40 will oder nicht, in dem Phänomen eine Erscheinungsform des Künstlertums wiedererkennen?
Es ist, auf eine gewisse beschämende Weise, alles da: die »Schwierigkeit«, Faulheit und kläg-
liche Undefinierbarkeit der Frühe, das »Nicht-unterzubringen-Sein«, das »Was-willst-du-nun-
eigentlich?«, das halb blöde Hinvegetieren in tiefster sozialer und seelischer Boheme, das im
Grunde hochmütige, im Grunde sich für zu gut haltende Abweisen jeder vernünftigen und
45 ehrenwerten Tätigkeit – auf Grund wovon? Auf Grund einer dumpfen Ahnung, vorbehalten zu
sein für etwas ganz Unbestimmbares, bei dessen Nennung, wenn es zu nennen wäre, die Menschen in Gelächter ausbrechen würden. Dazu das schlechte Gewissen, das Schuldgefühl, die Wut
auf die Welt, der revolutionäre Instinkt, die unterbewußte Ansammlung explosiver Kompensa-
tionswünsche, das zäh arbeitende Bedürfnis, sich zu rechtfertigen, zu beweisen, der Drang zur
50 Überwältigung, Unterwerfung, der Traum, eine in Angst, Liebe, Bewunderung, Scham verge-
hende Welt zu den Füßen des einst Verschmähten zu sehen ... [...] Aber auch die Unersättlichkeit des Kompensations- und Selbstverherrlichungstriebes und da, die Ruhelosigkeit, das Nie-
sich-Genüge-Tun, das Vergessen der Erfolge, ihr rasches Sichabnutzen für das Selbstbewußt-
sein, die Leere und Langeweile, das Nichtigkeitsgefühl, sobald nichts anzustellen und die Welt
55 nicht in Atem zu halten ist, der schlaflose Zwang zum Immer-wieder-sich-neu-beweisen-Müs-
sen ...
   Ein Bruder ... Ein etwas unangenehmer und beschämender Bruder; er geht einem auf die
Nerven, es ist eine reichlich peinliche Verwandtschaft. Ich will trotzdem die Augen nicht davor
schließen, denn nochmals: besser, aufrichtiger, heiterer und produktiver als der Haß, ist das
60 Sich-wieder-Erkennen, die Bereitschaft zur Selbstvereinigung mit dem Hassenswerten, möge
sie auch die moralische Gefahr mit sich bringen, das Nein-Sagen zu verlernen. Mir ist nicht
bange deswegen [...]. Neulich sah ich im Film einen Sakraltanz von Bali-Insulanern, der in voll-
kommener Trance und schrecklichen Zuckungen der erschöpften Jünglinge endete. Wo ist der
Unterschied zwischen diesen Bräuchen und den Vorgängen in einer politischen Massenver-
65 sammlung Europas? Es gibt keinen – oder vielmehr, es gibt immerhin einen: den Unterschied
zwischen Exotik und Unappetitlichkeit.
   [...] Der »Tod in Venedig« weiß manches von Absage an den Psychologismus der Zeit, von
einer neuen Entschlossenheit und Vereinfachung der Seele, mit der ich es freilich ein tragisches
Ende nehmen ließ. Ich war nicht ohne Kontakt mit den Hängen und Ambitionen der Zeit, mit
70 dem, was kommen wollte und sollte, mit Strebungen, die zwanzig Jahre später zum Geschrei der
Gasse wurden. Wer wundert sich, daß ich nichts mehr von ihnen wissen wollte, als sie auf den

politischen Hund gekommen waren und sich auf einem Niveau austobten, vor dem nur primi-
tivitätsverliebte Professoren und literarische Lakaien der Geistfeindlichkeit nicht zurückschre-
cken? Es ist ein Treiben, das einem die Ehrfurcht vor den Quellen des Lebens verleiden könnte.
75 Man muß es hassen. Aber was ist dieser Haß gegen denjenigen, den der Exzedent des Unbewuß-
ten [dem Unbewussten Entschwundener] dem Geist und der Erkenntnis entgegenbringt! [...]
[...] Ein Künstler, ein Bruder. Aber die Solidarität, das Wiedererkennen sind Ausdruck einer
Selbstverachtung der Kunst, welche denn doch zuletzt nicht ganz beim Worte genommen sein
möchte. Ich glaube gern, ja ich bin dessen sicher, daß eine Zukunft im Kommen ist, die geistig
80 unkontrollierte Kunst, Kunst als schwarze Magie und hirnlos unverantwortliche Instinktgeburt
ebensosehr verachten wird, wie menschlich schwache Zeiten, gleich der unsrigen, in Bewunderung davor ersterben. Kunst ist freilich nicht nur Licht und Geist, aber sie ist auch nicht nur
Dunkelgebräu [...], nicht nur »Leben«. Deutlicher und glücklicher als bisher wird Künstlertum
sich in Zukunft als einen helleren Zauber erkennen und manifestieren: als ein beflügelt-herme-
85 tisch-mondverwandtes Mittlertum zwischen Geist und Leben. Aber Mittlertum selbst ist Geist.

(T. M.: Essays 4: Achtung, Europa! 1933–1938. Hg. H. Kurzke/S. Stachorski.
Frankfurt a. M.: Fischer-Tb. 1995, 305–312. © Ebd. Zuerst u. d. T. *That man is my brother*,
in: Esquire, 3.3.1939, dt. in: Das Neue Tage-Buch, 25.3.1939)

(amplifizierenden) Natur (lat. amplificatio – Erweiterung) – ausgedehnt; *Dauer-Asylisten* – Anspielung
auf Hitlers Lebensbedingungen in Wien, wo er sich als junger Mann, von der Malerakademie abgelehnt, mit
Gelegenheitsarbeiten durchschlug und häufig in Nachtasylen und ähnlichen Herbergen nächtigen musste;
eines geschlagenen Volkes/Wunde des Volkes – Anspielung auf die deutsche Niederlage im Ersten Weltkrieg
und den von der politischen Rechten als ›Schandfrieden‹ attackierten Versailler Friedensvertrag sowie die
dann verbreitete ›Dolchstoßlegende‹, derzufolge die deutsche Armee im Felde unbesiegt geblieben, aber von
der Heimatbevölkerung und der Linken verraten worden sei

Anhang

Literaturhinweise

Zitierte Ausgaben

Buddenbrooks T. M.: Buddenbrooks. Verfall einer Familie. Anhand der Erstausgabe. Frankfurt a. M.: Fischer 1997.
Tonio Kröger T. M.: Tonio Kröger und Mario und der Zauberer. Frankfurt a. M.: Fischer-Tb. 1973 u. ö., 7–73 (Sigle TK).
Der Tod in Venedig T. M.: Der Tod in Venedig u. a. Erzählungen. Frankfurt a. M.: Fischer-Tb. 1954 u. ö., 7–88.
Mario und der Zauberer ↗Tonio Kröger, 74–127

Zitierte Primärliteratur (Siglen)

Betra T. M.: Betrachtungen eines Unpolitischen. Vorw. Hanno Helbling. Frankfurt a. M.: Fischer-Tb. 1988 u. ö.
Br 1–3 T. M.: Briefe. 1: 1889–1936, 2: 1937–1947, 3: 1948–1955. Hg. Erika Mann. Frankfurt a. M.: Fischer 1979.
BrGr T. M.: Briefe an Otto Grautoff 1894–1901 und Ida Boy-Ed 1903–1928. Hg. P. de Mendelssohn. Frankfurt a. M.: Fischer 1975.
BrHe Hermann Hesse – T. M. Briefwechsel. Hg. Anni Carlsson/Volker Michels. Frankfurt a. M.: Suhrkamp/S. Fischer 1999.
BrHM T. M. – Heinrich Mann. Briefwechsel 1900–1949. Hg. Hans Wysling. Frankfurt a. M.: Fischer-Tb. 1995.
Ess 1–6 T. M.: Essays. 1: Frühlingssturm. 1893–1918, 2: Für das neue Deutschland. 1919–1925, 3: Ein Appell an die Vernunft. 1926–1933, 4: Achtung, Europa!. 1933–1938, 5: Deutschland und die Deutschen. 1938–1945, 6: Meine Zeit. 1945–1955. Nach den Erstdrucken, textkrit. durchges., komm. u. hg. v. Hermann Kurzke/Stephan Stachorski. Frankfurt a. M.: Fischer-Tb. 1993/96.
Üms T. M.: Über mich selbst. Autobiograph. Schriften. Frankfurt a. M.: Fischer 1994.
NieW 1–3 Friedrich Nietzsche: Werke in drei Bdn. Hg. Karl Schlechta. Darmstadt: Wissenschaftl. Buchgesellschaft 1997.
Schopenhauer Arthur Schopenhauer: Die Welt als Wille und Vorstellung. 2 Bde. In: A. S.: Werke in 5 Bdn. Nach den Ausgaben letzter Hand hg. v. Ludger Lütkehaus. Zürich: Haffmanns 1988.

Sekundärliteratur (Auswahl)

Bahr, Ehrhard 1991: T. M.: Der Tod in Venedig. Stuttgart: Reclam [Erläuterungen und Dokumente; UB 8188].
Bauer, Roger 1993: Der Unpolitische und die Décadence. In: Wagner – Nietzsche – T. M. Festschrift für E. Heftrich. Hg. Heinz Gockel/Michael Neumann/Ruprecht Wimmer. Frankfurt a. M.: Klostermann, 279–297.
Bellmann, Werner 1983: T. M.: Tonio Kröger. Stuttgart: Reclam [Erläuterungen und Dokumente; UB 8163].
Buddenbrooks-Handbuch. Hg. Ken Moulden/Gero v. Wilpert. Stuttgart: Kröner 1988.
BuHb ↗Buddenbrooks-Handbuch
Detering, Heinrich 1994: Das offene Geheimnis. Zur literarischen Produktivität eines Tabus von Winckelmann bis zu T. M. [Habil.-Schrift]. Göttingen: Wallstein-Verl.

Deuse, Werner 1992: ›Besonders ein antikisierendes Kapitel scheint mir gelungen‹. Griechisches in »Der Tod in Venedig«. In: »Heimsuchung und süßes Gift«. Erotik und Poetik bei T. M. Hg. G. Härle. Frankfurt a. M.: Fischer-Tb., 41–62.

Diersen, Inge 1985: T. M. Episches Werk, Weltanschauung, Leben. Berlin/Weimar: Aufbau.

Hansen, Volkmar 1984: T. M. Stuttgart: Metzler.

– (Hg.) 1993: T. M. Romane und Erzählungen. Stuttgart: Reclam [Interpretationen; UB 8810].

Härle, Gerhard 1993: Männerweiblichkeit. Zur Homosexualität bei Klaus und T. M. 2. Aufl. Frankfurt a. M.: Hain.

Harpprecht, Klaus 1996: T. M. Eine Biographie (1995). 2 Bde. Reinbek b. Hamburg: Rowohlt-Tb.

Hickel, Werner 1997: »Freund Hain«, die erotische Süßigkeit und die Stille Nirwanas. T. M.s Rezeption der Erlösungsthematik zwischen Schopenhauer, Nietzsche und Wagner. Hamburg: Verlag Dr. Kovac.

Jendreieck, Helmut 1977: T. M. Der demokratische Roman. Düsseldorf: Bagel.

Karthaus, Ulrich 1994: T. M. Stuttgart: Reclam [Literaturwissen für Schule und Studium; UB 15203].

Kurzke, Hermann 1991: T. M. Epoche – Werk – Wirkung. 2. Aufl. München: Beck.

– 1999: T. M. Das Leben als Kunstwerk. Eine Biographie. München: Beck.

Maar, Michael 1997: Geister und Kunst. Neuigkeiten aus dem Zauberberg (1995). Frankfurt a. M.: Fischer-Tb.

Mendelssohn, Peter de 1997: Der Zauberer. Das Leben des dt. Schriftstellers T. M. (1975). 3 Bde. Überarb. u. erw. Neuausgabe. Frankfurt a. M.: Fischer-Tb.

Prater, Donald A. 1998: T. M. Deutscher und Weltbürger (1995 [Biografie]). Aus d. Engl. v. Fred Wagner. München: dtv.

Reich-Ranicki, Marcel 1987: T. M. und die Seinen. Stuttgart: Deutsche Verlags-Anstalt.

Sandberg, Hans Joachim 1991: »Der fremde Gott« und die Cholera. Nachlese zum »Tod in Venedig«. In: T. M. und seine Quellen, 66–110.

Smith, John H. 1997: Wie ›männlich‹ ist der Wille? Ein philosophischer Grundbegriff, andersherum gedacht. In: Wann ist der Mann ein Mann? Zur Geschichte der Männlichkeit. Hg. Walter Erhart/Britta Hermann. Stuttgart/Weimar, 114–133.

T. M. und seine Quellen. Festschrift für H. Wysling. Hg. Eckhard Heftrich/Helmut Koopmann. Frankfurt a. M.: Klostermann 1991.

T.-M.-Handbuch. Hg. Helmut Koopmann. Stuttgart: Kröner ²1995.

TMHb ↗ T.-M.-Handbuch

Vaget, Hans Rudolf 1984: T. M. Kommentar zu sämtl. Erzählungen. München: Winkler.

Vogt, Jochen 1983: T. M.: Buddenbrooks. München: UTB.

Wiegmann, Hermann 1992: Die Erzählungen T. M.s. Interpretationen und Realien. Bielefeld: Aisthesis Verl.

Wysling, Hans 1995: Narzißmus und illusionäre Existenzform. Zu den Bekenntnissen des Hochstaplers Felix Krull (1982). 2. Aufl. Frankfurt a. M.: Klostermann.

– 1996: Ausgew. Aufsätze 1963–1995. Hg. T. Sprecher/C. Bernini. Frankfurt a. M.: Klostermann (= T.-M.-Studien, 13).

T.-M.-Jahrbuch (seit 1988). Hg. E. Heftrich/H. Wysling, ab 1994: E. Heftrich/T. Sprecher. Frankfurt a. M.: Klostermann. – Die Beiträge der T.-M.-Jahrbücher stammen aus wichtigen Kolloquien zum Autor und enthalten aktuelle Auswahlbibliografien.

Bildnachweise/-quellen

Keystone Pressedienst, Zürich: 2. Umschlagseite, 39, 112. – Thomas-Mann-Archiv der ETH, Zürich: 3. Umschlagseite – Volk und Wissen Verlag GmbH & Co., Berlin: S. 115 (aus: Peter Adam: Kunst im Dritten Reich. Hamburg: Rogner & Bernard 1992, S. 199).